Pier Ferrand

ACCORD

DES PRINCIPES

ET

DES LOIX,

Sur les Évocations, Commiſſions & Caſſations.

NOUVELLE ÉDITION,

Conſidérablement augmentée.

M. DCC. LXXXIX.

PRÉFACE.

POUR tout homme qui pense, voir les maux de sa patrie, est le plus triste de tous les spectacles: en chercher le remede, est la plus douce des occupations. C'est alors que l'ame jouit du travail de l'esprit; & que l'auteur, qui y consacre son temps, peut dire le soir en quittant son cabinet: *je puis mourir cette nuit, j'ai travaillé encore un jour au bonheur de mes concitoyens!* Heureux celui qui s'endort avec cette idée délicieuse pour cette vie, & rassurante pour l'autre! Plus heureux encore, si la lecture de ses ouvrages réveille dans quelques cœurs l'amour du bien public! C'est dans cette vue que celui-ci a été composé. L'auteur laissera sans peine son nom dans le ſilence, pourvû que ſon livre ſoit utile : il ſera trop content ſi le fruit de ſes veilles devient la conſolation de tout bon François, & le manuel de tout vrai Magiſtrat.

Elevé dans le ſein d'une famille patricienne, imbu dès mon enfance, & inſtruit par une étude particuliere des principes qui auroient dû nous conſerver une liberté que nous n'avons plus, idolâtre de ma patrie & de mon état, j'ai ſouvent réfléchi ſur les droits & les devoirs des *Rois*, de la *Nation*, & des *Parlemens*, trois grands noms, avec leſquels nous devrions faire de grandes choſes. Longtemps occupé à parcourir les monumens précieux de notre hiſtoire, je me ſuis contenté de gémir ſur notre gouvernement, en admirant notre conſtitution ; mais en fixant mes yeux ſur les ſuperbes fondemens de notre ordre judiciaire, & & les comparant à la juſtice diſtributive d'aujourd'hui, un mouvement terrible s'eſt fait dans mon ame : j'ai cru voir des milliers de victimes arrachées malgré elles du temple de la juſtice, ou immolées avant d'avoir pu y entrer. Je les entendois toutes crier à chaque paſſant : *malheureux, demain ce ſera ton tour.* J'en ai entendu une qui d'une voix plus forte, m'a appelé, & m'a dit : *Tu ne peux nous défendre, mais tu peux en défendre d'autres : tu le dois, le veux-tu?* ma réponſe fut prompte : elle étoit gravée au fond de mon cœur, & la voix du malheureux y pénétra toujours ſans peine.

J'ai donc écrit, perſuadé que le mal n'eſt point ſans reſſource, & que la criſe la plus violente eſt quelquefois l'époque de la guériſon la plus heureuſe.

Sans fiel, ſans haine, ſans vengeance, l'amour de mon Roi & de ma patrie m'a mis la plume à la main. Je les aime tous deux, parce qu'on ne peut aimer l'un, sans aimer l'autre; je travaille pour l'un en travaillant pour l'autre; à la différence de ceux qui se vantent hautement d'aimer le Roi, de n'aimer que lui, & qui n'aiment qu'eux.

Je sais combien mon livre déplaira à cette sorte de gens; ils ne me liront que pour me nuire: je m'attends à leurs médisances, même à leurs calomnies: & je ne répondrai à aucunes (*a*).

O toi, qui m'as laissé un nom que ta mort dut rendre plus respectable, toi, qui périt par la main des séditieux, en défendant la cause de Louis XIV encore jeune, guide aujourd'hui les tra-

(*a*) L'auteur a tenu parole: cette seconde édition a été sa seule réponse. Ce n'est pas qu'on ne lui ait fourni l'occasion d'en faire d'autres.

vaux d'un de tes descendans. Sans doute il te fallut du courage pour t'exposer à la fureur d'une populace révoltée : peut-être aujourd'hui n'en faut-il pas moins pour rappeler de grandes vérités à un siecle qui les ridiculise, ou les persécute (*a*).

(*a*) Jean.... fils de Michel.... Doyen du Parlement, tué le 4 Juillet 1652 en sortant de l'assemblée qui s'étoit tenue à l'Hôtel-de-Ville.

ACCORD

ACCORD
DES PRINCIPES ET DES LOIX
Sur les Evocations, Commissions & Cassations.

PLAN DE L'OUVRAGE.

LORSQUE je me décidai à écrire sur cette importante matiere, avant tout, je réfléchis profondément sur sa vaste étendue. Je vis qu'elle tenoit autant au droit naturel qu'au droit positif : j'en conclus qu'une philosophie sage, appliquée par une saine logique aux loix & aux faits, ne pouvoit que jeter un grand jour sur les principes ou les abus que j'avois à établir ou à combattre.

J'ai cherché cette philoſophie dans la premiere ſource où doit puiſer tout homme qui veut fuir l'erreur. J'ai examiné le lien ſocial, j'ai pris l'homme au moment où il forme une ſociété, je l'ai conduit juſques dans une monarchie ; & dans cette marche ſimple, j'ai vu tous les principes ſe préſenter à chaque pas ; j'en ai tiré des conſéquences, & j'en ai fait des applications.

Ainſi tout l'ouvrage eſt renfermé dans ces trois mots, *Principes*, *Loix* & *Faits*. Cet ordre m'a paru le plus naturel, parce que le *principe* motive la *loi*, qui juſtifie ou condamne le *fait*.

La cauſe que je défends eſt celle de tous les citoyens, grands & petits.

Je ne viens point ici dénoncer à la ſociété un de ces faits iſolés, qui ne frappent que ſur un individu. Je ne viens point réclamer la juſtice divine & humaine en faveur d'une de ces victimes, choiſies ſouvent par une cabale obſcure, & quelquefois écraſées par une autorité trompée.

Je viens montrer une ſuite, malheureuſement trop bien combinée, des entrepriſes les plus irrégulieres : je viens déchirer le voile terrible ſous lequel ſe cache un systême réfléchi, coupable dans ses intentions, destructeur dans ses effets, effrayant dans ses conséquences : ce systême est celui des Evocations, commissions & Cassations illégales ; systême né au milieu des désordres, & ne pouvant se soutenir qu'avec eux : systême enfin dont l'intrigue est le soutien, & l'innocence la victime.

La loi dépouillée de ses droits, ses organes réduits au silence, la justice attaquée ou avilie avec les apparences de la justice même, toutes les formes anéanties, toutes les précautions qui, dans la balance, mettoient le foible en équilibre avec l'homme puissant, détruites, ou prêtes à l'être : en un mot, la sauvegarde de la fortune, de la liberté, de la vie, de l'honneur des citoyens, réduite à un vain nom qu'on ne rougit même plus de profaner ; voilà les funestes effets de l'interversion de l'ordre judiciaire ; voilà les délits publics dont frémit, à cet instant même, la main qui les retrace. Voilà les maux dont je vais offrir le détail, la cause & le remede.

PREMIERE PARTIE.

JE traiterai cette matiere importante avec l'étendue qu'elle mérite. L'examen des principes de l'ordre social, considérés d'abord dans le point de vue général, appliqués ensuite au gouvernement monarchique, fera voir la nécessité (dans toute société, quelle qu'elle soit) d'assurer à la propriété une stabilité sans laquelle elle n'a plus qu'un nom, & point d'effets ; & l'on verra en même temps que cette stabilité ne peut exister ni se maintenir que par une égalité parfaite dans l'administration de la justice.

CHAPITRE PREMIER.

LE désir & le besoin d'une conservation commune sont nés avec la société, & en furent le premier lien. Les hommes, en se réunissant ensemble, contracterent réciproquement l'obligation de veiller à la chose publique ; mais ils exigerent en même-temps de celle-ci, de leur garantir la conservation de leur bien particulier. Ces deux clauses du contrat social ont paru au même instant, & ne pouvoient exister l'une sans l'autre. *Je contribuerai de mon industrie*, a dit le riche, *mais vous m'assurerez ma fortune. Je vous offre mes bras*, a dit le pauvre, *mais vous defendrez ma foiblesse, & vous honorerez ma misere.* C'est d'après cela que le célebre Puffendorf a défini un Etat régulier, *l'assemblage d'une multitude de citoyens qui habitent la même contrée, & qui réunissent leurs forces & leurs volontés, pour se procurer tous les agrémens, toute l'aisance, & toutes les sûretés possibles.*

Droit de la nature & des gens.

De ces intérêts, originairement divisés, mais réunis par un besoin commun, résulta l'intérêt public. A mesure que la société s'augmenta, les intérêts particuliers se subdiviserent à l'infini; mais en partant toujours du même principe, & retournant au même but. La seule maniere de connoître, d'établir, ou de maintenir l'intérêt public, est donc d'y voir l'unité de toutes les parties qui le composent; c'est d'y voir tous les individus, tous les corps ramenés à l'intérêt central, par l'impérieuse nécessité de l'intérêt partiel ; c'est enfin d'y voir cette correspondance mutuelle, qui par l'induction la plus simple & la plus sensible de toutes les propriétés & de tous les intérêts, ne forme qu'un seul tout indivisible, qui est le bien public.

La conservation des biens particuliers étant la base de la société, le premier de ses devoirs doit être de défendre ces biens, du moment qu'on les attaque. Elle ne peut, elle ne doit les défendre que par la justice ; elle doit donc la rendre à tous, parce que tous peuvent la demander. Elle a contracté avec tous ses membres cette obligation, sans laquelle ni elle ni eux ne peuvent subsister. Chaque erreur, ou du moins chaque préférence dans la distribution de la justice, est une atteinte que la société se porte à elle-même ; elle affoiblit le lien qu'elle avoit formé ; elle manque à une des clauses d'un contrat synallagmatique, & invite le citoyen lézé à manquer à l'autre. Le lien qui attachoit la propriété de ce citoyen à la propriété commune, ne subsiste plus. Rien ne lui agarantissant plus la conservation de son bien, pour se la garantir lui-même, il est forcé de s'isoler au milieu de ses freres; & le premier cri de la nature, celui de conserver son bien, le force d'être égoïste : existence funeste, qui annonce toujours la destruction de la société où elle se trouve.

La moindre préférence en fait de justice blesseroit donc la société; cette justice n'en seroit plus une, parce que ce mot ne se peut concevoir qu'avec l'idée d'une égalité parfaite. Tout se confond devant elle : rang, crédit, richesses, dignités, tout doit rester à la porte du sanctuaire. L'oppresseur puissant y conduit-il le foible opprimé? Ils y arrivent tous les deux sur la même ligne; l'un effrayé par son crime, l'autre rassuré par son innocence : le bon droit est le seul nom qui puisse s'y faire entendre. Tout ce qui tend à l'étouffer doit être écarté; tout ce qui tend à le faire approcher, doit être admis.

Mais cette égalité parfaite si précieuse, je dis mieux, si nécessaire à la société, demande encore que l'associé, attaqué dans sa propriété, trouve à l'instant un juge qui le défende, & qui ne puisse être choisi ; encore moins créé par son adversaire. La certitude des juges est donc une condition, ou plutôt un attribut essentiel de l'égalité judiciaire, & rentre par cela même dans le premier des devoirs de la société.

Les deux nations les plus éclairées de l'antiquité ont reconnu & suivi ce principe : elles ont pensé, comme nous l'attestent leurs historiens & leurs législateurs, qu'il falloit que chacun eût un juge certain, que cette certitude seule lui assuroit une propriété tranquille. Elles ont senti que cette regle du droit positif dérivoit du droit naturel : & comme la justice doit être une pour tous, elles l'étendoient même aux étrangers, elles en faisoient un des articles de leurs traités. Un des historiens les plus judicieux de la Grèce (1) nous ap-

(1) Le Bret dit que Thucidide parlant des conditions de la paix que firent les Grecs après la guerre du Péloponnèse, dit qu'une des conventions fut *ut controversiæ privatorum à suis Judicibus non autem alienis dirimerentur*.

Traité de la Souveraineté, Liv. 14, chap. 2, pag. 131.

prend qu'après la guerre du Péloponnèse, une des conditions de la paix fut que les procès des particuliers seroient portés devant leurs juges naturels, & non devant d'autres. Le célebre orateur Romain parloit de même à son ami, (2) & pensoit qu'il n'étoit (3) ni juste ni permis de tirer un étranger hors de chez lui pour le faire plaider. Lorsqu'un Romain formoit une demande contre un étranger, il devoit suivre le tribunal de ce dernier; comme celui-ci, en attaquant un Romain, se soumettoit à être jugé par des juges Romains. C'est de cet usage, indiqué par la raison, & prescrit par la justice, qu'est venu une des plus belles maximes du droit Romain, que le nôtre a adopté. *Actor sequitur forum rei.* C'est le défendeur qui regle le tribunal; il est troublé dans sa jouissance, il faut qu'il ait un juge cer-

(2) *Evocari ex insula Cyprios, nec licitum, nec justum.*
Cicéron. *Epis. ad Atticum.*

(3) *Quòd civis Romanus à siculo petit; siculus judex datur; quòd siculus à cive Romano, judex Romanns.*
Ciceron *in Verrem.*

tain (*a*) prêt à l'écouter. Le demandeur a pu combiner la demande, il a eu le temps de s'y préparer, il a pu ne la former, qu'après avoir cru trouver une occasion favorable. La loi a renversé toutes ces combinaisons par une regle pleine de sagesse. Il doit venir chercher le juge de celui qu'il attaque, il doit y venir armé de titres & de pieces qui appuient sa demande. Le défendeur n'a autre chose à lui dire, que, *Venez & prouvez.*

C'est cette marche toujours uniforme dans l'administration de la justice, qui maintient la société, en assurant la liberté de tous ses membres.

(*a*) Le droit de *committimus* qui d'abord paroît contrarier cette maxime & plusieurs autres principes de cet Ouvrage, se concilie avec eux. 1° Le droit de *committimus* est établi en vertu d'une loi enregistrée; c'est une dérogation à la loi qui a pris le caractere de la loi elle-même. 2°. Cette loi est connue, le juge qu'elle indique est certain, il a un caractere légal, il n'est jamais créé pour la cause. L'abus peut être d'avoir étendu le *committimus* trop loin; mais resserré dans de justes bornes, & légalement établi, il ne contrarie pas mes principes.

La liberté politique du citoyen consiste dans l'opinion qu'il a de sa sûreté. Cette opinion lui vient des loix qui lui garantissent une existence tranquille; elle lui vient de la certitude qu'il a de ne pouvoir être forcé à faire ce que la loi n'ordonne pas; elle lui vient du droit qu'il a de faire tout ce que les loix permettent. La moindre interversion dans un de ces deux points est un mal particulier pour le citoyen qui en souffre, & un mal général pour la société qui s'en alarme. Du moment qu'un seul peut faire ce que les loix défendent, il n'y a point de raison pour que tous n'ayent pas le même pouvoir. A l'instant, la liberté dégénere en licence, & la société devient anarchique.

C'est-à-dire, que l'égalité judiciaire voulant que tous soient soumis aux loix, un seul s'en écarte-t-il? l'égalité cesse; d'autres l'imitent-ils? l'anarchie paroît.

Telle est la bâse sur laquelle repose la liberté publique & particuliere. Or, cette bâse est ébranlée, lorsque la justice n'est plus égale, lorsque le choix du juge dépend de l'adversaire; & c'est ainsi que dans le grand objet de l'administration de la justice, le moindre coup qu'on lui porte répond au corps entier de la société.

En un mot, jouissance également tranquille pour tous, voilà ce qui fait le citoyen. Justice égale pour tous quand cette tranquillité est troublée, voilà ce qui le rend libre. Si la faveur ou l'autorité dérange ce niveau, plus de liberté, plus de tranquillité, plus de citoyen.

Ces principes sont clairs, vrais, positifs : ils sont égaux pour tous : l'homme juste ne peut les craindre, l'iniquité seule doit les redouter, & ce mot suffit pour en consacrer l'authenticité.

C'est en appliquant ces principes au gouvernement sous lequel nous avons le bonheur de vivre, qu'on en va voir sortir des conséquences nécessaires & irrésistibles.

CHAPITRE II.

La société devant à tous ses membres une justice égale, le Souverain qui en est le chef doit la rendre pour elle. C'est une dette dont il s'est chargé (4)

(4) Nos Amés & Féaux, nous vous envoyons le double des sermens qu'à notre avé-

en acceptant le pénible fardeau de rendre heureux son semblable. Chacun peut lui en demander le paiement : il ne peut le refuser à personne ; mais comment l'acquittera-t-il ?

Le moyen le plus simple seroit sans doute qu'il la rendît lui-même. Mais cette voie d'administration ne peut pas même être admise dans le plus petit de tous les Etats monarchiques. C'est un être imaginaire dont l'existence est démontrée impossible.

C'est cépendant sous ce prétexte frivole que l'on demande aujourd'hui presque toutes les évocations. On a l'air de ramener les choses à leur état primitif, tandis que l'on renverse tout l'ordre judiciaire. Il faut

---

nement à la Couronne nous avons faits, & pour ce que nous desirons les entretenir & faire justice à un chacun ainsi qu'il appartient, nous vous prions & néanmoins mandons très-expressément que de votre part y entendiez & vaquiez tellement que par votre faute aucune plainte n'en puisse advenir, ni à nous charge de conscience. Donné à Torins le 14 Avril. Louis.

Du lundi, 22 Avril 1481. Recueil concernant le Parlement, page 9 v°.

donc commencer par établir sur ce point les véritables principes.

Tout Souverain doit la justice à ses sujets; mais il faut distinguer entre la justice en général, & la justice distributive. Comme législateur, il doit à son peuple des loix générales : comme chef de la société, il lui doit des juges qui en fassent l'application. Ses sujets doivent avoir des regles positives; il a le droit de les leur donner. Ces regles ne peuvent être maintenues que par des Magistrats; il a le droit de les choisir : mais une fois qu'il a transmis à ses juges le droit d'appliquer la loi, il est

---

Les Sujets doivent à leur Prince dévotion & obéissance, & le Prince doit à ses Sujets, protection & défense.

29 Octobre 1555, Registre du Parlement.

Les Sujets ne peuvent, par quelque voie que ce soit eux distraire de l'obéissance de leur Roi, par conséquence réciproque ne les doit ledit Seigneur délaisser & abandonner: car tout ainsi qu'ils lui doivent fidélité & subvention, il leur est débiteur de justice.

15 Juillet 1560. Registre du Parlement.

Comme il est quelquefois à propos de faire de nouvelles loix, quand on reconnoît qu'il n'a pas été pourvû suffisamment par les ande sa sagesse de ne plus le reprendre; car ou il faudroit qu'il le reprît pour tous, ce qui est impossible; ou il ne le reprendroit que pour quelques-uns, & alors il en naîtroit des exceptions dangereuses.

Quelques réflexions suffisent pour établir cette vérité.

Tous les membres d'une monarchie ont des droits & des propriétés : il faut régler les uns, & assurer les autres. Pour cela, il faut en connoître tous les rapports : il faut les examiner, les voir tous d'un coup-d'œil dans leur distance réelle & relative. Il faut pré-

---

ciennes aux besoins de l'Etat & à tout ce qui est nécessaire pour faire bien & saintement administrer à nos sujets la justice que nous leur devons. . . . .

Edit de Janvier 1684.

Les Rois en leurs sacres, entre-autres sermens qu'ils font, promettent solemnellement de faire administrer la justice qu'ils doivent à leurs sujets: le Roi Louis XI, en 1482, après avoir été sacré, envoya à sa Cour de Parlement le double de son serment avec commandement de décharger sa conscience de ce qui étoit de la justice.

27 Septembre 1710. Harangue du Parlement à la Reine, allant au Sacre de son fils.

Recueil des Harangues. *Mss.* fol. 6 8vo.

voir les cas où les intérêts particuliers seront opposés les uns aux autres, & trouver dans leur opposition même deux routes qui les menent au grand objet de l'intérêt général. Il faut veiller à ce que toutes les contestations des particuliers ne troublent pas la masse de la société, qui doit toujours présenter une surface tranquille, & par une marche constante & uniforme, s'avancer sur la ligne indivisible du bien public. Ce grand ouvrage est celui du pouvoir législatif, qui réside dans la personne du Souverain. Elevé au-dessus des passions & des intérêts, il doit leur prescrire des regles égales, mais immuables; c'est ce que fait la loi. Mais du moment qu'il faut en faire l'application pour défendre l'opprimé, pour découvrir la fraude, pour distinguer le véritable droit caché sous la poussiere des temps, ou égaré dans le dédale des procédures, ce n'est plus l'ouvrage du Roi législateur; il ne peut entrer, & il se perdroit dans ces détails. Il s'est servi de son droit pour donner des loix; il s'est servi de son autorité pour nommer leurs ministres: il a acquitté vis-à-vis de ses sujets la dette exigible qu'il avoit contractée en montant sur le trône ; il veillera toujours à ce que ses Officiers jugent suivant les loix (5) ; mais il évitera de juger pour eux. Les intérêts différens qui produisent toutes les contestations, sont trop éloignés du Souverain ; il ne pourroit les voir ; ils sont trop multipliés, il consommeroit en vain à les démêler, un temps qu'il doit à des soins dans lesquels il ne peut être remplacé : enfin, il s'est fait suppléer par des juges ; il a réglé cette hiérarchie par une législation uniforme : s'il la troubloit, la justice ne seroit plus égale. Le dernier des citoyens, (& nous en voyons la preuve dans l'établissement des différens Parlemens) doit avoir auprès de lui la sauve-garde de la loi. Le trône est trop loin des petits, & trop près des grands : l'affluence des procès causeroit infailliblement une grande lenteur dans l'expédition ; & le Souverain ne pouvant tout juger, il faudroit donc que ses ministres fussent juges ; ce qui seroit le plus grand des maux dans

---

(5) *Ut quibus data est potestas judicandi, juste judicent, ... Primo namque in judicio diligenter discernatur Lex* à sapientibus populi composita.

Baluze, tom. 1er., pag. 714.

une monarchie. Leurs occupations multipliées, les intrigues qu'ils ont sans cesse à craindre ou à combattre, ne leur laissent pas le temps de discuter ou d'interpréter les loix, & encore moins la tranquillité qu'exige cette grande & importante fonction. La conséquence est simple : il faut qu'ils jugent (quelquefois même malgré eux) suivant la cabale qui les entoure, ou d'après le travail des subalternes qu'ils sont forcés d'employer; & voilà où ramene cette chaîne effrayante, mais indissoluble. Le sujet qui croyoit être jugé par son Roi, ne l'est pas même par ses ministres. Sa fortune devient le jouet d'un commis, quelquefois infidele, souvent prévenu, & toujours porté par son existence précaire à favoriser le puissant contre le foible.

Esprit des loix. Liv. 6, *chap.* 5.

Le plus grand génie de notre siecle a démontré cette vérité dans l'esprit des loix, & il termine ainsi ce sublime chapitre. « Les loix sont les yeux du Prince : » il voit par elles ce qu'il ne pourroit » pas voir sans elles. Veut-il faire la » fonction des Tribunaux, il travaille » non pas pour lui, mais pour ses sé» ducteurs contre lui ».

A ce motif d'utilité publique, s'en

joint un relatif à la dignité même du Monarque. Le grand avantage de la monarchie est que la personne du Souverain n'a que des graces à prononcer ; la condamnation portée par la loi, est toujours prononcée par le juge. Si le Monarque faisoit la fonction de ses tribunaux, il perdroit tout le fruit de cet ordre admirable. La plainte du plaideur mécontent porteroit directement sur le Prince ; la Majesté royale en souffriroit, & le respect qu'on lui doit s'affoibliroit par les atteintes qu'il recevroit tous les jours.

Aussi a-t-on senti de tout temps la nécessité des tribunaux dépositaires des loix. Cet établissement admis dans tous les gouvernemens, est même une partie nécessaire de la constitution monarchique. Tout Monarque *doit établir une cour de justice pour juger les affaires*, a dit le Baron de Bielfeld. La gradation des corps dépositaires est un des points fondamentaux de toute monarchie. Placés entre le Roi & son peuple, la loi au-dessus de tout, ils sont le point de ralliement entre les volontés légales du Prince, & la soumission du sujet. Par cet ordre, l'administration de la justice devient facile & égale. La Majesté royale,

Institutions politiques, t. 1, *pag.* 253. Paris, 1762.

qu'un espace immense semble séparer du pauvre, se rapproche de lui par le moyen des tribunaux. Un jugement revêtu du nom du Souverain, apprend aux indigens, qu'entre le trône & eux, il n'est qu'un asyle sacré, où chacun peut pénétrer, parce que tous y sont égaux. Ministres de la loi, émanés du Souverain, juges & organes du peuple, voilà les devoirs & l'origine de ces dépots sacrés où l'autorité du Monarque trouve son soutien dans la confiance des sujets.

Le développement de ces principes conservateurs fera naître les conséquences les plus fortes contre les abus que je combats.

CHAPITRE III.

LA nécessité des tribunaux dans une monarchie se démontre par la nécessité des loix qui ne peuvent se maintenir sans les formes, lesquelles, ainsi que les loix elles-mêmes, ne peuvent subsister que dans les corps dépositaires.

§ PREMIER.

Les loix sont nécessaires dans une monarchie, puisque le Monarque ne regne que par elles & avec elles. Elles y sont nécessaires, parce qu'elles maintiennent la souveraineté du Prince & la liberté des peuples; parce qu'elles assurent l'autorité de l'un, & perpétuent la soumission des autres.

Ce sont elles qui, en réunissant dans un même centre les obligations du Monarque & les devoirs du peuple, font sortir de cet accord heureux le gouvernement le plus parfait, où le sujet, soumis sans être esclave, trouve dans l'autorité du Prince sa force & sa sûreté; où le Prince, maître sans être despote, trouve son bonheur dans une obéissance libre & éclairée, mais dont l'amour est le principe, & dont le bien général de l'Etat est la fin. Ce sont elles qui, en maintenant cette obéissance, *cette espece de religion due à la seconde Majesté*, attachent les sujets à la patrie, & les rendent membres vivans de l'Etat. C'est par elles enfin, que chacun recevant du chef, & communiquant à la société des impulsions dirigées vers le bien public, devient lui-même l'agent de la conservation du corps entier. Rompre cette heureuse dépendance, c'est cesser d'être membre de l'Etat, ou plutôt, c'est s'en déclarer l'ennemi.

Et cependant, cette dépendance s'affoiblit à chaque atteinte que les loix reçoivent, & cesse entiérement quand ces atteintes sont trop fréquentes. Cette société, formée par des engagemens réciproques, qui lioient toutes les parties entre elles, & les soumettoient toutes ensemble au Souverain, se désunit tout-à-coup : elle ne laisse plus voir à sa place, qu'un assemblage confus d'individus uniquement occupés de leurs intérêts, alternativement corrupteurs ou corrompus, & dont l'unique étude est de travailler à lenr fortune en calculant la force des uns, & la foiblesse des autres.

Des voix autrefois obscures, & malheureusement trop publiques de nos jours, s'écrient envain que le Monarque n'est jamais plus parfaitement Roi, que lorsqu'il ne partage pas avec les loix l'usage de son autorité. Ce systême dangereux a été réfuté en peu de mots par un auteur qui a écrit sous les yeux, par les ordres, & avec l'approbation de Louis XIV. « Ce n'est ni imperfection ni foiblesse dans une autorité suprême, de se soumettre à la justice des loix. La nécessité de bien faire,

Traité des droits de la Reine.

» & l'impuissance de faillir, sont les plus » hauts degrés de la perfection. Dieu » même ne peut aller plus avant : & » c'est dans cette divine impuissance que » les Souverains, qui sont ses images » sur la terre, le doivent particuliére- » ment imiter dans leurs États ».

Ainsi, dans une monarchie, le pouvoir du Souverain n'a d'autres bornes que l'injustice : c'est-là que se termine aussi la puissance du Roi des Rois. « Dieu » suit inviolablement les loix que sa » providence s'est imposée ; il se sou- » met lui-même à l'ordre immuable de » ses décrets éternels ». Et certes, ce n'est pas chercher à rabaisser la grandeur du Monarque, que d'en puiser l'idée sublime dans la Divinité même ; ce n'est pas mettre des bornes à son pouvoir, que de le placer dans l'heureuse impossibilité de faire le mal.

M. Daguesseau.

Les loix sont donc nécessaires dans une monarchie. *Solon interrogé en quelle maniere les Royaumes se gouvernent bien, répondit : Si les sujets obéissent aux Rois, & les Rois aux loix.* Cette réponse d'un grand législateur, présentée à François Ier. par un de ses Magistrats, a fait souvent la bâse de leurs ré-

24 Juillet 1727. Discours du P. Gaillard à François I. au lit de *justice*.

clamations (6), comme elle fit en 1717 celle de la requête des Princes du Sang contre les Princes légitimés. Elle se retrouve presque littéralement dans un ouvrage déja cité. « Combien est-il plus » légitime de dire que la parfaite félicité » d'un Royaume est qu'un Prince soit obéi » de ses sujets ; que le Prince obéisse à » la loi, & que la loi soit droite & » toujours dirigée au bien public ».

Traité des droits de la Reine. IIe. partie, pag. 205.

Enfin Henri IV a consacré en peu

Mémoire de Sully, tom 1, pag. 460, éd. de 1745.

---

(6) Trois sortes de loix bornent la puissance du Souverain sans intéresser la souveraineté, les loix de Dieu, les regles de justice naturelle & finalement les loix fondamentale de l'Etat. *Loisiau des Seigneurs*, chap. 2, n° 9.

Votre Majesté, Sire, ne tiendra pas pour gens véritables ceux qui lui diront que votre puissance est au-dessus des Loix, & que votre seule volonté doit être tenue pour regle. Il est vrai que la Puissance royale & la Vôtre mêmement entre tous les Rois chrétiens est absolue, mais les bons Rois ont coutume de dire & de faire paroître par bons effets, que le moins vouloir est le plus pouvoir. *Playdoyer de Servin*, pag. 598.

Quelqu'étendu & quelque respectab'e que soit le souverain pouvoir des Rois, il n'est pas au-dessus des Loix fondamentales de l'Etat. 1771. *Requête des Princes du Sang contre les Princes légitimés.*

de

de mots, mais avec énergie, cette vérité, matrice de tout gouvernement monarchique, en disant que son autorité *reconnoissoit elle-même deux Souverains, Dieu & la Loi.*

§ II.

Si les loix sont nécessaires dans une monarchie, il faut qu'elles soient stables & uniformes. « Il n'est point de » loi qui ne renferme le vœu de la » perpétuité & de l'uniformité ». La loi est ce que le Souverain annonce lui-même comme sa volonté immuable. Tout l'appareil de la Majesté royale, toute la plénitude de la souveraineté se sont déployés à sa production. Le Roi administrateur l'a provoquée par sa sagesse : le Roi législateur l'a scellée du sceau authentique de son autorité. Le Roi, *chef des Ministres essentiels de la loi*, en a jugé avec eux l'utilité & l'équité : elle a été revêtue de l'approbation de tous : elle est universellement reconnue juste, & tout ce qui la contredit, ne l'est pas.

Ordonnance du 21 Octob. 1467, & Edit d'Avril 1485.

Ordonn. de Fév. 1731.

Elle ne peut changer arbitrairement. « La loi doit être une ; la diversité con» traire à l'honneur de la justice, le » seroit encore plus au bien public ».

Elle doit être *perpétuelle & irrévocable*. C'est dans ces termes mêmes qu'elle s'annonce ; ou si les circonstances exigent qu'on y ajoute, ou qu'on en change quelques dispositions, c'est avec les formalités employées à l'établissement de la loi même. Charlemagne le reconnoissoit, en disant : *Ut populus interrogetur de Capitulis quæ in lege noviter addita sunt ; & postquam omnes consenserint, subscriptiones & manufirmationes in ipsis Capitulis faciant* (1). Ce n'étoit qu'avec ces sages précautions que le Roi, le plus puissant qui peut-être ait jamais été, croyoit qu'on pouvoit changer une loi. Ce génie hardi, qui rangea & maintint tant de

---

(1) Quelque sens qu'on puisse donner à cette phrase, elle n'en prouvera pas moins dans le raisonnement à la fin duquel je l'ai placée. Je sais qu'un célebre moderne a prétendu que depuis 9 siecles il ne s'étoit trouvé personne qui l'eut bien entendue. Il en a donné une explication absolument neuve ; & qui, en la supposant vraie, prouveroit contre son systême. Ce n'est point ici le moment de le réfuter. Cette réfutation trouvera sa place dans un Ouvrage que mes différentes occupations ne me permettront pas de finir aussi promptement que je l'aurois désiré.

nations sous son obéissance, pensoit que les formes (qu'une opinion dangereuse attaque souvent avec l'arme du ridicule, pour parvenir plus sûrement à les détruire) sont des loix d'autant plus sacrées, qu'elles sont les gardiennes de toutes les autres. Sagement inventées pour prévenir l'illusion & les surprises, elles éclairent la loi dans sa naissance, la conservent dans sa durée, l'affermissent dans le détails de son exécution. Tout ce qui modifie la loi doit être confronté avec elle. L'exception, la dispense, l'abrogation même n'est pas contraire à son esprit, quand les circonstances le demandent. L'exception doit avoir des limites, la dispense des regles, l'abrogation des motifs évidens d'utilité. C'est par l'épreuve des formes qu'on peut distinguer l'ouvrage du législateur, d'avec le fruit de la suggestion & de la fraude. C'est dans leur balance que doivent être pesées les corrections qui perfectionnent & honorent la loi, & les dérogations arbitraires qui la détruisent.

Remontrances du Parlement de Provence 24 Juin 1754.

§ III.

Le caractere essentiel de la loi étant

la ſtabilité, cette ſtabilité ne pouvant ſe trouver que dans l'obſervation des formes, il eſt évident qu'une monarchie doit avoir des corps chargés par état de ce dépôt inaliénable, & que ces corps y ſont d'une néceſſité abſolue.

Et en effet, les loix ont toujours eu, & auront toujours des ennemis ſans nombre dans les paſſions qu'elles combattent, dans les abus qu'elles répriment, & dans les crimes qu'elles puniſſent.

L'intérêt du trône, cet intérêt qui ne peut jamais varier, eſt viſiblement attaché à l'obſervation exacte des loix. Auſſi voit-on rarement les Princes ſe porter d'eux-mêmes à les détruire. Lorſqu'ils déploient leur autorité pour les attaquer, ils cedent preſque toujours à une impulſion étrangere. C'eſt le triomphe d'un courtiſan adroit, qui, en travaillant pour ſon propre avantage, la cache ſoigneuſement aux yeux du Souverain, & lui préſente l'accroiſſement idéal d'une puiſſance, dont le principe s'affoiblit d'autant. Cette corruption vient de ceux qui ont des raiſons pour redouter la loi, ou qui aſpirent à dominer ſur elle. De-là tant de demandes injuſtes, tant de requêtes importunes, tant d'intrigues multipliées, toutes ces démarches qui ſe croiſent & ſe nuiſent réciproquement, diviſées ſouvent dans leurs motifs, ſe réuniſſent toujours pour arriver au même terme, l'infraction des loix ; & comme les intérêts & les paſſions des hommes ſe perpétuent de jour en jour, & augmentent en proportion de l'eſpérance qu'on a de les ſatisfaire, il eſt conſtant que le meilleur Etat monarchique nourrira dans ſon ſein une conſpiration permanente contre les loix.

A cette conſpiration permanente, au choc perpétuel de cette maſſe, dont la force s'accroit à chaque inſtant par l'impétuoſité des paſſions qu'elle trouve ſans ceſſe ſur ſa route, il faut oppoſer une digue capable de l'arrêter : il faut oppoſer un corps indeſtructible, qui, préſentant par-tout une réſiſtance égale, ſoutienne la loi contre la réunion des efforts qui péſent toujours ſur elle. Dans la terreur univerſelle que doit inſpirer la continuité de ces efforts, ſouvent heureux, quelle voix oſeroit s'élever au milieu de tant de voix, les unes ſuſpectes, les autres intéreſſées, & toutes formidables? Qui tenteroit seulement de présenter la barriere de la loi à une puissance, respectable par le ministere qu'elle exerce, mais redoutable par l'abus qu'en font souvent ceux qui en sont revêtus? Il n'est qu'un corps perpétuel, fixe par sa nature, attaché par son serment *à la Loi, au Roi & à l'Etat*, qui puisse faire entendre que l'on ne peut manquer à un de ces trois points, sans trahir les deux autres : il n'est que lui qui, légal dans sa réclamation, constant dans ses principes, uniforme dans ses démarches, puisse mettre sans cesse la loi à côté de l'abus : il n'est que lui qui puisse se charger de dire la vérité aux Rois : il n'est que lui qui puisse la leur dire toujours, parce que toujours son intérêt est le même, parce que toujours il est dirigé par le bien public seul, parce que si la loi cessoit d'exister, le corps qui en est dépositaire deviendroit inutile, & finiroit avec elle : il n'est que lui enfin qui puisse exercer ce ministere glorieux, mais pénible, ce sacerdoce politique, au milieu des difficultés, des intrigues, ou des cabales sans cesse employées pour arrêter sa marche, ou pour calomnier ses intentions.

Telle est l'institution des corps dépositaires ; telle est celle du Parlement ; telles sont les fonctions augustes auxquelles il est obligé (7). Il n'a d'autre autorité que celle que le Roi lui a donnée ; & le moment où il voudroit l'employer contre la loi, seroit celui où il la perdroit toute entiere.

CHAPITRE IV.

On vient de voir la nécessité des loix, & des corps qui en sont dépositaires. Pour finir cette premiere partie, il faut montrer encore que l'arbitraire, dans l'administration de la justice, détruit ces loix, anéantit les corps ; & la conséquence fatale, mais néces-

(7) Placés entre le trône & les peuples, nous tenons d'une main la justice pour la leur rendre au nom du Souverain ; nous tenons de l'autre la vérité pour la présenter au Souverain en leur nom. Liés à ce double devoir par la religion du serment, par l'intérêt de notre conscience, notre gloire & notre unique ambition est de les remplir l'un & l'autre.

7 Septembre 1757. Remontrances du Parlement de Bordeaux, page 36.

Recueil de Remontrances, tome 5.

ſaire, ſera qu'il change la nature même de la monarchie.

Que l'arbitraire, dans l'adminiſtration de la juſtice, détruiſe les loix, c'eſt une vérité qui porte ſa preuve avec elle. La loi eſt certaine, l'arbitraire ne l'eſt pas ; la loi eſt égale pour tous, l'arbitraire varie avec les circonſtances. Oppoſés dans leur origine, ils doivent ſe combattre perpétuellement, & cette rivalité eſt toujours nuiſible à la loi, parce qu'elle n'oppoſe que la même arme à un ennemi qui change de forme avec les temps, les lieux & les perſonnes. L'autorité de la loi n'eſt qu'un empire de perſuaſion : elle n'a de force que par le reſpect qu'elle inſpire : ſi ce reſpect s'altere, ſa force diminue, tombe, & périt. Or chaque victoire que l'arbitraire remporte ſur elle, porte une atteinte au reſpect public ; & ces atteintes répétées forcent même quelquefois à rougir de la loi ceux qui prononcent encore ſon nom. Un premier ſuccès amene une ſeconde tentative ; chacun s'anime du triomphe des autres ; & la tranquillité particuliere n'exiſtant plus, la ſociété voit naître & nourrit dans ſon ſein une guerre politique qui la déchire.

Si l'administration de la justice ne peut devenir arbitraire sans détruire la loi, la loi ne peut tomber sans entraîner dans sa chûte les corps qui en sont dépositaires. Ils ne subsistent que par elle; ils doivent donc partager son sort & pour elle; & l'existence d'un tribunal qui n'auroit plus la loi pour guide & pour soutien, seroit le plus grand des maux dans une monarchie.

J'ai donc eu raison de dire que l'arbitraire dans la justice distributive changeoit la nature même de la monarchie, puisqu'elle présuppose des corps dépositaires, qui eux-mêmes ne seroient rien sans la loi, ou qui seroient alors uniquement destinés à consacrer la ruine de tous les principes.

SECONDE PARTIE.

Il étoit indispensable de fixer irrévocablement ces vérités: il étoit indispensable de prouver que la sûreté de la société, & la nature même du gouvernement monarchique exige une justice parfaite. On a vu que cette justice doit être égale; qu'elle ne peut ſe concilier avec l'arbitraire; que toutes les fois qu'on veut les mettre en oppoſition, il faut néceſſairement que l'un ou l'autre cede, & que c'eſt toujours la juſtice. Je vais rapprocher ces principes des objets contre leſquels je m'éleve aujourd'hui.

Ils ſont de trois ſortes, partans tous d'un même point, l'inexécution de la loi, & tendans au même but, ſon anéantiſſement total.

Ces trois objets ſont les Evocations, Commiſſions, & Caſſations illégales (1).

CHAPITRE PREMIER.

Je commencerai par les Evocations & Commiſſions.

Commes elles ont eu à peu-près la même origine & les mêmes progrès; comme elles ſe prêtent un ſecours réciproque; comme les mêmes principes, les mêmes loix, les mêmes faits frap-

(1) Je n'attaque que celles-là, reconnoiſſant qu'il peut y en avoir de juſtes, lorſque l'évocation eſt conforme à la loi, la commiſſion enregiſtrée, & la caſſation prononcée dans les ſeuls cas qui en ſont ſuſceptibles.

gent sur les unes & sur les autres, j'ai cru devoir les réunir dans l'examen.

Destructives de l'ordre de la justice, à qui elles ôtent son premier attribut, l'égalité : réprouvées par toutes les Ordonnances & Arrêts qui depuis plusieurs siecles renouvellent sans cesse leurs efforts pour les détruire ; elles attaquent encore essentiellement les principes de notre gouvernement : voilà les trois points de vue sous lesquels je les ai envisagées.

§ PREMIER.

Tout citoyen dans une société a droit à la justice commune. Tout sujet dans une monarchie a droit de demander & d'obtenir cette justice devant ses juges naturels, dont l'existence est alors inséparablement liée à la nature même du gouvernement. De ces deux propositions déja prouvées, dérive une troisieme qui ne l'est pas moins. Lorsque de deux parties plaidantes l'une vient à bout d'intervertir l'ordre de la société & de la loi, & que l'autre réclame en vain leur privilége, il est évident que toute égalité cesse entr'elles. L'une a le coupable avantage d'avoir triomphé de la regle, l'autre l'inutile regret de l'avoir vainement implorée. Ce triomphe annonce tout-à-la-fois dans l'une une grande force, dans l'autre une grande foiblesse. Ce n'est pas tout : celui qui a obtenu l'évocation, se présente devant des juges qu'il a demandés ; l'autre, au contraire, devant des juges auxquels il a voulu, & il auroit dû se soustraire. Si cette idée n'influe point sur l'examen qu'ils feront de son affaire, au moins influera-t-elle sur la confiance qu'il doit avoir en eux. La défense de sa cause en souffrira. Comment oser citer la loi devant un tribunal pour qui ce nom est un reproche ? Comment se flatter de la faire entendre devant des juges dont la présence seule annonce qu'elle est sans autorité ?

Quel sera donc le secours du citoyen traîné devant cette assemblée ? Ce ne sera pas la faveur : il a démérité sans retour par les efforts qu'il a faits pour fuir le tribunal qui va décider de son sort. Ce ne sera pas le crédit : son adversaire ne lui a que trop appris qu'il ne devoit pas y compter. Ce ne sera pas la loi : si ce nom sacré ſe répéte encore dans ce temple étranger, c'eſt pour elle une inſulte de plus, puiſque ſon pouvoir y eſt toujours méconnu, juſques ſur l'autel qu'on a feint de lui élever. Le citoyen, qui n'a pour lui que ſon bon droit, ſe trouve donc iſolé, tandis que ſon adverſaire, outre ſa force & ſon crédit, compte encore parmi ſes ſoutiens l'exiſtence précaire de ſes juges. Ainſi celui qui croyoit n'avoir que des titres, des preuves ou des raiſonnemens à combattre, rencontre à chaque pas une intrigue qui l'arrête, le décourage ou l'écraſe; & convaincu de ſa propre foibleſſe, non-ſeulement il ne peut plus ſe livrer à l'eſpérance; mais tout doit accroître, & ſemble juſtifier ſes ſoupçons. Oui, toutes les fois qu'on cherche à s'écarter d'une regle égale & commune pour tous; il eſt conſtant qu'on veut faire ſon avantage en ſe plaçant dans l'exception. L'intérêt fut & ſera toujours la meſure & l'eſtimation des actions des hommes. Quiconque redoute les formes ou évite les tribunaux, a un intérêt, qui dans aucun cas ne peut l'excuſer, mais qui dans tous doit intimider celui contre qui on viole la regle ; & tel est cependant l'effet nécessaire des évocations & commissions.

C'est-à-dire, que les mêmes moyens & les mêmes faits s'élevent contre les unes & contre les autres. Toutes deux contraires au bien général, elles tendent à affoiblir, & rompent enfin le lien de la société ; toutes deux sont une exception à la loi, & doivent par conséquent effrayer l'adversaire de celui qui les obtient ; toutes deux substituent à la marche égale de la regle les secousses momentanées de l'intérêt ou des passions. Aussi la certitude des juges a-t-elle toujours été une des premieres loix de toute législation. On a senti que de cette loi dépendoit la sûreté qui rend l'homme libre. Tout peuple qui a laissé affoiblir cette loi précieuse, a vu diminuer le nombre des vrais citoyens, & n'en a plus eu quand la loi a été tout-à-fait sans force. Ce fait qu'a démontré la tardive leçon de l'expérience, s'explique naturellement par les principes ci-dessus énoncés. C'est de l'intérêt partiel qu'il faut partir : c'est à ce point que tiennent tous les fils qui attachent les hommes au bien public. Si l'intérêt personnel n'est pas assuré, s'il peut être endommagé, ou même menacé à chaque instant, tout est perdu. On se détache d'une société qui ne protege plus également tous ses membres; on s'isole; ou, ce qui est pis encore, on voit que la cabale & l'intrigue réussissent seuls; on néglige le bien de l'Etat : le citoyen disparoît : l'homme personnel reste, & devient ambitieux, intriguant ou avide.

De-là naît le triple danger des commissions & évocations illégales.

1°. Elles sont dangereuses pour ceux qui les obtiennent, parce qu'ils n'ont pu les obtenir qu'en intriguant; & qu'en les obtenant, ils se sont élevés au-dessus des citoyens qui suivent la regle. Dans le premier cas, ils ont sacrifié le bien public aux cabales qu'il a fallu employer; dans le second, ils ont dérangé le niveau de la société, qui vis-à-vis de la loi place tous les hommes sur la même ligne.

2°. Elles sont dangereuses pour ceux contre qui on les accorde, parce qu'elles troublent la tranquillité que la loi leur assuroit, parce qu'elles leur apprennent qu'ils ne sont plus défendus par la société au bien de laquelle ils travailloient, parce qu'elles les forcent d'abandonner le grand objet du bien public, pour songer à la défense du leur, dont la loi ne peut plus se charger.

3°. Enfin elles sont dangereuses pour les juges qui les acceptent, parce qu'alors la loi ne peut plus s'empêcher de voir qu'elle a des ministres qui la trahissent; parce que l'honnêteté publique rougit pour le Magistrat qui enfreint son serment; parce que ce Magistrat apprend par-là qu'il perd le nom que la loi lui avoit donné, en s'élevant contr'elle, & celui même de citoyen, en troublant l'ordre public qu'il étoit fait pour maintenir.

C'est en ramenant ainsi les choses à leur véritable état, qu'on les voit dans leur vraie position : c'est toujours d'après un principe universel & incontestable, qu'il faut agir ou juger : alors jamais d'erreur; ou si la foiblesse humaine en exige une, elle est courte & n'est point dangereuse. Si ce guide est sûr, c'est sur-tout lorsqu'il s'agit de s'écarter de la regle : c'est dans ce cas que l'examen le plus sévere ne l'est pas encore assez. Si la loi enfreinte peut produire un bien, il faut encore hésiter long-temps sur la demande : si elle n'en produit pas, il faut la repousser avec mépris ; si elle produit un mal, il faut frémir & se taire.

Tel est le code respectable d'après lequel la raison & l'équité doivent juger les évocations & commissions. Vainement un usage aujourd'hui presque général semble-t-il s'élever en leur faveur : cet usage est un mal de plus, & ne peut être une excuse. Cet usage, loin de les justifier, demande, au contraire, plus fortement leur destruction : il annonce qu'aujourd'hui loin de rougir de l'abus, c'est l'abus même que l'on invoque pour écarter la regle. Voilà quelle doit être, quelle a toujours été, & quelle sera à jamais la suite des évocations. Lorsque le crédit les demande ou les obtient, on peut presque toujours annoncer d'avance le jugement qui doit en résulter. C'est sur cela qu'on calcule : c'est pour cela qu'on les sollicite : c'est pour cela qu'on n'a point encore vu le foible en obtenir contre l'homme puissant. Je l'affirme, & l'expérience le prouve : si l'on pouvoit voir à découvert tous les ressorts secrets que l'on emploie pour s'appuyer de l'autorité parmi cette foule effrayante d'évocations, on n'en trouveroit pas une, pas une seule obtenue par un homme foible, inconnu, sans appui, sans protection puissante ou secondaire.

C'est à cette réflexion qu'on pourroit en derniere analyse réduire tous les raisonnemens; c'est une vérité de fait qui est devenue un argument invincible contre les évocations & commissions. Et quelle est donc cette étrange justice dont le sanctuaire, à jamais fermé pour le foible, ne s'ouvre qu'au crédit, à la faveur, ou à l'autorité? Ce ne sera point moi qui résoudrai cette question, sa solution est écrite dans toutes les Ordonnances; ouvrage de la sagesse de nos Rois, & monument consolant pour les peuples.

§ II.

« Il est souvent arrivé (disoit
Ordonnance de Mars 1344. » Philippe de Valois) que des gens
» mal intentionnés obtenoient par im-
» portunité & quelquefois par inad-
» vertance, des Lettres-Patentes pour

» conduire aux requêtes de notre hô-
» tel les parties adverses qu'ils vou-
» loient fatiguer à force de dépenses
» ou de travaux, d'où il résulte un
» dommage & préjudices considéra-
» bles.

» Nous sommes instruits (Charles
» V) que par l'infestation des gens
» de notre hôtel & autres, nous avons
» voulu ouir pardevant nous la plai-
» doirie d'aucune petite cause dont il
» n'appartient point.

Ordonnance du 22 Juillet 1370.

Le même Prince, au mois d'Août 1389, détailla dans un long préambule l'abus des évocations, & finit en disant qu'il en résultoit « scandale, domma-
» ges, inconvéniens, lésion de la jus-
» tice, exemple pernicieux qui devien-
» droit l'opprobre de nous & de no-
» tredite cour, qui tourneroit au pré-
» judice de nos sujets, & des étran-
» gers qui poursuivent leurs droits en
» notredite cour, & au détriment in-
» tolérable de toute la chose publique
» de notre royaume; ce que nous esti-
» mons avec raison, propre à exciter
» la colere de Dieu, & digne de nous
» déplaire.

Ordonnance du mois d'Août 1389.

« Equité (disoit Charles VI en parlant

Ordonnance d'Avril 1402.

des évocations) » n'est point gardée;
» iniquité est commise, le droit des
» parties est tollé, péri, annullé, &
» justice demeure de tout déludée.

Ordonnance sur les Remontrances des Etats de France, publiées au Parlement au mois de Mai 1413, article 214.

« Il est advenu & advient souvent » que plusieurs personnes par importunité, inadvertance ou autrement, » pour fouir & délayer le bon droit » des adversaires d'eux ou de leurs » amis, par les impétrations obtenues » par importunité ou autrement, les » parties sont souvent mises en grandes » involutions de procès, & bien souvent en sont les bons droits des parties rétardés & empêchés ».

6me. Réglement du Parlement.

Louis XI marcha lui-même un moment sur les traces de ses prédécesseurs. Le Parlement de Toulouse conserve encore une lettre par laquelle ce Prince lui défend d'avoir égard aux évocations en général, & même de s'arrêter à une qu'il venoit d'accorder : mais jaloux d'une autorité dont il méconnoissoit le véritable but, & dont il fit souvent un funeste usage, il laissa bientôt un libre cours aux évocations. Je n'examinerai point si les malheurs & les proscriptions qui signalerent son regne, en furent les suites ou les causes. L'histoire de son gouvernement est une leçon perpétuelle pour quiconque la lira avec un cœur droit & impartial : mais ce Roi a reconnu lui-même ses erreurs dans les instructions qu'il laissoit à son fils : on y voit son regret d'avoir enlevé ses sujets à leurs juges naturels : il y recommande à son successeur de laisser aux loix toute leur autorité. Ce témoignage tardif, inutile sans doute pour ceux que l'injustice avoit opprimés, doit instruire & convaincre la postérité. Rendu dans ce moment où toute illusion cesse, où la vérité paroît & garde seule ses droits ; où le Monarque le plus puissant n'est plus qu'un homme, & va cesser de l'être ; où, de quelque titre brillant qu'il ait été revêtu, il ne lui reste plus que ce qu'il a fait, & où il va être jugé sur ce qu'il devoit faire ; sans doute ce témoignage équivaut bien à une confirmation formelle de la loi. Pendant sa vie, Louis XI l'avoit oubliée, méconnue, ou étouffée : mais constamment persévérante & toujours imprescriptible, elle finit par se faire entendre, & arrache un hommage qui devient plus grand par la résistance même qu'on lui avoit opposée.

Statuta delphinalia, pag. 107.

Charles VIII ne manqua pas de profiter des leçons d'un pere mourant; & quand les Etats assemblés à Tours lui porterent leurs plaintes sur les évocations & commissions, ils eurent la consolation d'apprendre du Monarque lui-même, qu'il avoit prévenu leur desir, & qu'il alloit faire paroître une Ordonnance à ce sujet. C'est celle du mois de Mars 1483, renouvelée & confirmée par une autre du mois de Juillet 1493.

Article 72. Néron.

Louis XII a consacré les mêmes principes dans son Ordonnance du mois de Décembre 1499. Il y détaille en termes énergiques tout ce qui est contraire « *à l'entretenement de la justice dans le Royaume* ».

François Ier parle avec la même force dans l'Edit de 1529, nommé l'Edit de la Bourdaisiere. « Comme depuis aucun temps nous avons été avertis & informés par le Cardinal de Sens notre Chancelier, & aussi par aucuns delégués de nos Cours de Parlement, que plusieurs évocations, & jusqu'à nombre effréné, ont été ci-devant dépêchées, à cause de récusations baillées contre aucuns des

» Présidens & Conseillers de nosdites
» Cours, qui est grosse vexation, frais
» & mises intolérables aux parties li-
» tigeantes, & grand retardement de
» justice, & pour autant que celà peut
» avenir pour icelles évocations oc-
» troyées trop facilement, ou pour les
» parentages, consanguinité, affinités
» & alliances, ou autres d'iceux qui
» sont en nosdits Parlemens, desirant
» y pourvoir pour l'avenir, afin d'ôter
» & abolir à notre pouvoir toutes co-
» teleuses voies & moyens de ceux
» qui poursuivent telles évocations au
» retardement de justice, préjudice &
» dommage de nos sujets ».

Il répéta les mêmes principes dans l'Ordonnance de Villercoterets 1539, & dans l'Edit de Chanteloup 1545. Il paroît même par ce dernier, que l'Edit de 1529 n'avoit pu arrêter les évocations, & qu'elles avoient recommencé, « tellement qu'à présent plusieurs de » nos sujets sont travaillés au moyen » desdites évocations, autant & plus » qu'auparavant notredit Edit ».

Les évocations, disoit Henri II, » pour les octroyer trop facilement, » se multiplient jusqu'au nombre ef- 18 Mai 1549.

» frêné, ce qui est grosse vexation; » frais & mises intolérables aux parties, grand retardement de justice ».

Fév. 1566. Mai 1579. Charles IX & Henri III s'expriment de même dans les Ordonnances de Moulins & de Blois. Ce dernier s'expliquoit encore avec la même force quelques années après. « Il advient

Ier. Janvier 1585, mss. Dupuis, n°. 218. » grand préjudice de nos sujets, & » charge de notre conscience pour les » surprises & impostures que peu- » vent faire ceux qui obtiennent évo- » cations ».

Henri IV, en défendant les évocations, dit formellement qu'elles troublent l'ordre de la justice.

Edit de Janvier 1599.

Louis XIV a plusieurs fois, pendant son regne, rappelé l'exécution de toutes ces Ordonnances; il l'avoit déja fait aux mois de Juillet & d'Octobre 1648; mais de nouveaux abus ayant excité la réclamation du Parlement, il renvoya, par arrêt du Conseil, à cette Cour les procès qui en avoient été évoqués injustement. Voici comme il s'exprime dans les Lettres-Patentes du 11 Janvier 1657. « Nous avons fait examiner en » notre Conseil & en notre présence, les

Déclaration du 31 Juillet & du 22 Sep.

» les mémoires que notre Procureur-
» Général nous a présentés de la part
» de notredite Cour, concernant les
» plaintes sur les Arrêts de notre Con-
» seil, qu'elle a prétendu avoir été
» rendus contre les termes des ordon-
» nances touchant les évocations, &
» sur des matieres dont la connoissance
» lui appartient. Comme nous avons
» toujours entendu que la justice fût
» rendue à nos sujets *par les Juges*
» *auxquels la connoissance en doit ap-*
» *partenir*, suivant la disposition des
» Ordonnances, & que nous voulons
» même témoigner que les remontran-
» ces qui nous ont été faites sur ce
» sujet, d'une Compagnie que nous
» avons en une particuliere considéra-
» tion, ne nous ont pas été moins
» agréables que le zele qu'elle a pour
» notre service nous donne de satis-
» faction, &c. ».

Les précautions sages qu'il prit dans cette loi, & qui furent confirmées par celle de 1669, n'étant pas encore suffisantes, il fut forcé de les renouveler la derniere année de sa vie. « Quel-
» ques précautions que nous ayons
» prises jusqu'à présent pour empêcher

Déclaration du 31 Mars 1710.

» l'abus des évocations, des procès tant » civils que criminels, qui n'ont été » introduites que comme un secours » pour garantir nos sujets de l'oppres- » sion qu'ils pourroient souffrir par le » crédit des parens & alliés de ceux » contre qui ils plaident, nous appre- » nons qu'elles sont devenues, par les » efforts de la chicane, le moyen le » plus ordinaire pour traverser l'instruc- » tion & arrêter le jugement des af- » faires ».

L'Ordonnance de 1737 contient les mêmes principes, & reconnoît que la mauvaise foi des plaideurs a souvent éludé les anciennes loix, notamment celle de 1669.

Quelle concorde dans toutes ces loix! Quelle force, quelle noblesse, quelle sublime uniformité dans leurs expressions, comme dans leur esprit! Vingt fois en lisant ce recueil tutélaire, la vérité m'arracha une interpellation que mon cœur ne peut plus retenir. Vous, ennemis nés de tout ce qui porte le caractere de la loi, vous qui transformez en crime auprès du Prince la moindre résistance des Magistrats, vous qui répétez sans cesse que sa seule volonté (c'est-à-dire la vôtre) doit tenir lieu de loi ; je vous cite aujourd'hui devant des Juges que vous ne récuserez pas. Ce ne sont plus ces Magistrats dont vous redoutez la véracité : ce ne sont plus ces auteurs publicistes, dont les raisonnemens sans réplique contrarient vos maximes ou vos projets. C'est le Tribunal le plus respectable, c'est une assemblée entiere de Rois. Que l'intrigue paroisse au milieu de ce cénacle auguste ! Qu'elle y vienne risquer une demande proscrite de regne en regne par les premiers Monarques de l'univers, par un Charles V à qui la postérité a cru devoir donner le surnom de sage ; par un Louis XII, qui eut la douce consolation d'entendre le pauvre, jusqu'alors malheureux, l'appeler le pere du peuple ; par un Henri IV, dont le nom seul honore l'humanité, & lui porte encore tous les jours un tribut de larmes ; par Louis XIV, enfin, qui arracha à l'Europe étonnée le surnom de Grand, & qui protégeoit la justice avec la même main dont il frappoit ses ennemis. Jamais, jamais l'intrigue, & tout ce qui l'accompagne, ne soutiendroit un pareil spectacle ; jamais elle n'oseroit démentir ce témoignage royal...... Ce qu'elle n'oseroit faire ouvertement devant tant de Potentats, elle le fait chaque jour en secret auprès du trône.

Lâchement criminelle, puisqu'elle se cache pour tromper, elle est encore coupable envers la justice & la Majesté royale qu'elle veut tromper & faire agir contre elles-mêmes. Il faut lui ôter la ressource de cette coupable industrie ; & pour cela il suffit de présenter l'historique des évocations & commissions, leur origine, les bornes dans lesquelles on a voulu les restreindre, les efforts qu'elles ont fait pour les franchir, les diverses formes sous lesquelles elles se sont repliées, & les prohibitions positives dont elles ont toujours été frappées.

La certitude des Juges, le droit de n'être jugé que par son juge naturel, étoit une maxime universellement reconnue sous la Ière race. Les Germains l'avoient apportée avec eux en traversant le Rhin ; ils l'avoient encore trouvée établie dans les Gaules par les loix Romaines. Aussi tous les premiers monumens qui nous restent de notre législation, rendent-ils à ce principe l'hommage qui lui est dû ; & si dans des temps de trouble & de barbarie, l'application n'en fut pas toujours faite, ces exceptions mêmes, n'étant que l'ouvrage de la discorde & de la force, prouvent en faveur de la raison & de la loi. L'immortel législateur de la seconde Race étoit fait pour sentir plus qu'un autre la grandeur & l'importance de cette vérité, & il n'est presqu'aucun de ses Capitulaires qui n'atteste les précautions sages avec lesquelles il espéroit empêcher l'établissement des commissions.

Le même esprit se perpétua de siecle en siecle, & dans celui qui a précédé la fixation du Parlement à Paris, on trouve des actes précieux qui montrent combien l'on étoit alors jaloux de n'être jugé que par le Parlement, & que ce droit étoit regardé comme le plus grand & le véritable lien entre le Souverain & son peuple.

Une foi & hommage rendu en 1220 à Philippe-Auguste par le Comte de Champagne, nous apprend que le Monarque devoit lui conserver la liberté d'avoir justice en sa Cour, par *le jugement de ceux qui peuvent & doivent le juger.*

Ce jugement étoit regardé comme le seul légitime, même par les arriere-vassaux; & dans un cautionnement de 1221, fourni par le Comte de Rhetel au Comte de Champagne, on y voit que le premier, prévoyant le cas où le suzerain manqueroit au bon & loyal service qu'il doit au Roi, s'engage à employer sa personne, & ses fiefs & domaines *pour aider le Roi, & pour nuire audit Comte, jusqu'à ce qu'il ait réparé son tort selon le jugement de la Cour du Roi, & de ceux qui peuvent & doivent juger ledit Comte.*

Deux autres actes de 1222 nous attestent le même principe, c'est-à-dire qu'il ne suffisoit pas que le Roi fit justice à ses Barons, mais qu'il falloit encore qu'elle leur fût faite par le jugement de ceux *qui seuls pouvoient & devoient les juger.*

Le même principe se retrouve cinquante ans après. Les établissemens de St. Louis, monumens de la sagesse d'un des plus grands Monarques dont aucune nation puisse se glorifier, contiennent à ce sujet les preuves les plus positives. Le déni de justice de la part du Souverain, y est regardé comme l'oubli le plus dangereux des devoirs de la Royauté ; & ce déni de justice, en quoi le faisoit-on consister alors? à refuser de la rendre par le Parlement, *à véer le jugement de sa Cort*, à donner des commissaires pour juges, à mettre le Parlement dans l'impossibilité d'administrer la justice ; en un mot, à faire droit en sa Cour par autres que *par ceux qui peuvent & doivent juger*.

En parcourant cet ouvrage d'un de nos plus augustes Souverains, on reconnoîtra aisément de quel œil on regardoit alors les commissions ; on verra que cette invention funeste étoit proscrite, comme destructive des liens qui attachent le Monarque à ses sujets.

Cependant le Parlement n'étoit point encore sédentaire ; il ne se tenoit qu'à certaines époques ; il accompagnoit souvent le Souverain. L'incertitude du temps & du lieu de ses séances auroit pu servir de prétexte pour établir des commissions intermédiaires. S'il se présentoit aujourd'hui des circonstances pareilles, avec quel soin ne les saisiroit-on pas? Le Parlement fut fixé à Paris peu d'années après : & certes, quelqu'ingénieuſe que ſoit l'intrigue pour ſe ſouſtraire à la juſtice, elle ne perſuadera jamais que les commiſſions, qui étoient formellement proſcrites lorſqu'un Tribunal ambulatoire n'avoit point de ſéances fixes, ſe feront établies légitimement, lorſque chaque ordre de citoyens aura pû trouver dans la Capitale des juges certains, deſtinés par leurs fonctions, & toujours prêts par leur état, à recevoir ou à écouter leur demande. Pour rendre au moins probable un pareil ſyſtême, il faudroit que les faits vinſſent juſtifier une politique auſſi inconſéquente ; & ces faits, conſignés dans les plus anciens regiſtres du Parlement, nous apprennent qu'après ſa fixation à Paris on obſerva les mêmes regles ſur ſa juriſdiction, & qu'on maintint ces loix ſages qui ne permettent pas qu'on y déroge, en nommant des juges extraordinaires.

Ce principe, de ne pouvoir être jugé que par la Cour de France, étoit même ſi univerſellement reconnu & ſuivi, que les étrangers qui poſſédoient des fiefs dans le royaume, ne craignoient point de le réclamer. Edouard II, Roi d'Angleterre, ſe plaignoit en 1311 à

Philippe-le-Bel de ce qu'il faisoit procéder contre lui par Commissaires, pour les excès qu'on l'accusoit d'avoir commis en Guienne. Il ajoute qu'en sa qualité de Pair de France, il devoit être ajourné au Parlement. Philippe-le-Bel reconnoît cette vérité par sa réponse, & dit que les commissaires n'ont été envoyés que pour s'enquérir des faits.

Manuscrit Marillac fol. 95.

En 1427, on voit un Duc de Bretagne revendiquer comme son justiciable, un Chevalier qui prétendoit ne l'être pas, & qui avoit appelé en la Cour. Il s'agissoit de déterminer quel devoit être son juge ; ce soin regardoit l'administration seule ; aussi Charles-le-Bel renvoya-t-il pardevant Cherchemont son Chancelier, pour en décider avec ceux de son Conseil ; & ces commissaires ordonnent, sans préjudice du droits des parties, qu'elles en viendront au jour de Normandie.

Supplément 4 Avril 1317.

Si l'on commence à appercevoir dès-lors les traces de l'établissement des commissions, on voit en même-temps que le droit public vouloit que l'appel en fût porté au Parlement (8). Par-

(8) Réglement fait par le Souverain avec

là les choses rentroient dans l'ordre; & si des raisons d'administration, ou des circonstances particulieres sembloient demander que certaines affaires fussent d'abord jugées par commission, l'appel ramenoit tout à la regle, & le citoyen ne pouvoit éprouver aucune condamnation définitive contre son bien, son honneur ou sa vie, que par un arrêt de ses juges naturels.

Dutillet, des Paris, pag. 371.

Philippe-le-Bel reconnoît que quand, par Commissaires députés par le Roi, on ne peut terminer les différens, ils font leur rapport au Parlement (1).

---

sa Cour majeure dans la ville d'Orthés, suivant lequel ses sujets pourroient si peu être distraits de leur jurisdiction ordinaire, que si le Souverain trouvoit à propos de juger leurs affaires, ce ne pourroit être que comme arbitre, & qu'il étoit permis d'attaquer ces jugemens par la voie de l'appel à la Cour majeure, à laquelle le Prince présidoit.

8 Janvier 1757. Remontrance du Parlement de Navarre, page 15, réglement de 1390.

(1) Ce trait prouve qu'originairement les Commissions ne rendoient que des sentences arbitrales, ce qui est encore attesté par plusieurs monumens de ce siecle.

Un différent s'élève entre un marchand de France, & des Italiens: Le Roi nomme des commissaires pour les juger. Le marchand condamné en appelle au Parlement; le Parlement reçoit l'appel, y fait droit, *dit qu'il a été bien jugé par les Commissaires, mal appelé par le marchand, & l'amendera.*

Un arrêt de 1314, qui se trouve dans les *Olim*, prouve que le droit d'appel étoit généralement établi. Celui-ci interjeté sur le provisoire d'une affaire, dont cet arrêt jugea le fond, fut à la vérité révoqué, mais il ne le fut que parce que la commission qui avoit rendu le jugement provisoire, prétendit qu'il ne pouvoit y avoir lieu à l'appel, attendu qu'elle étoit composée de la Chambre des Comptes & de tous les membres du Parlement qu'on avoit pû rassembler pendant les vacances: & cependant pour établir cette commission composée en partie des juges naturels, & qui ne devoient statuer que sur un provisoire, on n'avoit pas crû que la requête d'une des parties fut suffisante, on avoit voulu le consentement juridique de l'autre, &

l'exception dont on se servit pour demander la révocation de l'appel, est même une preuve du droit général.

Ce droit subsista pendant le quatorzieme siecle, & les troubles qui signalerent le commencement du quinzieme ne le firent point oublier. Le procès de Jacques-Cœur en fournit l'exemple. Il avoit été en 1453 instruit par des Commissaires, & jugé par le Roi, en son Conseil à Luzignan, & trente-deux ans après, l'appel en fut interjeté & reçu au Parlement.

Mss. Marillac.

En 1470, l'appel d'un jugement, d'une commission, est de même porté au Parlement. Pour en empêcher l'effet, elle obtint une évocation au grand-Conseil; (ce qui étoit toujours reconnoître le droit d'appel) (9) mais le

(9) Plusieurs Entrepreneurs de la remonte du sels sont recherchés pour prétendus déchets & jugés par des Commissaires à qui le tiers des amendes qu'ils prononçoient étoit accordés; après bien des vexations & des irrégularités dans la procédure, ces Entrepreneurs sont condamnés à 100,000 liv. d'amende, ils en interjettent appel en la Cour qui les renvoie aux Généraux des Aides; ceux-ci

Parlement retint la cause, & sa conduite fut approuvée par le Roi.

Lors même que le Parlement donnoit aux commissions le sceau de la loi, en les enregistrant, il y mettoit la clause (10) *à la charge de déférer aux*

---

les renvoient au Parlement, parce qu'il s'agit de domaine. Les Commissaires se voyant traduits au Parlement, empêchent par leur crédit, que l'on ne délivre à la Chancellerie des Lettres de ratifications d'appel, qui leur furent accordées en la Cour, alors ils obtinrent une évocation au Grand-Conseil, que le Procureur du Roi audit Grand-Conseil vouloit faire valoir, mais le Parlement retient la cause sur les conclusions des gens du Roi, qui font voir que lesdites Lettres sont obreptices & subreptices, & le Procureur du Roi du Grand-Conseil dit que le Roi lui a imposé sur ce silence.

6 Juillet 1470. Supplément,

(10) La Cour faisant droit sur la Requête du Substitut du Procureur-Général pour ladite réformation, permet audit Commissaire de passer outre à l'exécution de ladite commission à l'égard seulement de la faction des procès ès prononciations des sentences par lui données ou à donner; à la charge de déférer aux appellations si aucunes sont interjetées; & qu'à cette fin, les accusés étant en la garde des Huissiers, seront représentés audit Commissaire pour entendre la pro-

appellations, si aucunes sont interjetées; ou si quelquefois il n'y mettoit pas la condition de l'appel (11), c'étoit relativement à des circonstances, qui loin de déroger au droit général, en étoient la confirmation.

Car je ne chercherai pas à le déguiser ici. Les branches immenses de l'administration, devenues plus nombreuses

---

nonciation des sentences contre eux données.

19 & 28 Septembre 1556, comp. tom. 7, fol. 69. 8°.

(11) Les Gens du Roi ont dit que ledit Seigneur Roi, pour punir les séditieux ès pays de Gaienne, Xaintonge & Angoumois, avoit commis des Prévots des maréchaux, lesquels ayant fait mal leur devoir, ledit Seigneur Roi a décerné sa commission au Lieutenant-Général de Poitou, pour juger en dernier ressort, appelé avec lui les Conseillers de son Siége, lesquels avoient rendu quelques jugemens contre des habitans des villages châtellenies de Boutteville & Château-Neuf, dont y avoit eu appel. Depuis a été décerné par le Roi des Lettres-Patentes qui défendent de se pourvoir contre lesdits jugemens, autrement que par les voies dont on a accoutumé d'user contre les arrêts, lesquelles lettres ils trouvent raisonnables, attendu la matiere & la commission premiere.

4 Décembre 1554. Comp. tom. 5, folio 386. N°.

& plus étendues de siecle en siecle, peuvent offrir quelquefois des circonstances qui permettent de s'écarter de la forme ordinaire; mais alors, en faisant enregistrer librement les commissions, on pare aux inconveniens qui pourroient en résulter; & l'empreinte de la loi, en dissipant les alarmes du citoyen, donne un caractere plus respectable aux opérations de l'administration. On trouve dans les registres du Parlement une foule d'exemples de ces enregistremens (1), quelques-uns même sont d'autant plus remarquables, que les affaires qui s'y traitoient étoient du nombre de celles qu'une erreur aussi coupable que dangereuse veut enlever aujourd'hui à l'inspection des Tribunaux.

Tant de précautions conformes aux premiers principes du droit naturel, établies dans les premiers monumens de notre législation, confirmées par les plus grands Rois de la premiere, la seconde & la troisieme race sembloient devoir être à jamais une barriere in-

---

(1) 12, 13, 14, 15, 16, 17, 18, 19, 20, 21, 22, 23, 24, 25, 26, 27.

ſurmontable contre les commiſſions ; & comme il étoit difficile de trouver des prétextes plauſibles pour en obtenir, on chercha à rendre les évocations plus faciles pour tâcher au moins de choiſir le juge auquel on ſoumettoit ſon ſort.

L'évocation qui n'eſt qu'une exception de la loi, fut originairement établie avec ſon approbation. Lorſqu'une des deux parties avoit pluſieurs parens dans le tribunal où elle devoit être jugée, l'autre demandoit une évocation. Elle s'accordoit encore lorſque le lieu de la juriſdiction, trop éloigné du domicile des parties, pouvoit leur occaſionner des frais immenſes pour l'inſtruction de leur procès : c'étoit-là les deux motifs les plus ordinaires pour demander & obtenir des évocations. Il s'en préſentoit quelquefois un troiſieme, lorſque le Juge, qui devoit connoître de la conteſtation, avoit donné par inadvertance ou autrement, de fortes raiſons de faire ſuſpecter ſon impartialité. Dans tous ces cas, l'évocation paroiſſoit juſte, l'étoit en effet, & l'auroit toujours été en ſe tenant dans ces bornes.

Mais le légiſlateur ſentit dès-lors

qu'on ne tarderoit pas à abuser d'un pareil moyen. Il voulut prescrire des limites fixes, qui arrêtassent à jamais, ou du moins qui rendissent inutiles toutes entreprises contraires. Ces évocations ne pouvoient s'obtenir que par Lettres-Patentes; ces Lettres-Patentes données sur requête, étoient envoyées au Parlement. La partie adverse en prenoit connoissance, & pouvoit s'y opposer. Lorsque leur exposé étoit inexact ou insuffisant, le Parlement retenoit les lettres, & les parties procédoient devant leurs juges naturels. Ses registres sont pleins de lettres refusées en pareil cas.

Cette marche étoit aussi sûre que simple. Elle assuroit une justice égale aux deux parties. Le jugement qui régloit leur tribunal, rendu contradictoirement entr'elles, ne leur laissoit aucun sujet légitime de plainte. Le demandeur qui avoit fait insérer dans les Lettres-Patentes des faits faux, ne pouvoit imputer qu'à lui-même le peu de succès de sa demande. Le défendeur, au contraire, qui vouloit s'opposer à la demande en déniant des faits exacts, étoit justement puni d'un refus qui n'a point de fondement.

Mais on fut bientôt embarrassé par la résistance continuelle qu'éprouverent les demandes injustes ; & comme l'intrigue ne manque jamais de ressources, voici le moyen que l'on imagina pour éluder la loi. On faisoit faire un *duplicata* des lettres, & tantôt, sur ce *duplicata* seul, on faisoit mettre les lettres à exécution, quoique l'original eût été refusé ; tantôt on faisoit signifier l'original même, & l'on ne présentoit aux Cours que le *duplicata*. Maintefois le Parlement a été obligé de sévir contre des Huissiers coupables de l'un ou de l'autre de ces délits (28).

Il paroît même qu'il y avoit là-dessus des arrêts de réglemens : car le 22 Mai 1574, les gens du Roi ayant requis qu'il plût à la Cour admonester les Conseillers d'icelle, *suivant ce qui a été ordonné ci-devant*, qu'ils envoient prisonniers les Huissiers qui présenteront des lettres d'évocation par *dupli-*

(28) Décret de prise-de-corps contre un Huissier, pour avoir exécuté une évocation sur *Duplicata*.

8 Mars 1476.

cata, arrêt intervint ſur leurs concluſions, qui ordonna l'exécution des anciens réglemens (29).

Cette voie interceptée par la fermeté des Magiſtrats, les ennemis des loix s'en ouvrirent deux autres.

Pour ſouſtraire les évocations à l'examen des Cours, on engagea le Prince à les leur notifier par des ſimples lettres miſſives; mais le Parlement toujours fidele aux maximes, ſachant (comme le diſoit le Chancelier de l'Hôpital, ce Magiſtrat *dont le nom doit vivre à jamais dans la mémoire des hommes qui aimeront la juſtice*), qu'il doit *non pas garder tous les commandemens du Roi, mais bien garder ſes Ordonnances, qui ſont ſes vrais commandemens*, ne craignit point de s'oppoſer à des ordres évidemment ſurpris, & dé-

Hénault, Hiſtoire de France, t. 2, pag. 514.

(29) Les gens du Roi requiérent qu'il plaiſe à la Cour admoneſter les Conſeillers d'icelle, ſuivant ce qui a été ordonné ci-devant, qu'ils envoyent priſonniers les Huiſſiers qui préſenteront des Lettres d'Evocation par *Duplicata*. Arrêt en conſéquence, qui ordonne l'exécution des précédens Réglemens.
22 Mai 1574.

ſavoués par la loi. On verra dans un moment que ces tentatives tomboient, chaque fois qu'on vouloit les faire reparoître, devant l'oppoſition du Parlement toujours ſoutenue ou guidée alors par la vigilance éclairée du miniſtere public.

Enfin, on imagina un dernier moyen plus dangereux encore que tous les autres. On eut l'adreſſe de le faire inſérer dans une loi qui contient d'ailleurs à ce ſujet les diſpoſitions les plus ſages ; & François Ier, dans ſon Edit de la Bour-
1529. daiſiere, ſe réſerva la faculté « d'octroyer » de ſon propre mouvement, pour aucunes cauſes à ce le mouvant, des » lettres pour retenir la connoiſſance » des matieres en ſon conſeil ». Cette reſtriction armoit la loi contr'elle-même : elle donnoit la dangereuſe & ſéduiſante facilité de détruire par un ſeul mot tout le bien que cet édit paroiſſoit faire. Elle devoit avoir, & eut les ſuites les plus fâcheuſes. Le Prince, entouré d'intrigues & d'intérêts particuliers, croyoit céder à ſon propre mouvement, & ſuivoit l'impulſion menſongere d'un courtiſan avide ou vindicatif. Les évocations multipliées furent portées aux excès les plus effrayans. L'injuſtice ſem-

bloit n'avoir plus rien à craindre, ayant trouvé le moyen de se faire autoriser par la loi; mais la Nation assemblée parla le langage de la vérité à un Souverain qui daigna l'entendre. Henri III reconnut qu'il étoit plus facile d'abolir entiérement ces sortes d'évocations, que de les contenir dans de justes bornes. Ce sentiment, digne d'un grand Roi, inspiré par l'amour du bien public, dicta l'article 97 de l'Ordonnance de Blois, par lequel il déclara 1579
qu'il n'entendoit dorénavant bailler au« cunes lettres d'évocation de son pro» pre mouvement ».

Cette ordonnance, célebre dans les annales de notre histoire, & qui a toujours été regardée comme une des loix les plus précieuses de la monarchie, a fixé irrévocablement la législation au sujet des évocations. Toutes celles qui sont venues depuis n'en ont été que la confirmation ou le commentaire. Il suffit de lire celles de 1669 & de 1737; elles distinguent entre les évocations générales & les évocations particulieres. Les premieres sont proscrites, « si ce n'est pour de très» grandes & importantes considérations

» qui auront été jugées telles par nous » en notre conseil ». Voilà le principe : il faut de grandes & importantes considérations : il faut que ces grandes & importantes considérations soient jugées telles par le Roi en son conseil : il faut enfin qu'elles y soient jugées « parties ouies, & avec connoissance » de cause ». C'est le vœu formel des anciennes Ordonnances, qui non-seulement n'ont point été detruites depuis, mais dont l'exécution a été formellement ordonnée dans tous les cas, on n'y dérogeoit pas (30).

Article 97, Ordonnance de Blois.

Quant aux évocations particulieres, l'Ordonnance de 1669 & celle de 1737 ne parlent que des cas de parenté, d'alliance, & du cas où le juge auroit fait son fait propre d'un procès pendant à sa jurisdiction, comme d'avoir *sollicité en personne*, *consulté & fourni*

Art 68, de l'Ordonn. de 1737.

(30) Voulons que les Ordonnances faites, tant par nous que par les Rois, nos prédécesseurs, qui ont été publiées en nos Cours de Parlement, & qui depuis n'ont été révoquées, même celle concernant le fait de la justice, soient inviolablement gardées & observées

1579. Ordonnance de Blois, Art.

aux frais. Ces loix ne parlant que de ces deux especes seulement, il est évident que les évocations ne peuvent s'étendre à d'autres; il ne l'est pas moins qu'elles doivent alors se juger conformément à toutes les Ordonnances, c'est-à-dire que les causes doivent être renvoyées devant un autre Parlement, & que dans aucun cas, elles ne peuvent être portées devant une commission, & sur-tout devant une commission illégale.

Tel est le dernier état de la législation : état d'autant plus remarquable que ces deux dernieres loix ont été accordées sur les plaintes réitérées des Etats & des Cours. La loi de 1737 sur-tout ne devroit laisser aucun doute à cet égard : méditée longtemps par le célebre Magistrat qui étoit alors chef de la justice, elle fut rédigée d'après un état détaillé de toutes les évocations injustement accordées. Elle n'a dérogé en rien aux anciennes Ordonnances; bien plus, elle leur a donné une sanction dont celles-ci n'avoient pas besoin. Cette série non interrompue des loix les plus précises & les plus sages, a donc fixé irrévocablement les bornes des évocations & des commiſſions. Elle a marqué les circonſtances dans leſquelles elles pouvoient être accordées, les tribunaux qui devoient en connoître, la forme dans laquelle elles devoient y être préſentées. Sans ces conditions, elles ſont expreſſément défendues : c'eſt ce que je vais faire voir en rapprochant à ce ſujet toutes les époques de notre légiſlation.

Le droit d'être jugé, la certitude de ne l'être que par ſon juge naturel & ſuivant la loi de ſon pays, telles elles ont toujours été les baſes de la juriſprudence de tout peuple ſage, telles ont été celles de la nôtre.

Le premier âge de notre monarchie offre à chaque inſtant les traces de ces principes inconteſtables (31) ; on y voit que le légiſlateur part toujours de cette grande vérité, que la sûreté du bien & de la perſonne fait ſeul le citoyen ; auſſi chaque page de ce code immor-

---

(31) *Centenarii judices minores, qui per centenas jus dicebant. Comes enim judex erat totius pagi.*

Baluze, tome 2. pag. 769.

tel nous montre-t-il l'ordre des jurisdictions établi avec le plus grand soin. Les fondateurs de notre monarchie ont reconnu, & la nation a dit avec eux, qu'à la force des armes qui lui soumettoit les peuples voisins (32) il falloit encore ajouter l'autorité des loix : ils ont reconnu qu'ils devoient conserver à chacun les droits de justice qui lui appartenoient (33, 34, 35,) & les loix de

---

(32) *Placuit & convenit inter Francos & eorum proceres ut.... quia cæteris gentibus juxta se positis fortitudinis brachio preeminebant, ità etiam legum autoritate præcellerent.*

Prologus legis Salicæ. Editionis Piteanæ leges Salicæ illustratæ 1644.

(33) *Per hoc supernæ majestatis autorem cujus universa reguntur imperio placari credimus, si in populo nostro justitiæ jura servamus.*

Gontran. an. 585.

Baluz, tome 1, page 9.

(34) *Omnes populi, ibi commanentes ; Franci Romani, Burgundiones, vel reliquæ nationes sub tuo regimine degant & moderentur ; & eos recto tramite secundùm legem & consuetudinem eorum.*

Marculfe, livre 1, formule 8.

(35) *Childerico Regi expetunt universi ut talia daret decreta per tria quæ obtinuerunt regna ut uniuscujusque patriæ legem vel consuetudinem observent, sicut antiqui judices conservavere : ille libenter petita concessit.*

Réunion des histoires des Gaules, tom 2, pag. 613.

ſon pays. Ils ont voulu que l'on jugeât toujours ſuivant la loi écrite (36), & non arbitrairement ; que l'on conſervât ſoigneuſement les formes anciennes (37) ; de crainte de ſurpriſe ou d'incertitude, ils ont exigé que la loi l'emportât ſur les coutumes que l'on pourroit alléguer (38). De crainte que le miniſtere du juge ne fût uſurpé, ils ont défendu à qui que ce fût d'oſer s'en charger (39), à moins qu'il n'eût été

(36) *Ut judices ſecundùm ſcriptam legem judicent, non ſecundùm arbitrium ſuum.*
Capitul. 802. Karoli magni, pag. 370. Baluze, tome 1er.

(37) *Ideòque per hanc generalem autoritatem præcipiendo jubemus ut in omnibus cauſis antiqui juris forma ſervetur & nulla ſententia quolibet vim firmitati obtineat quæ modum legis atque æquitatis excedit.*
Baluze, tom. 1, pag. 7.

(38) *Placuit inſerere ut ubi lex erit, præcellat conſuetudini, & ut nulla conſuetudo ſuperponatur legi.*
Capitul. Karoli magni, 793.
Baluze, tom. 2, pag. 260.

(39) *Ut nullus cauſam audire præſumat, niſi qui à duce per conventionem populi judex conſtitutus eſt ut cauſas judicet.*
Lex Alamand. XLI n°. 1.
Baluze, tom. 1, pag. 68.

constitué juge par la convention du peuple : de crainte qu'on ne jugeât injustement, ou qu'on ne changeât la loi (40), ils ont enjoint aux juges de s'en instruire avec soin. Ils ont voulu que ceux qui auroient négligé de la suivre, fussent amenés aux pieds du trône (41) pour rendre compte d'un mépris si funeste à la société : ils ont voulu enfin que ces loix fussent stables & fermes : que chacun les connût ; que tout ce qui seroit contraire fût nul de plein droit ; que le juge le rejetât comme une injure faite à l'autorité du Monarque dont on auroit voulu tromper la justice (42, 43).

---

(40) *Ut Comites vel Vicarii eorum legem sciant, ut ante eos injuste quis nemini judicare possit nec ipsam legem mutant.*

Capitul. Karoli magni 803.

Baluze, tom. 1, pag. 396.

(41) *De illis qui legem servare contempserunt ut perfide jussores ad præsentiam Regis deducantur.*

Capitul. 803, Karoli magni.

Baluze, tom. 1, page 393.

(42) *In parentum ergo successionibus quidquid legibus discernitur, observatur : omnibus contra impetrandi aliquid licentiâ derogata, quæ si quolibet ordine impetrata fuit vel*

Et quand ces Princes ordonnoient aux juges de ſuivre ſtrictement la loi, & de rendre à chacun une juſtice exacte, ils citoient leur propre exemple à l'appui du précepte, & s'acquittoient les premiers du devoir qu'ils preſcrivoient aux autres (44).

Le même eſprit ſe trouve preſque avec les mêmes expreſſions dans les loix de la ſeconde race. Je ne citerai que celle de Charles-le-Chauve : chaque mot de cette loi mérite d'être peſé. Le Souverain ne craint point d'y reconnoître que c'eſt le bonheur de ſes ſujets qui fait ſa gloire & ſa grandeur ; que c'eſt

---

obtenta, à judicibus repudiata inanis habeatur & vacua.

Baluze, t. 1, pag. 7.

(43) *Si quis autoritatem noſtram ſubreptitivè contra legem elicuerit fallendo principem non valebit.*

Baluze, t. 1, pag. 7.

(44) *Volumus ut ſicut nos omnibus legem conſervamus ita omnes comites noſtri legem conſervare faciant & plenam juſtitiam in eorum miniſteriis quidquid ad nos pertinet facere ſtudeant.*

Baluze, tom. 1, pag. 354.

une dette sacrée pour lui qu'aucun d'eux ne puisse éprouver aucun dommage par la finesse ou l'avidité des autres, ni même par la propre volonté du Roi: en conséquence, il promet à tous, de quelque ordre & condition qu'ils soient, de leur conserver leurs loix. Il reconnoît ensuite qu'il ne peut seul faire observer cette justice égale sans le secours de ses féaux; il les charge d'y veiller avec soin & *sollicitude*, & d'empêcher qu'on ne lui suggere ou qu'on ne lui demande une action contraire à la justice; mais en même temps, effrayé des erreurs attachées à l'humanité, il prévoit le cas où on lui arrachera quelqu'injustice: & il annonce hautement que la dignité royale, autant que le bien de ses sujets, exige qu'on l'avertisse de son erreur. 45, 46, 47, 48.

---

(45) *Quia vero debitum esse cognoscimus ut à quibus honorem suscipimus eos juxta dictum dominium honoremus, volumus ut omnes fideles nostri certissimum teneant neminem cujuslibet ordinis aut dignitatis deinceps nostro inconvenienti libitu aut alterius calliditate vel injusta cupiditate promerito honore debere privari, nisi justitiæ judicio ratione atque æqui-*

Telle étoit la grande idée qu'avoient de la justice plusieurs des Rois de la seconde race; tel étoit le fondement

---

tate dictante. Legem verò unicuique competentem sicut antecessores sui tempore meorum prædecessorum habuerunt in omni dignitate & ordine favente Deo una observaturum perdona.
844. Baluze, tom. 2, pag. 6, n°. 3.

(46) *Ut autoritates cum justitiâ & lege competentes in omnibus habeant stabilem firmitatem.*
Clotaire II, ann. 570.

(47) *Quod ut facilius atque obmixius nostra autoritas valeat observare omnes sicut in vestra bene memorabili convenientia pepigistis conservare studebitis. Immo etiam cuncti in post modum sollicitè præcavebunt, ne aliquis pro quacumque privatâ commoditate aut rescendenda cupiditate sive alicujus consanguinitatis vel familiaritatis, seu amicitiæ conjunctione nobis immoderatim suggerat vel postulationibus aut quolibet modo eliciat ut contra justitiæ rationem & nostri nominis dignitatem ac regiminis æquitatem agamus.*
844 Baluze tom. 2, pag. 6, n°. 4.

(48) *Et si forte subreptum nobis quippiam ut homini fuerit competantur & fideliter prout sublimitati Regiæ convenit & necessitatibus subjectorum expedit ut hoc rationabiliter corrigatur vestra fidelis devotio admonere curabit.*
844. Baluze, tom. 2, pag. 6, n°. 5.

inébranlable ſur lequel les Rois ont cru devoir établir à jamais la félicité de leur peuple, & la dignité de leur trône.

La révolution qui plaça Hugues-Capet ſur le trône, ne pouvoit rien changer aux principes, & n'altéra pas même les uſages : les établiſſemens de St. Louis l'ont déja prouvé ; & les loix de ſes ſucceſſeurs achevent de rendre la démonſtration complete. « Ne dé-» livreront & ne paſſeront nulles re-» queſtes qui touchent notre Parle-» ment.... Ains iceux requérans, ren-» verront aux lieux là où il appartien-» dra chacun en droit ſoi (49) ».

---

(49) Leſdits pourſuivans ne délivreront & ne paſſeront nulles requêtes qui touchent notre Parlement, notre Chambre des Comptes ou notre tréſor ainſoiz iceuls requérans, renvoyeront aux lieux là où il appartiendra, chacun en droit ſoi : & pour ce que moult Requêtes ont ſouvent été faites à nos prédéceſſeurs & à nous qui ont été paſſées frauduleuſement ſous l'ombre d'aucune couleur de raiſon, leſquelles ſi diſcutées, euſſent été pardevant ceux qui ſont inſtruits & ont connoiſſance des beſognes n'euſſent pas été paſſées, comme de moult de gens qui requie-

« Voulons & ordonnons aux gens » tenant notre Cour de Parlement » (ainsi que nous nous rappelons l'a- » voir dit & enjoint plusieurs fois de » notre propre bouche aux Présidens » & Conseillers de ladite Cour) qu'ils » n'obéissent & n'obtemperent en façon » quelconque à telles lettres ainsi ob- » tenues au détriment du droit des » parties, qu'au contraire ils aient à » les déclarer nulles, iniques ou su- » breptices, & les annullent, ou qu'ils » en réferent à nous, & instruisent » notre religion de ce qu'ils jugeront » devoir être raisonnablement fait, s'il » leur paroît plus expédient, suivant la

---

rent recompensation des services, restitutions de dommages, graces de dire contre les arrêts donnés en notre Parlement & plusieurs autres choses semblables ou moult de fraudes & de déceptions ont été faites du temps passé de toutes icelles Requêtes nous doivent les poursuivans qui avec nous seront avisés, afin qu'elles ne passent & qu'elles soient renvoyées chacune en droit soit aux lieux là où il appartiendra.

Décembre 1320. Ordonnance du Louvre, tom. 1, pag. 733.

» nature de l'affaire & la forme des » lettres, d'en user ainsi (50).

» Voulons & ordonnons que toute » jurisdiction soit laissée aux juges or- » dinaires, sans que nos sujets soient

Ordonn. du 28 Déc. 1355.

---

(50) *Item quia a pluribus fide dignis didicimus quod plures malivoli litteras à nobis impetrant & per eorum importunitatem obtinent, ut eorum adversarii quos laboribus & expensis fatigare nitantur coram magistris requistarum hospitii nostri adjornentur, licet pluries hoc fieri expresse prohibuerimus; & ut gravius adversarios suos laboribus & expensis gravare valeant, ipsos impetrant adjornari ubicumque nos esse contigerit ex quo quoque constat ipsos sic adjornatos esse sub periculo amittendi causas suas propter defectum sui consi'ii, & de facili suos advocatos secum habere non valeant propter mutationem locorum in quibus nos transferre ex multis causis contingit, & quia hospitia, seu alia necessaria nisi cum difficultate possunt sæpius reperire; qui etiam à suis provinciis, Senesca'liis, Bailliviis, præpositurís seu Castellaniis contra ordinationes regias & antiquas trahuntur illicitè; quod in subditorum nostrorum grave præjudicium & jacturam digno scitur redundare nos subditorum nostrorum indemnitatibus in hac parte providere volentes volumus ac etiam statuimus de cætero, ut nulli, &c.*

1344. Ordonnance de Philippe de Valois, tom. 2, pag. 216 & 217.

» désormais traiz ou travaille pardevant
» Me. d'Hôtel, Me. des requêtes
» de l'hôtel, & ce il y est ajourné,
» il ne sera tenu obéir ni aller.

» Les anciennes Ordonnances con-
» formes au droit & à la raison, que
» l'attention pour le bien public, & la
» manutention d'une police nécessaire
» dans l'administration de la justice
» par tout notre royaume, ont dicté
» aux Rois nos prédécesseurs, & qui
» sont depuis long-temps enregistrées
» & publiées tant dans notre Cour de
» Parlement que par-tout ailleurs, dé-
» fendent expressément d'obéir ou ob-
» tempérer aux lettres injustes qu'on
» peut avoir obtenues ou obtenir de
» nous au préjudice de la justice :
» elles vous ordonnent, au contraire,
» de ne jamais cesser, nonobstant sem-
» blables lettres, de rendre la justice
» aux parties qui vous la demandent....
» desirant employer tout notre pou-
» voir pour remédier à des abus si per-
» nicieux à notre Etat, suivant le de-
» voir que nous impose la Majesté
» royale, & pour procurer à nos su-
» jets & étrangers, qui ont eu recours
» à notredite Cour, la consolation d'ob-

» tenir une prompte justice : après une
» mûre délibération de notre Conseil,
» nous voulons, vous mandons, &
» très-expressément enjoignons par ces
» présentes, tant pour le présent que
» pour l'avenir, que dorénavant, lors-
» qu'on vous présentera de semblables
» lettres-patentes, ou clauses tendantes
» au préjudice du droit des parties,
» scandale & retardement de la jus-
» tice, & contraires à l'usage, stile &
» réglement de notredite Cour, vous
» n'y obéissiez ni obtempériez en au-
» cune sorte, si ces lettres ne sont con-
» formes à la justice & à la raison :
» sur quoi nous nous déchargeons ab-
» solument sur vos consciences. Nous
» vous défendons pareillement d'ajou-
» ter une foi aux huissiers, sergens &
» autres officiers qui vous porteront de
» notre part de semblables ordres,
» quelques instances qu'ils fassent pour
» vous certifier qu'ils en ont de nous
» la commission, & vous enjoignons de
» ne pas souffrir que par ces voies le
» bien de la justice & de la chose pu-
» blique souffre aucune atteinte, mais,
» au contraire, de déclarer ces lettres,
» suivant la nature & l'exigeance des

» cas, nulles, injustes, ou au moins
» subreptices; ou si vous le jugez plus
» à propos, suivant la nature des af-
» faires & la qualité des personnes,
» de nous en écrire, & d'instruire no-
» tre religion de ce que vous jugerez
» que nous aurons à faire; de telle ma-
» niere que nosdits sujets ou autres qui
» poursuivent la justice en notredite
» Cour, ne souffrent, faute de pou-
» voir l'obtenir, aucun dommage ni
» perte de leurs droits : vous char-
» geant en outre de punir les parties,
» ensemble nos Conseillers & notre
» Procureur-général, qui entrepren-
» dront de se servir de semblables let-
» tres, & d'en soutenir l'effet au pré-
» judice de ces présentes & de nos pré-
» cédentes Ordonnances; & pareillement
» lesdits huissiers, sergens, officiers, ou au-
» tres porteurs de nos ordres, suivant
» l'exigence des cas, de maniere que
» leur punition puisse servir d'exemple
» à tous autres.

Ordonn. de 408.

» Nous prohibons que par la suite
» les Nobles ou leurs sujets soient
» traînés, pour quelque cause que ce
» soit, criminelle ou civile, hors du
» ressort ordinaire.

« (1) Nous défendons & enjoi-
» gnons très-étroitement aux maîtres
» des requêtes & à tous autres, sur
» le serment qu'ils ont à nous, qu'ils
» ne fassent aucunes telles requêtes d'é-
» vocation : & ce, par importunité,
» inadvertance ou autrement, nous les
» octroyons, nous défendons à notre
» Chancelier qu'il n'en scelle aucunes ;
» & si elles étoient scellées, nous dé-
» fendons à notredite Cour, & à tous
» nos autres juges, que à icelles let-
» tres ils n'obéissent aucunement ; mais
» dès maintenant les déclarons être
» nulles, & avoir été impétrées contre
» notre volonté & intention, & ne
» voulons que à icelles soit aucunement
» obéi.

» Nous avons décerné & déclaré, Ordonn. de Charles VII, de 1453.
» décernons & déclarons que notre
» intention n'est que les juges de no-
» tre royaume obéissent ni obtemperent à nos lettres, sinon qu'elles soient
civiles & raisonnables ; & voulons que

(1) Ordonnances sur les remontrances des Etats
e France, publiée au mois de Mai 1413,
n. 214.

» les parties les puissent débattre & » impugner de subreption, obreption & » incivilité; & qu'à ce les juges, tant » en notre Cour de Parlement qu'au- » tres, les oyent & recoivent, & » que si les juges trouvent lesdites let- » tres être subreptices, obreptices & » inciviles; que par leurs sentences, » ils les déclarent subreptices, obrep- » tices & inciviles, ou telles qu'ils les » trouveront être en bonne justice; » & si les juges (soit en notredit Par- » lement ou autres) trouvent que par » dol, fraude ou malice, ou par cau- » téle des parties, lesdites lettres aient » été impétrées, & pour délayer la » cause, qu'ils punissent & corrigent » les impétrans », selon ce qu'ils ver- ront au cas appartenir. Charles VIII fixant, en 1493, la forme dans laquelle se jugeroient les réglemens de juges entre le Parlement, & l'échiquier de Normandie, a grand soin de dire que les causes seront renvoyées à l'un des deux.

Néron, art. 72.

Louis XII, Ordonn du 22 Déc. 1499.

» Nous désirant de tout notre cœur » l'entretenement & l'intégrité de nos- » dites ordonnances, & que par voies » directes ou indirectes, elles ne soient

» froissées & enfreintes; pour ces causes,
» & pour la corroboration & stabilité
» d'icelles, & obvier aux confusions,
» infractions & mauvaises conséquences
» dessusdites, & par mûre & grande
» délibération de Conseil, avons d'a-
» bondant déclaré & ordonné, décla-
» rons & ordonnons de notre cer-
» taine science, pleine puissance & au-
» torité royale, par édit irrévocable,
» que dorénavant nous n'avons vou-
» loir ni intention de déroger ni con-
» trarier aucunement à nosdites Or-
» donnances par nous faites sur ledit
» fait de la justice; & quelques lettres
» de dispenses relievement, ou autres
» exceptions & provisions que ayons
» par ci-devant, & puissions comman-
» der & faire expédier pour décliner
» de l'ordre, & ancienne observance
» d'icelles, ou y déroger en tout ou
» en partie; nous voulons & ordon-
» nons qu'à telles lettres on n'ait au-
» cun égard, & défendons très-expres-
» sément à nos amés & féaux les gens
» tenans nos Cours de Parlement à
» Paris, Toulouse, Bordeaux, échi-
» quier de Normandie, Dijon, sem-
» blablement à tous nos justiciers &

» officiers que par vertu & sans cou» leur de telles nos lettres de dispense, » ils ne contrarient ou contreviennent, » fassent, souffrent, ne permettent » contrarier ne contrevenir à nosdites » ordonnances, en quelque maniere » que ce soit; sur peine d'être eux» mêmes réputés à nous désobéissans, » & infractaires d'icelles Ordonnances; » mais nosdites lettres de dispenses » & dérogeantes, en usant de notre » présente déclaration & intention, » cassent, annullent & déclarent nulles, » & de nul effet & valeur; & les» quelles à cette fin, quelles, pour » qui, ne par quelconques causes qu'elles » soient expédiées, nous, dès mainte» nant pour-lors avons cassé, révoqué » & annullé, cassons, révoquons & an» nullons par ces présentes, par les» quelles donnons en mandement à » nosdits Conseillers tenans & qui tien» dront nosdites Cours de Parlement, » au Prévôt de Paris, & à tous nos» dits Sénéchaux, Baillis, Juges, Pré» vôts, & justiciers, ou à leurs Lieu» tenans présens & avenir, & à cha» cun d'eux en droit soi, que notre » présence déclaration, ordonnance,

» révocation, & tout le contenu en » ces présentes, ils exécutent, obser- » vent & entretiennent, fassent exé- » cuter, observer & entretenir de point » en point, sans souffrir ni permet- » tre, aller ou venir à l'encontre, sur » les peines dessusdites ».

François Ier, après avoir établi les mêmes principes dans son Edit de la Bourdaisiere, limite expressément les cas où les évocations pourront être demandées ou obtenues (51) : c'est ce qui résulte évidemment des sept premiers articles de cet édit : & non

---

(51) Ordonnance de François Ier. sur les évocations, les Requêtes à fin d'évocation seront rapportées au Roi en son Conseil, sera donné commission aux Baillis & Sénéchaux pour s'informer du contenu en la Requête, permis à la partie de faire enquête contraire devant le même juge.

Après l'enquête des procès seront renvoyés au plus prochain Parlement & non retenus au Grand-Conseil à moins que les parties n'y consentent.

Ne seront les causes évoquées, si dans les cours de Parlement de Paris, Toulouse, Bordeaux & Rouen, demeurent vingt juges pour les juger, & douze dans les autres.

Si un Président, Conseiller, leurs femmes

content d'avoir fixé des bornes à un abus qui dès-lors n'étoit que trop commun, il établit par l'article 9, des peines contre ceux qui prétendroient injustement à l'exception de la loi.

Art. 9. « Et s'il est trouvé que ceux qui poursuivent lesdites évocations aient donné » faux à entendre par leur requête, ou » que la preuve ne soit conforme au » contenu en ladite requête, ou bien » que le contraire soit prouvé par la » partie adverse ; voulons que ledit » évoquant soit condamné en l'amende » envers nous, & néanmoins aux dé» pens & amende arbitraire envers la » partie, eu égard à la qualité du » procès & mises desdites parties ».

Août 1539. Le même Prince renouvela les mêmes défenses dans l'Ordonnance de Vil-

---

& enfans ou freres sont parties en leur propre & privé noms, en ce cas, y sera par nous pourvû.

Aux matieres criminelles, s'il y a cause d'évoquer, seront nommés juges sur les lieux au nombre de dix.

Nota. Cette Ordonnance n'est pas dans les registres du Parlement.

18. Mai 1529. Rec. de P. tom. 1, fol. 11, recto.

lers-Coterêts, c'est ce qui se voit dans les deux articles suivans.

« Nous défendons aux Gardes des Art. 170.
» Sceaux de ne bailler aucunes lettres
» pour ôter la connoissance des ma-
» tieres en premiere instance hors de
» leurs jurisdictions ordinaires, ainsi
» qu'il en a été grandement abusé par
» ci-devant, & si lesdites lettres étoient
» autrement baillées, défendons à tous
» nos juges de n'y avoir point de re- Art. 91.
» gard, & condamner les impétrans
» en l'amende ordinaire, comme de
» fol appel, tant envers nous que la
» partie, & néanmoins qu'ils nous
» avertissent de ceux qui auroient baillé
» lesdites lettres pour en faire punition
» suivant l'exigence des cas ».

Son Edit de Chanteloup dicté par Mars 1545.
les mêmes principes, contient les mêmes dispositions. Après avoir prescrit la marche & les conditions des évocations, il ajoute : « & où aucune
» interdiction ou évocation seroit à l'ave-
» nir octroyée par l'avis des gens de no-
» tredit grand Conseil, ou autre par
» nous à ce commis contre la teneur
» dudit Edit de la Bourdaisiere, & de
» cette présente Ordonnance, la décla-

» rons de nul effet & valeur, & avons » expressément prohibé & défendu » qu'aucun Procureur ne soit reçu à » présenter requête pour évoquer, n'in- » terdire nosdites Cours, ou consentir » qu'aucun procès soit retenu en no- » tredit grand Conseil, s'il n'a procu- » ration expresse & spéciale pour ce » faire, & où les poursuivans évoca- » tions ou interdictions proposeroient » aucunes propositions frivoles, vou- » lons qu'ils en soient sur-le-champ dé- » boutés & condamnés en trente li- » vres d'amende envers nous ». L'Or- donnance d'Orléans ne reconnoît les évocations que quand elles sont conformes aux anciennes Ordonnan- ces (52) (53).

Février 1566, Art. 70. Charles IX s'explique de même dans

(52) Procès où un Président ou Conseiller sera partie, renvoyé en une autre Chambre, sinon ès cas qu'il y auroit cause de révoquer, suivant les Ordonnances des Rois nos prédécesseurs.

1560. Orléans Art. 53.

(53) Ceux qui récuseront les Cours de Parlement & autres Cours Souveraines ne pourront être reçus à présenter Requête d'évoca-

l'Ordonnance de Moulins : « & sur les remontrances qui nous ont été faites » pour le fait des évocations, déclarons n'avoir entendu, comme n'entendons qu'elles aient lieu, hors les » cas des Edits & Ordonnances de nous » & de nos prédécesseurs ».

« Défendons aussi suivant lesdites » Ordonnances à tous nos juges d'avoir » aucun égard à nos lettres closes, » qui auront été ou seront ci-après expédiées, & à eux envoyées pour » le fait de justice ».

Il sembloit que le même esprit se perpétuât de regne en regne, à mesure que l'abus cherchoit à s'étendre. C'est ce que nous voyons dans l'Ordonnance de Blois.

« Et au regard de notre Conseil » privé & d'Etat, ayant en cet endroit, comme en tous autres, bénignement reçu les remontrances » qui nous ont été faites par nos Etats, » afin aussi de le rétablir en sa pre-

---

tion, qu'en rapportant déclaration des juges, qu'ils ne sont pas en nombre suffisant pour connoître de la cause & juger le procès, 1563. Art. 9.

» miere dignité & ſplendeur, & que
» dorénavant notredit Conſeil ne ſoit
» occupé ès cauſes qui giſſent en ju-
» riſdiction contentieuſe, & conſerver
» la juriſdiction qui appartient à nos
» Cours ſouveraines & juſtices ordi-
» naires, avons renvoyé les inſtances
» pendantes, indéciſes & introduites
» en icelui notredit Conſeil, tant par
» évocations qu'autrement, pardevant
» les juges qui en doivent naturelle-
» ment connoître, ſans que notre Con-
» ſeil à l'avenir prenne connoiſſance
» de telles & ſemblables matieres, leſ-
» quelles voulons être traitées parde-
» vant nos juges ordinaires & par
» appel en nos Cours ſouveraines ».

« Nous avons déclaré & déclarons
» que nous n'entendons dorénavant
» bailler aucunes lettres d'évocation,
» ſoit générales ou particulieres, de
» notre propre mouvement : ainſi vou-
» lons que les requêtes de ceux qui
» pourſuivront leſdites évocations ſoient
» rapportées en notre Conſeil Privé
» par les Maîtres des requêtes ordi-
» naires de notre hôtel qui ſeront en
» quartier, pour y être jugées ſuivant
» les Edits de la Bourdaiſiere & de

» Chanteloup, & autres Edits depuis » faits par nos prédécesseurs Rois & » par nous : & où lesdites requêtes » tendantes à évocation se trouveroient » raisonnables, parties ouies & avec » connoissance de cause, lesdites let- » tres seront octroyées & non autre- » ment ; & seront toutes évocations » signées par l'un de nos Secrétaires » d'Etat ou de nos finances qui aura » reçu les expéditions lorsque lesdites » évocations auront été délibérées, » déclarant les évocations qui seront » ci-après obtenues contre les formes, » nulles & de nul effet & valeur, & » nonobstant icelles voulons être passé » outre à l'instruction des procès par » les juges dont ils auront été évo- » qués.

L'exécution de ces loix fut solemnel- Mai, 1394
lement prescrite par Henri IV. D'abord dans ses lettres-patentes de 1594, il ordonne que hors les termes d'i- » celles, aucunes évocations ne soient » accordées, pour le grand préjudice » qu'elles apportent au bien de la jus- » tice. Ensuite par son Edit de 1597, » Tous différens mus, contestés ou » réglés pardevant les juges ordinaires,

» seront jugés par eux & par appel
» au Parlement, dont ne seront évo-
» qués pour autres causes que celles
» qui sont contenues aux Ordonnan-
» ces, publiées & vérifiées en nosdites
» Cours de Parlement.

Art. 13. » Ne voulant aussi que notre Con-
» seil Privé soit ci-après occupé ès
» causes qui consistent en jurisdiction
» contentieuse, ordonnons qu'à l'avenir
» toutes telles matieres, & différens
» qui y pourroient être introduits,
» soient incontinent renvoyés en nos-
» dites Cours souveraines, à qui la
» connoissance en appartient; sans la
» retenir, ni distraire nos sujets de
» leur naturel ressort & jurisdiction,
» ni que l'exécution des Arrêts de nos-
» dites Cours puisse être empêchée, sur-
» sise ou différée.

» Et sur les plaintes qui nous sont
» faites des fréquentes évocations qui
Art. 15. » troublent l'ordre de la justice, vou-
» lons qu'aucunes ne puissent être ex-
» pédiées que suivant les Edits de
» Chanteloup & de la Bourdaisiere &
» autres Edits sur ce par nos prédé-
» cesseurs faits.

Art. 17. » Ordonnons aussi que l'art. 70 des
Ordonnances

» Ordonnances de Moulins, & 97 de » celle de Blois, concernant les évo» cations, soient gardées & observées » selon leur forme & teneur.

Louis XIII s'exprimoit de même dans un réglement de 1625, conforme aux anciennes coutumes, en vertu duquel une assignation donnée pardevant les requêtes de l'hôtel fut cassée, avec défenses de se pourvoir ailleurs que pardevant les Juges ordinaires (54).

Enfin Louis XIV a plusieurs fois pendant son regne rappelé l'exécution de toutes ces Ordonnances.

« Les réglemens sur le fait de la » justice, portés par nos Ordonnances » d'Orléans, de Moulins & Blois, » seront exactement exécutés & ob» servés suivant les vérifications qui » en ont été faites en nos compagnies

Déclaration du 13 Juillet 1648 Art. 18.

(54) Conforme aux anciennes Coutumes, en vertu duquel l'assignation donnée pardevant les Requêtes de l'Hôtel au sieur Lugabure de la part du sieur de Lamoureux, sous prétexte de privilége, fut cassée, avec défenses aux parties de se pourvoir ailleurs que pardevant les juges ordinaires établis dans le pays.

1625. Réglement de Louis XIII.

» souveraines, avec défenses tant à nos
» Cours de Parlement qu'à autres Juges
» d'y contrevenir; ordonnons à notre
» très-cher & féal Chancelier de France
» de ne sceller aucunes lettres d'évoca-
» tion que dans les termes de droit,
» & après qu'elles auront été résolues,
» sur le rapport qui en sera fait en no-
» tre Conseil par les maîtres des re-
» quêtes ordinaires de notre hôtel qui
» seront en quartier, parties ouies, en
» connoissance de cause.

Déclaration du 22 Octob. 1648. Art. 14.

» Et pour faire connoître à la pos-
» térité l'estime que nous faisons de
» nos Parlemens, & afin que la jus-
» tice y soit administrée avec honneur
» & intégrité requise, voulons qu'à
» l'avenir les art. 91, 92, 97, 98,
» 99 de l'Ordonnance de Blois de l'an-
» née 1579, soient inviolablement gar-
» dés & exécutés; ce faisant, que tou-
» tes affaires qui gissent en matieres
» contentieuses dont les instances sont
» de présent ou pourront être ci-après
» pendantes, indécises & introduites
» en notre Conseil, tant par évocation
» qu'autrement, soient renvoyées, &
» les renvoyons pardevant les Juges
» qui en doivent naturellement con-

» noître ; sans que notredit Conseil
» prenne connoissance de telles & sem-
» blables matieres, lesquels voulons
» être traitées pardevant les Juges or-
» dinaires, & par appel ès Cours sou-
» veraines. Voulons aussi qu'il ne soit
» délivré aucunes lettres d'évocation
» générale ou particuliere de propre
» mouvement, ainsi que les requêtes
» de ceux qui poursuivront lesdites évo-
» cations soient rapportées en notre-
» dit Conseil, par les Maîtres des Re-
» quêtes, qui seront en quartier, pour
» y être jugées suivant les Edits, &
» octroyées, parties ouies, & avec con-
» noissance de cause & non autrement;
» que lesdites évocations seront sig-
» nées par un Secrétaire d'Etat ou de
» finances, qui aura reçu les expédi-
» tions, lorsque lesdites évocations au-
» ront été déliberées. Déclarons les
» évocations qui seront ci-après obte-
» nues contre les formes susdites, nulles
» & de nul effet & valeur, & que
» nonobstant icelles soit passé outre à
» l'instruction & jugement des procès
» par les Juges dont ils auront été évo-
» qués.

» Nous avons ordonné & ordon-

Lettres-Patentes du 12 May, 1657. » nons que les Ordonnances faites sur le sujet des évocations seront exactement gardées & observées : faisant très-expresses inhibitions & défenses à tous qu'il appartiendra d'y contrevenir, ni de traduire nos sujets pardevant autres Juges que ceux auxquels par les Edits & Ordonnances la connoissance de leurs procès doit appartenir, à peine de nullité des jugemens & Arrêts qui seront rendus au Conseil, & de tous dépens dommages & intérêts contre ceux qui les auront poursuivis & obtenus ; renvoyons, en ce faisant, à notredite Cour de Parlement de Paris les procès contenus & spécifiés au présent arrêt (55).

Déclaration du 31 Mars 1719. Ces principes reconnus de nouveau dans le préambule & le dispositif d'une des dernieres loix de ce grand Prince,

---

(55) Dans la Déclaration dudit jour & an pour l'instruction des procès aux grands jours de Clermont, le Roi déclare que sa volonté & intention est de ne faire ni accorder aucunes graces, abolitions ni évocations pour les crimes ou *causes* dont ladite Cour aura pris connoissance en faveur de qui que ce soit, & pour quelque considéra-

se trouvent aussi dans l'Ordonnance de 1737. L'évocation générale n'y est permise que pour grandes & importantes considérations : l'évocation particuliere n'y est permise que dans des cas légitimes, & jugés tels en présence des deux parties : & alors le renvoi est indiqué à un autre Parlement.

Et ce langage uniforme de tous nos Rois étoit le vœu de tous leurs peuples ; c'étoit l'esprit & la lettre de leurs coutumes (56, 57, 58). La Noblesse, le Clergé, le Tiers-Etat, se joignoient sans

---

tion que ce puisse être, voulant que si par importunité ou autrement, on obtenoit de lui quelques lettres pour déroger à ces présentes, elle n'y ait aucun égard, comme étant obtenues par surprise contre sa volonté qu'il entend être gardée inviolablement.

31. Août 1665. Coutume d'Auvergne par Prohel, tom. 2, pag. 191, Edition de 1745.

(56) Article 3, des for & Coutume de Navarre, titre 40, des Evocations.

Article Ier. du for ancien.

Réglement fait par Gaston, Souverain, 7me. du nom, avec l'accord de sa Cour majeure, en 1288.

cesse au Parlement pour réclamer l'exécution des loix. Car de tous temps elles ont eu des ennemis à combattre : nouvelle preuve que sans les efforts toujours renaissans des corps qui en sont dépositaires, elles succomberoient infailliblement.

Autre Réglement du Prince Matthieu, fait avec le consentement & assentiment de sa Cour majeure, du 13 Décembre 1388.

Autre Réglement fait par le Souverain avec sa Cour majeure dans la ville d'Orthes, suivant lequel ses sujets pourroient si peu être distraits de leurs jurisdictions ordinaires, que si le Souverain trouvoit à propos de juger leurs affaires, ce ne pourroit être que comme arbitre, & qu'il étoit permis d'attaquer les jugemens pour la voie de l'appel à la Cour majeure, à laquelle le Prince présidoit.

8 Janvier 1757. Remontrances du Parlement de Navarre, page 15.

Recueil de Remontrances, tom. 5.

(57) Défenses à tous Huissiers & autres de signifier aucunes Lettres de jurisdiction étrangere, ni d'assigner les habitans du pays, ailleurs que pardevant la Cour du Parlement de Navarre, ou autre Magistrat du Bearn, sauf au seul cas d'évocation pour parenté ou alliances, suivant les fors & réglemens.

Les Etats de Tours demandoient à Charles VIII, qu'aucunes évocations ne fussent faites, & que les causes évoquées fussent renvoyées (59).

« Nous supplions le Roi », disoit » la Noblesse aux Etats d'Orléans » de » casser, révoquer, & annuller toutes

---

Fors & coutumes de Navarre 137. Art. 4, du titre 40.

(58) Item suppliei les Dich Janhors del tres Estat sur le fac del Justitia que placa à la Dicha Majesta del Rey Senhor nostre que totas les causas occateras en aquest pays tant civils que criminels, a causa de la justitia, si déjà partactar & determinar par les ordinaris de aquelles : & que de aqui non se ayan extraire directamen in indirectamen ; tant à la Cort ordinaria premiera de la Cort premiera & secundaria de las appellation second la disposition del Drech comme & le contingal del statuti provinsali sobre a quan falle & comma Eora de coutuma.

Statuts de la Provence, Registre potentia, fol. 373 V°., de la nouvelle cote, 364 V°. de l'ancienne.

(59) Recueil général des Etats tenus en France, &c. pag. 107.

Item, & on a vu, par ci-devant, que quand la Cour du Parlement bailloit la provision & lettres d'ajournement en cas d'ap-

» évocations, délégations à tous Juges
» extraordinaires, comme contraires à
» l'ordre établi en ses justices & de
» tout temps gardé, dont n'advient
» que foule & oppression du repos
» public.

» Il seroit expédient » disoit le
» Clergé aux mêmes Etats « que nulles
» évocations fussent faites au Privé
» Conseil ni ailleurs, si ce n'étoit pour
» cause nécessaire, & qu'elles fussent
» vérifiées sur les lieux, parties appelées
» auparavant que faire lesdites évoca-
» tions.

Le Tiers-Etat s'exprimoit de même :
« se trouvent aussi plusieurs qui par
» le moyen de leur crédit pour tra-
» vailler leurs parties, font évoquer,

---

pel, après le refus de la Chancellerie, on évoquoit les causes au Grand-Conseil, afin que les appelans ne pussent poursuivre leur droit, pourquoi semble aux gens desdits Etats qu'aucunes évocations ne doivent être faites de quelque cause que ce soit, au Grand-Conseil ni ailleurs, ni en icelui introduire cause en première instance, & celles qui y sont évoquées ou introduites, soient renvoyées pardevant les juges. . . . . dont elles ont été évoquées 1483.

» à tous propos, matieres pures civiles, au Conseil Privé du Roi, » indignes d'empêcher si noble compagnie en laquelle ne se doit traiter » que matieres d'Etat & de grand poids; » supplient votre Majesté ordonner » qu'en son Conseil ne se traitent aucunes matieres civiles & criminelles » de partie en partie, & en laisser » la connoissance aux Juges ordinaires, » pardevant lesquels soient dès à présent renvoyées toutes causes de cette » qualité pendant audit Conseil Privé.

Charles IX ne pouvoit qu'accueillir une demande si juste; aussi répondit-il, « qu'il révoqueroit & annulleroit toutes » commissions contraires à justice, & » qu'on ne passeroit à son Conseil à » traiter desdites matieres contentieuses » y pendantes, mais qu'il en seroit » fait renvoi aux Juges ordinaires.

Aux Etats de 1614, le Clergé s'exprime avec la même force : il demande que « tous procès tant civils que criminels, (60) se traitent pardevant

(60) « Qu'à l'avenir, votre *Conseil*, par » évocation ou autrement, ne puisse prendre » connoissance des différens qui gissent en

» les Juges ordinaires, & par appel » au Parlement; qu'il n'y ait d'évocations pour quelque occasion que » ce puisse être, avec défenses à tous » Juges tant souverains qu'autres, d'avoir aucun égard aux évocations générales ou particulieres, obtenues » du propre mouvement, & comme » extorquées de sa Majesté par importunité ».

Ces expressions, presque toutes littéralement conformes aux Ordonnances, se retrouvent dans les registres du Parlement toutes les fois qu'il portoit à ce sujet ses réclamations aux pieds du trône; soit lorsqu'un Prince du sang ne dédaigne pas de demander lui-même au nom de la compagnie « qu'on laisse » courir la justice ordinaire, sans » qu'aucun commissaire du Roi s'en

12 Août 1413. Remontrance au Roi.

20 Jan. 1414.

10 Avril 1524.

» jurisdiction contentieuse, qui seront traités pardevant vos Juges ordinaires, & par » appels en vos Parlemens, qu'aucunes Lettres ne puissent être expédiées en vos Chancelleries, ni arrêts donnés en votre dit Conseil, pour distraire vos sujets de leurs jurisdictions ordinaires, & par *évocation* générale ou particuliere des causes introdui-

» mêle ; soit lorsque le Parlement demande qu'on ne fasse aucunes évocations que suivant l'Ordonnance ; » que toutes les évocations des Juges ordinaires, ci-devant octroyées sans garder les formes prescrites par les Ordonnances, soient révoquées, & les interdictions lévées & ôtées, & qu'à l'avenir n'en soient baillées aucunes, sinon ès cas de l'Ordonnance ; qu'à celles qui seront autrement octroyées, encore qu'elles soient du mouvement du Roi, les Parlemens n'y aient aucun égard ; que tous différens qui ne peuvent être terminés qu'en justice contentieuse, avec connoissance de cause, seront traités pardevant les Juges ordinaires, & défenses aux Conseillers du Conseil d'Etat & privé, de pren-

20 Mai 1545 remontrances Art. 19.

27 Août 1588, remontrances.

Ibid.

» tes en vos Cours souveraines ou inférieures pour connoître des matieres à elles attribuées ou autrement, & ou aucunes auroient ci-devant été octroyées, ou le seroient ci-après, plaise à Votre Majesté les déclarer nulles ; & par son Ordonnance, décharger vosdits sujets de toutes assignations qui leur pourroient être données, en conséquence, per-

» dre connoiſſance de tels différens ;
» & que tous procès évoqués audit
» Conſeil, ſoient renvoyés aux Juges
» ordinaires, auxquels la connoiſſance
» en appartient.

Remontrances de 1564. » C'eſt ouvrir un chemin pour faire
» quitter la pourſuite d'une affaire,
» c'eſt empêcher la juſtice au lieu de
» l'adminiſtrer.

Remontrances de 1564. » Si ce choix des tribunaux avoit lieu,
» toutes les perſonnes puiſſantes fe-
» roient de ſemblables entrepriſes :
» pour cela ils rendroient ſuſpecte la
» premiere Compagnie du royaume,
» & feroient révoquer en doute la fidé-
» lité inviolable des officiers qui la
» compoſent.

» mettre à vos Juges mulcte les imprétrans
» & contrevenans par amendes, ſaiſies de
» leurs biens & empriſonnement de leurs per-
» ſonnes, nonobſtant oppoſitions ou appel-
» lations quelconques, priſes à partie ou pro-
» teſtation d'attentat & ſans s'arrêter à la ſigni-
» fication deſdites évocations ou interdictions
» de procéder au jugement du principal pen-
» dant par devant eux, ainſi qu'il appartien-
» dra.

1614. Cahier du Tiers-Etat, Rapine, page 60.

» Les véritables loix nous défendent 11 Sept 1730.
» d'avoir égard à la nouvelle espece 16 Juil. 1718.
» d'évocation qu'on vous a conseillée.

» Les évocations intervertissent l'or-
» dre naturel des jurisdictions, sont
» à charge au peuple, à l'expédition
» de la justice, & condamnées comme
» telles par les Ordonnances. 24 Juil. 1731.

L'expérience n'a que trop appris
» que les évocations étoient souvent
» la derniere ressource des plaideurs
» opiniâtres & artificieux, qui n'ont
» d'autre espérance que celle de tra-
» verser & d'éloigner par de mauvais
» incidens les condamnations qu'ils sen-
» tent ne pouvoir plus éviter : & vos
» sujets se sont toujours cru vexés,
» vaillés ou molestés, lorsque par la
» voie des évocations on leur a ôté
» leurs juges naturels ». (61, 62, 63, 9 Févr. 1732.
64, 65).

Le premier Président portoit-il seul

---

(61) Les évocations sont le moyen d'abolir & confondre, toller & pervertir toutes les justices & jurisdictions ordinaires de ce Royaume.

22 Mai 1525. Registre du Parlement.

au Roi le vœu de sa Compagnie, il
24 Mars 1518. » lui disoit qu'il étoit débiteur à ses
» sujets de la justice, & en lieu cer-
» tain, que c'est avec raison qu'il ne
» vouloit permettre qu'en premiere ins-
» tance, ni en cas d'appel, ses sujets
» allassent à Rome, mais qu'il faisoit

---

24 Juil. 1427. On a trouvé moyen d'assoupir & mettre en délai les procédures & jugemens, tant par évocation que par puissance extraordinaire & absolue, qui a donné occasion & audace aux autres; parquoi semble pour y donner bonne provision que l'on doit faire exécuter les arrêts & jugemens jà donnés en cette matiere, casser & mettre au néant toutes évocations, défenses & prohibitions contraires, prohiber & défendre toutes évocations & empêchemens que l'on pourroit faire ci-après, lesquelles seront déclarées nulles dès à présent comme pour-lors.

10 Avril 1524 avant Pâques.

Registre du Parlement, Remontrances.

Le Parlement va au Roi le supplier de ne point évoquer à lui certaines causes & l'empêcher par-là de rendre la justice.

20 Janvier 1412. Supplément, tom. 1, fol. 110, V°. & R°.

(62) Révoquer pareillement toutes commissions extraordinaires décernées par ledit Conseil, comme de terres, vignes, isles, atterisse-

» le contraire en accordant des évoca-
» tions, & qu'il étoit injuste de pres-
» crire loix à autrui, qu'il ne vouloit
» suivre; que lorsque par importunité,

---

ment, grueries grailies, ventes extraordinaires de bois, commissions, places à maisons des halles & autres, aveo inhibitions & défenses de passer outre à l'exécution; & en cas de contravention, permis aux parties d'appeler & relever leurs appellations ès Cours de Parlement, & d'y faire intimer & prendre à partie lesd. Commissaires en leurs propres & privés noms.

27 Août 1588. Remontrances du Parlement à Henri III.

(63) Le Parlement demanda au Roi de révoquer les *Commissions* extraordinaires, & qu'il soit permis d'intimer & prendre à partie les Commissaires en leurs propres & privés noms.

Renvoyer la connoissance des usures aux Juges ordinaires, à qui elle appartient.

27 Août 1588. *Mss.* Dupuy, n°. 713, fol. 267.

(64) Remontrances du Parlement.

Et nous reste un dernier article dont nous n'avons que trop légérement parlé à Votre Majesté dans les premieres remontrances que nous avons eu l'honneur de lui faire, nous craignons tant de l'avoir déja fatigué par le

» déguisement & pour éloigner justice ;
» les évocations sont obtenues, y a
24 Juil. 1527. » grande considération de frais & de
» personne ».

Les gens du Roi s'expliquoient avec

---

long récit d'une très-petite partie des autorités & des Ordonnances, que nous nous garderons bien de l'allonger par celui des véritables loix qui nous défendent d'avoir égard à la nouvelle espece d'évocation qu'on vous a conseillée, dont nous osons avancer à Votre Majesté, qu'il n'y a aucun exemple, nous vous supplions seulement de faire lire en votre Conseil les Articles 91, 92 & 97, de l'Ordonnance de Blois & les Lettres-Patentes du 11 Janvier 1657, données dans la pleine majorité du Roi.

16 Juillet 1718.

(65) Qu'il nous soit permis de faire observer à Votre Majesté, que les évocations se multiplient à l'infini contre les loix de votre Royaume, & au préjudice de vos sujets. Les évocations & commissions extraordinaires ont toujours été regardées par les Rois, prédécesseurs de Votre Majesté, comme contraires à la justice, au bon ordre & à l'intérêt de tous peuples. Nous pouvons dire avec vérité qu'il n'y a jamais eu de temps où le nombre des évocations ait été porté à un si haut point. Elles sont accordées à toutes sortes de personnes, pour toutes sortes de matieres ; & ce

la même force dans les représentations dont le Parlement les chargeoit, ou dans celles que leur zele seul leur dictoit auprès du Roi : ils disoient hautement que les évocations sont contraires à l'établissement des Parlemens, & font que les sujets du Roi ne peuvent avoir justice (66, 67, 68).

---

qu'il y a de plus accablant pour vos sujets, c'est qu'elles sont accordées sans ouir les parties. Il seroit d'un trop long détail d'exposer à vos yeux les coups mortels que les fréquentes évocations accordées du propre mouvement & sans ouir les parties, portent aux loix les plus inviolables de l'Etat & au caractere de vos Magistrats ; de même que les maux qui en sont les suites inséparables pour vos peuples. Celui qui demande l'évocation, comme dit un de nos plus savans Auteurs, ne cherche pas une meilleure justice, & ne la demande pas du moins plus prompte. C'est ordinairement un adversaire puissant qui, à la faveur de son crédit, veut attirer sa partie hors de son pays.

11 Septembre 1730. Remontrances du Parlement de Toulouse sur l'évocation du procès du sieur Lenoir, contre M. de Montpellier.

(66) Le Procureur-Général parle au Roi des évocations qui sont trop fréquentes, re-

montre les inconvéniens & troubles qui en arrivent à la justice, & sur-tout, d'une obtenue contre un Conseiller, où il est question de matiere criminelle & extraordinaire auxquelles les évocations ne doivent avoir lieu, joint qu'il y a eu arrêt commencé à exécuter.

Le Roi lui dit de donner le tout par article au sieur de Morvillier, parce qu'il y falloit penser.

19. Décembre 1571. Registre du Parlement, tom. 17, fol. 577.

(67) Les gens du Roi requierent Remontrances sur les Lettres d'évocation de sept ou huit procès pendans en la Cour, obtenues par le Duc de Lorraine, sous prétexte de la Souveraineté octroyée par le feu Roi audit Duc, disent que, quoique par lesdites Lettres de concession de Souveraineté, le Roi se soit réservé le ressort néanmoins par ladite évocation au Conseil-Privé, en ôte le ressort, ce qui est contraire à ladite concession & à l'établissement des Parlemens, & qui fait que les sujets du Roi n'y peuvent avoir justice.

14 Janvier 1575, add. tom. 9, fol. 195, R°

(68) Rapport des Gens du Roi, ont dit au Chancelier qu'ils estiment les évocations

jusqu'à présent, tant sur les évocations (69) que sur les commissions, con-

---

préjudiciables à l'honneur de la justice & à l'intérêt des Sujets du Roi, &c.

1 Février 1645, tom. 7, fol. 514 v°. Mémoire, Talon, tom. 3, pag. 267.

(69) La Cour écrira au Roi, à M. de Beaujon, au Chancelier & autres, touchant les lettres d'évocation de la cause pendante en la Cour au sujet de la Chancellerie de l'Université, lesquelles Lettres lui seront envoyées & le plaidoyer fait sur icelles.

17 Janvier 1482, tom 7, fol. 116, R°.

La Cour députe au Roi touchant les évocations des Evêchés de Luçon & de Bezier.

6 Juillet 1491, Supplément, tom. premier, fol. 354, R°

Un Président & deux Conseillers sont députés pour aller vers le Roi avec un des Avocats dudit Seigneur pour lesdites évocations desdits Evêchés.

13 Juillet 1491. Supplément, tom. 1, fol. 354, n°.

Chambres assemblées sur l'évocation du procès concernant l'Evêché de Sées, délibéré d'écrire au Roi, & que la Cour procédera au jugement du procès.

1. Décembre 1486. Tables des registres du Parlement, lettre E.

Ordonné d'écrire au Roi & au Chancelier & Conseil de Tours les procès concernant l'Evêché de Xainte.

31 Août 1487. Table des registres du Parlement, lettre E.

La Cour députe au Roi pour lui faire remontrances sur les évocations.

17 Mars 1511, tom. 8, fol. 226. n°.

Assemblée des Chambres pour faire les remontrances qui doivent être faites au Roi touchant les évocations.

11 Décembre 1521. Comp. tom 1, fo. 124 V°.

La Cour demande à la Régente, qu'on fasse cesser les évocations.

10 Avril 1524, tom. 9, fol. 171, V°., &c.

Dans les Remontrances de la Cour faites à la Régente par écrit, article 19, elle est suppliée de ne faire aucunes évocations que suivant l'Ordonnance.

20 Mai 1525. Tables des registres du Parlement, lettre E.

Conclusions pour remontrer à la Requête, que l'évocation de la Cour au Grand-Conseil touchant l'affaire de Sens & de St. Benoît, est de conséquence, avec défenses à Pierre Donarty de signifier lesdites lettres & aux parties de ne poursuivre ailleurs en la Cour & de comparoir audit Conseil à peine de perdition de leur cause & de 100 marcs d'or. *Vide* T. E. Procédures.

3 Juillet 1525. Tables des registres du Parlement, lettre E.

Le Roi évoque un procès pendant en la

Cour entre deux Receveurs Généraux, & commet douze Commissaires pour le juger. La Cour ordonne des Remontrances audit Seigneur.

9 Janvier 1526. Tom. 10, fol. 205, V°.

Un Président qui avoit été député pour faire remontrances touchant des évocations & du procès du Receveur de la ville, appert des gens de comptes, rend compte de sa députation; il a été bien reçu.

28 Mai 1529, tom. 10, fol. 383, R°.

La Cour député le premier Président pour aller faire des Remontrances au Roi sur les évocations.

18 Novembre 1530, tom. 10, fol. 405 V°.

La Cour ordonne des Remontrances sur des évocations, & on écrit au Chancelier, & sur ce que le Roi avoit mandé qu'on lui envoyât les statuts & Ordonnances des Peres réformateurs de l'Abbaye de St. Florent-les-Saulmiers.

29 Mars 1535, tom. 10, fol. 261, R°.

Le Procureur-Général conclut aux Remontrances sur des lettres d'évocation, d'autant qu'elles n'avoient été octroyées par le Roi, mais par le Chancelier au Conseil Privé.

16 Avril 1547, tom. 12, fol. 191. R°.

La Cour remontre aux Gens du Roi, qu'ils feront chose digne de leur état de remontrer au Roi les inconvéniens qui peuvent provenir des évocations.

12 Novembre 1549, add. tom. 5, f. 395 V°.

Les Gens du Roi, avant la tenue d'un lit de justice, demandent la permission à la Cour de parler au Roi, quand il seroit arrivé, de 4 articles. Le premier, sur les fréquentes & indues évocations que l'on faisoit contre le devoir. Le premier Président répond que la solemnité du jour ne permete pas de les faire. Les Gens du Roi insistent. On délibere, & il est conclu que les Gens du Roi, de les proposer, en auront avis de quelques Seigneurs étant près du Roi.

1549. Recueil du Parlement, tom. 1, fol. 28, R°.

Les Gens du Roi requierent que la Cour fasse des Remontrances sur l'évocation octroyée au Cardinal de Chatillon, pour renvoyer au Conseil tous les procès mus & à mouvoir, pour raison de tous ses Bénéfices.

26 Septembre 1551, tom. 12, fol. 385, R°.

Les Gens du Roi requierent que la Cour fasse des Remontrances sur l'évocation d'un procès criminel qui avoit été auparavant renvoyé en la Cour.

20 Octobre 1551. Comp. tom. 4, folio 352, V°.

Remontrances des Gens du Roi au sujet de deux évocations faites par le Roi en son Conseil Privé.

16 Septembre 1551. Comp. tom. 4, fol. 340 R°.

Les Gens du Roi supplient la Cour de faire remontrances sur les lettres d'évocation & de renvoi au Parlement de Rouen, de tous les procès & différens d'entre le sieur de Conaples & le sieur d'Orbre & sa femme.

13 Février 1553. Supplément, tom 2, fol. 218, V°.

Remontrances des Gens du Roi sur les lettres d'évocation générale des procès pendans en la Cour ès cas de l'Edit des Juges Présidiaux & renvoi auxdits Présidiaux; elles seront enregistrées & portées au Garde des Sceaux.

16 Février 1553, tom. 13, fol. 36 V°.

La Cour ordonne des remontrances au Roi sur deux évocations, dont l'une est en matiere Bénéficiale sur laquelle y avoit Arrêt interlocutoire, & l'autre sur un procès introduit devant un Juge ordinaire, dont il y a appel relevé en la Cour & anticipation au contraire devant les Juges Présidiaux du lieu. Les Gens du Roi sont commis pour faire lesdites remontrances.

28 Avril 1553, tom. 12, fol. 574, n°.

La Cour a ordonné au Procureur-Général de faire des remontrances au Roi au sujet des deux évocations.

7 Juin 1553, Comp. tom. 5, fol. 186, R°.

Rapport des Députés de la Cour au Roi, pour lui faire des remontrances sur des évocations; ledit Seigneur leur a ordonné laisser par mémoire & article pour faire entendre son vouloir.

1. Juillet 1553, add. t. 5, fol. 767 V°.

A été ordonné que les lettres d'évocation d'un appel comme d'abus, obtenues par le Cardinal de Meudon, demeureront au greffe de la Cour pour en être faites remontrances au Roi en la meilleure opportunité que faire se pourra.

8 Juillet 1552. Comp., tom. 5, fol. 35, V°.

La Cour avertira le Garde des Sceaux d'une évocation en laquelle il a été surpris, attendu que cela concerne son autorité & celle de la Cour, laquelle rompit le Sceau pour savoir si les lettres avoient été rapportées par un Maître des Requêtes, il se trouva qu'elles avoient été signées en queue par un Référendaire en Chancelerie.

11 Juillet 1553, add., tom. 5, folio 769, V°.

Le Procureur Général a requis que remontrances fussent faites au Roi au sujet d'une évocation.

29 Juillet 1553. Comp. tom. 5, fol. 217, R°.

Conseillers commis pour faire remontrance au Roi sur l'évocation obtenue par le Cardinal de Vendôme.

29 Octobre 1551. Comp., tom. 4, fol. 353, V°.

Les Gens du Roi ont requis que des lettres dudit Seigneur faisant défenses à la Cour de prendre connoissance des procès contre le nommé Genlon, que ledit Seigneur déclare n'avoir été compris dans le renvoi fait à la Cour, soient mises au Greffe pour faire remontrance audit Seigneur.

1. Décembre 1553. Comp., tom. 5, fol. 260, R°.

Députation

Députation pour faire remontrances au Roi sur les propositions faites par les Gens du Roi.

7 Janvier 1554. Comp., tom. 6, fol. 10 V°.

Les Gens du Roi ont supplié la Cour de faire des remontrances au Roi au sujet de l'évocation énoncée.

13 Février 1554, Comp., tom. 5, fol. 279, R°.

A été arrêté qu'il sera écrit au Roi sur les remontrances faites par les Gens du Roi sur des lettres de Sauve-Garde & d'évocation de la rémission octroyée au nommé Laloyau, décrété de prise de corps par arrêt de la Cour, depuis quatre ou cinq ans, & qui avoit fait rebellion, adressantes au Prévôt de l'Hôtel.

4 Mars 1554, Comp., tom. 6, fol. 77, R°.

Les Gens du Roi requierent des remontrances sur l'évocation du procès du Cardinal d'Annebaule.

6 Avril 1554, add. 6, fol. 67.

Remontrances des Gens du Roi au sujet de trois lettres d'évocation.

20 Avril 1554, add. 6, fol. 293, R°.

Les Gens du Roi requierent que la Cour fasse remontrances au Roi sur les évocations, & notamment sur celles obtenues par les hauts justiciers & chapitres, pour l'évocation des enfans trouvés.

4 Juin 1554, tom. 13, fol. 123, V°.

Les Gens du Roi ont requis remontrances être faites audit Seigneur au sujet des lettres d'évocation.

28 Juin 1554, Comp., tom. 5, fol. 308, R°.

Les Gens du Roi se sont rapportés à la prudence de la Cour au sujet de l'évocation d'un appel comme d'abus interjeté par M°. N cole de la Chenay, Trésorier-Général de France, & ils ont requis que remontrances fussent faites au Roi sur les lettres d'évocation obtenues par le Seigneur de Landec.

13 Juillet 1554, Comp. tom. 5, fol. 314. R°.

Les Gens du Roi concluent aux remontrances sur des lettres d'évocation injurieuses à l'honneur de la Cour pour lesquelles la Cour absolvie les juges présidiaux de la jurisdiction & autorité de la Cour.

9 & 22 Août 1554, tom. 13, fol. 173, R°. 179 v°.

La Cour commet des Conseillers pour dresser les remontrances ordonnées être faites sur les évocations & exemptions des juges présidiaux de la jurisdiction de la Cour.

29 Août 1554, tom. 13, fol. 185, R°.

La Cour envoie au Garde des Sceaux l'extrait fait par les Gens du Roi des évocations.

16 Novembre 1554, tom. 13, fol. 223, R°.

Les Gens du Roi ont requis remontrances être faites audit Seigneur sur des lettres d'évocation.

14 Février 1555, Comp., tom. 6, fol. 252, R°.

A été arrêté que remontrances seront envoyées aux Députés devers le Roi au sujet d'une évocation.

21 Février 1555, Comp., tom. 6, fol. 255, V°.

Les Gens du Roi ont requis remontrances être faites sur des lettres d'évocation, & ont aussi remontré que pour distraire les Sujets du Roi de leur ressort & jurisdiction, les Secrétaires du Roi nouveaux en leurs offices expédient & signent lettres en Chancellerie pour ajourner les parties d'un Parlement à un autre, sans demander *visa*, *placet*, ni *pareatis*; que ce n'est aux Maîtres des requêtes à le permettre, mais à la Cour du Parlement.

24 Mars 1555, Comp. tom. 6, fol. 387, V°.

A été arrêté que les Gens du Roi feront remontrances aud. Seigneur sur les lettres d'évocation y mentionnées.

22 Juin 1555, Comp., tom. 6, fol. 195 V°.

Les Gens du Roi ont requis remontrances être faites sur lesdites lettres.

22 Juillet 1555, Comp., tom. 6, fol. 214, V°.

Ils concluent aux remontrances sur des lettres d'évocation des appellations y mentionnées, pendantes en la Cour. La Cour fera des remontrances.

14 Novembre 1555, add., tom. 6, fol. 728, R°.

Ils requierent aussi que les remontrances soient faites de l'évocation d'un procès renvoyé en la Chambre des monnoies.

20 Novembre 1555, Comp., tom. 6, fol. 292, V°.

Les Gens du Roi supplient la Cour faire remontrances au Garde des Sceaux sur des lettres d'évocation pour le M°. de la monnoie de Poitiers.

26 Février 1556, Comp., tom, 7 fol. 186, V°,

Les Gens du Roi ont requis remontrances être faites au sujet des lettres d'évocation, ce qui a été ordonné.

5 Mai 1556, Comp., tom. 6, fol. 413 R°.

La Cour ordonne des remontrances sur les lettres d'évocation du fait des lods & ventes des rentes constituées à la poursuite des Prevôt des Marchands & Echevins de Paris, avec interdiction à la Cour d'en connoître, & renvoie à aucuns Maîtres des requêtes, Conseiller d'autres Cours Souveraines & de la Chambre des Comptes & du tresor,

2 Juin 1556, tom. 13, fol. 667, R°.

Les Gens du Roi ont requis remontrances au sujet des lettres d'évocation.

6 Juin 1556, Comp., tom. 6, fol. 457, V°.

Ils ont requis remontrances être faites au Roi sur des Lettres d'évocation.

17 Juin 1556, Comp., tom. 6, fol. 444, R°,

Ils concluent aux remontrances sur les lettres d'évocation obtenues par le Cardinal de Meudon, Abbé des Vaux de Cernay, & Religieux dudit lieu.

2 Juillet 1556, tom. 13, fol. 344, R°.

Les Gens du Roi concluent aux remontrances sur les lettres d'évocation *ad fines remittendi*, pour raison du droit de huitième & vingtieme, dont les impétrans se prétendent exempts à cause du privilége octroyé à ceux de la ligne de Chabo St. Marc.

14 Octobre 1556, tom. 13, fol. 382, V°.

Remontrances arrêtées être faites sur ce par M. Dumesnil, Avocat du Roi, à cette fin lui seront baillées lesdites lettres.

5 Mars 1557. Tables des regiltres du Parlemen, lettre E.

Un Président des requêtes est mandé sur des lettres d'évocation : la Cour ordonne des remontrances.

8 Mars 1557, add. 6, fol. 399.

Les Gens du Roi concluent aux remontrances sur les lettres d'évocation d'une affaire qui concerne le domaine.

15 Mars 1557, addition, tom. 6, fol. 403, V°.

Les Gens du Roi disant que le Président de Thou s'excusoit d'aller faire les remontrances, tant sur l'évocation obtenue par l'Université, que sur autres affaires dont il avoit été chargé le sémestre dernier. Le Président de Thou mandé, dit qu'il n'a pû s'en acquitter, parce qu'il présidoit au procès de la Reine contre l'Evêque de Clermont, & qu'il seroit expédient d'en charger les sieurs de Lyon & Leclerc, Conseillers, & qu'il feroit ensorte que l'Ordonnance de la Cour fût exécutée.

7 Juillet 1557, Comp., tom. 7, fol. 225 V°.

Les Gens du Roi supplient la Cour de retenir les lettres d'évocation du procès dévolu par appel des requêtes du palais en la Cour, pour raison de la Cure de St. Jean de Chassaignes, Diocèse de Périgueux, d'autant qu'elles sont expédiées à la relation du Grand-Conseil, & le procès y envoyé, & qu'elles sont contre l'Edit de la Bourdaisiere. La Cour ordonne qu'il en sera fait remontrances.

25 Septembre 1557, Comp., registre du Parlement, tom. 7, fol. 390, R°.

Les Gens du Roi rendent compte des plaintes qu'ils ont portées au Conseil privé sur les évocations; remontrances sur les évocations.

20 Novembre 1557, Merc. tom. 18, chap. 8, art. 2.

Lettres du Roi que la Cour lui envoie & fasse porter un procès au Conseil privé qui y a été évoqué. La Cour ordonne des remontrances sur la conséquence desdites lettres.

2 Mai 1558, add., tom. 6, fol. 445. R°.

Rapport des Députés pour faire remontrances au Roi sur les évocations. Ledit Seigneur veut que l'évocation du procès de l'Abbaye de Chassaignes ait lieu, de même que celle du Receveur-général de Lyon, & que l'Edit de l'érection des Huissiers-priseurs soit registré.

5 Mai 1558, add. tom. VI, folio 419, vers.

Les Gens du Roi concluent aux remontrances sur les Lettres d'évocation des appellations interjetées pour le sieur de Nesle, du Prévôt de la Connetablie de France, & à la retention desdites lettres.

19 Août 1558, addition, tom. 8, fol. 560, R°.

La Cour, sur la requête des Gens du Roi, ordonne que lettres Missives seront écrites au garde des Sceaux à ce qu'il envoie lettres révocatoires des lettres d'évocation au moyen desquelles l'Huissier, qui étoit allé en Languedoc exécuter un arrêt d'entre le Syndic de ladite Province & les enfans du sieur de Bussat, avoit été octroyé en la ville de Mende, dont on avoit fermé les portes, & auquel on avoit enlevé toutes les pieces concernant ledit procès.

16 Novembre 1558; Comp., tom. 8, fol. 34, V°.

Les Gens du Roi requierent des remontrances sur les lettres d'évocation obtenues par le sieur de Clermont, fondées sur ce que le Roi étant à Reims pour son Sacre, fit assembler de ses Pairs & Chevaliers de son Ordre, pour composer le différent d'entre ledit de Clermont & le sieur de Nantouillet, Prevôt de Paris, ce qui auroit été fait n'eût été quelques faits mis en avant par ledit de Nantouillet, auquel fut ordonné d'en informer le Roi, & cependant sursis tout procès nonobstant laquelle surséance ledit de Clermont se plaint d'être poursuivi en cette ville de Paris.

22 Novembre 1559, Comp., tom. 8, fol. 99, R°.

La Cour, eu égard à la requête du sieur Guilloche & aux conclusions du Procureur-Général, Députe Adrien du Drac, Conseiller, pour faire, aux dépens dudit Guilloche, suivant ses offres, remontrances au Roi & à son Conseil sur les lettres d'évocation obtenues par Bernard de Seigne, Baron de Bardallon, contre ledit Guilloche, en cas de prétendu excès & injures.

28 Juin 1560, Comp., tom. 8, fol. 170, R°.

La Cour ordonne que les Gens du Roi feront remontrances sur les lettres d'évocation ; 1° touchant des biens sis en ce ressort, mis & criés par arrêt du Parlement de Bourgogne, où l'on veut que l'adjudication s'en fasse. 2°. Touchant l'appellation d'un Décret de la Chambre des Comptes que les Gens des comptes ont voulu juger avec des Conseillers du Grand-Conseil contre l'ordre, d'autant qu'ils doivent appeler de ceux de la Cour, & tient pour signifié les lettres d'évocation obtenues par un François Bernard, renvoyé en la Chambre neutre en Bourgogne, qui connoît des appellations des gens des comptes de Dijon.

13 Décembre 1561, Comp., tom. 8, fol. 255, R°.

La Cour ordonne que suivant le précédent arrêt, remontrances seront faites sur la conséquence, tant d'une lettre d'évocation précédente, que sur les présentes lettres impétrées par lesd. Notaires & Secrétaires de la Maison & Couronne de France, étant à la suite du Roi contre Antoine Doyer de St. Ciergue, aussi Notaire & Secrétaire du Roi, & à cette fin, seront retenues pour faire lesd. remontrances en temps & lieu.

16 Mars 1562, Comp., tom. 8, folio 576, V°.

La Cour ordonne que remontrances seront faites au Roi par les gens dud. Seigneur sur les lettres d'évocation du différent d'entre les Secrétaires du Roi & le sieur de St. Ciergue, à ce que nonobstant le jugement du Conseil Privé, les parties aient à procéder en icelle.

1 Décembre 1562, Comp., tom. 8, fol. 504, R°.

Lettre du Roi par laquelle il ordonne que les remontrances ci-dessus arrêtées lui soient apportées ou envoyées, & requierent la rétention.

15 Juillet 1563, add., tom. 7, fol. 379.

La Reine mere dit au premier Président qu'il y avoit plusieurs mécontens contre la Cour pour les désobéissances qu'elle fait ordinairement aux commandemens du Roi. Led. Président l'ayant prié de les expliquer, répondit que si la Cour n'avoit été faire les remontrances à Gaillon, suivant l'ordre du

Roi, c'étoit à cause des gens de guerre qui y étoient, & que c'étoit pendant le siege du Havre-de-Grace où on pensoit à chose plus importante; fut parlé aussi de lettres d'évocation que la Cour retenoit, ajoutant que le Chancelier n'en scélloit que très-peu après mûre délibération du Conseil, & que la Cour avoit, de son autorité, mis des juges des Prévôts des marchands, & même des Receveurs pour le Roi, a répondu que ce fut par provision pendant les troubles, ce que ladite Reine approuva, & sur l'évocation obtenue par ceux de Blois, leur fut dit de passer outre à leur faire & parfaire leur procès; la Reine mere dit que l'intention du Roi n'est pas que le Parlement tienne après la publication de l'Edit.

15 Septembre 1563, tom. 16, fol. 134 R°.

La Cour ordonne des remontrances sur toutes les évocations, nommément sur celle du Prince de Condé. Commissaires pour les dresser.

18 Septembre 1563, fol. 143, V°.

Elles seront faites au Roi, auxquels la Cour enjoint porter les évocations, tant civiles que criminelles, lecture desdites remontrances, elles seront faites lorsque le Roi mandera les Députés.

5 & 6 Octobre 1563, tom. 16, fol. 167, V°. 170, R°.

Les Gens du Roi requierent que le Prieur de St. Fiacre, appelé pour défendre sur une évocation obtenue par Simon Granet, s'agissant des appellations pendantes en la Cour & remontrances sur les deux évocations obtenues par Martin Marchand de la ville de Langres.

12 Juin 1564, Comp., tom. 9, fol. 47 V°.

¶ Les Gens du Roi requierent des remontrances sur une évocation de deux procès d'entre le Duc de Longueville & le sieur de Reffuge, Conseillers, préalablement oui le rapport desdits procès, oui lesdits rapporteurs. La Cour ordonne que remontrances seront dressées & envoyées à Adrien Dudrac, Conseiller, de présent vers le Roi.

5 & 11 Février 1555, Comp., tom. 9, fol. 408, 402, V°.

Lettre du Roi, il envoie à la Cour les réponses faites sur les remontrances touchant les évocations qu'il veut être lues, les Chambres assemblées; les Gens du Roi les présentent ensemble, le rôle des Officiers étant en l'état des Princes & Princesses de Condé, pour être compris en l'évocation générale desd. Seigneur & Dame; & requierent qu'il soit fait remontrance au Roi.

18 Juin 1565, tom. 16, fol. 432, R°.

La Cour ordonne des remontrances sur des lettres par lesquelles le Roi lui interdisoit la connoissance d'un appel comme d'abus & d'un procès.

15 Décembre 1565, addition, tom. 7, fo. 740, V°.

Rapport du Président Séguier, il a parlé

au Roi en ſon Conſeil des lettres d'évocation obtenues par le Duc de Longueville contre le ſieur de Reffuge, Conſeiller en la Cour, que la Cour lui envoya avec ſes remontrances ſur ce, lequel lui dit qu'elles étoient contre la Bourdaiſiere. Le Chancelier ajouta n'y avoir apparence d'évoquer le procès en Normandie, le Conſeil n'ayant rien dit, & la choſe étant reſtée ſans déciſion, il a remis au Greffe leſdites lettres & remontrances.

8 Mai 1566, addition, tom. 7, fol. 777, R°.

Le Chancelier, quant aux évocations, dit aux Députés de la Cour, que les autres Parlemens ne ſe gouvernoient comme celui-ci, & qu'étant au voyage qu'a fait le Roi, il a trouvé qu'un parlement faiſoit pour l'autre, & s'eſt trouvé meilleur d'évoquer au Grand-Conſeil; qu'il en ſigneroit le moins qu'il pourroit, mais qu'il n'y avoit moyen de limiter l'autorité du Roi; qu'il feroit ſi bien, que la Cour ſeroit ſatisfaite, prie les Préſidens de l'avertir quand les évocations ſeront déraiſonnables; il fera ſon devoir, & prie la Cour de lui aider à les révoquer; que pour celle du Prince de Condé, il n'avoit été en ſon pouvoir.

17 Août 1566, tom. 17, fol. 23, R°.

Les gens du Roi concluent aux remontrances ſur les évocations, les unes au ſujet de l'appel d'un jugement arbitral qui évoque au Grand-Conſeil; les autres au ſujet d'un procès criminel, dont les parties ſont, les unes au reſſort de ce Parlement, & les autres en celui de Bordeaux, au lieu de renvoyer la cause au Grand-Conseil, *ad finem remittendi.*

16 Août 1567, addition, tom. 8, folio 70, V°.

Arrêté remontrances être faites par le Président Prévôt sur l'évocation obtenue par le Seigneur la Ferté contre sa femme.

29 Décembre 1567. Comp., tom. 10, fol. 101.

Rapport du Président Bernard, il a fait remontrances au Roi sur l'évocation précédente. Le Roi fera entendre à la Cour sa volonté sur lesdites remontrances.

25 Décembre 1567, addition, tom. 8, fol. 109, R°.

Remontrances ordonnées être faites par les Gens du Roi sur les lettres d'évocation au Parlement de Rouen, du procès d'entre le Cardinal de Lorraine d'une part, & Mre. André Guillard du Mortier.

13 Août 1568, Comp., tom. 10, fol. 168.

Les Gens du Roi concluent aux remontrances sur des lettres d'évocation obtenues par un Prévôt des Maréchaux de Bourgogne.

1 Octobre 1568, Comp., tom. 10, fol. 188, V°.

Rapport des Gens du Roi chargés de faire remontrances aud. Seigneur sur l'évocation obtenue par le Cardinal de Lorraine, pour juger au Parlement de Rouen le procès d'entre lui & les héritiers du feu Evêque de Senlis : le Roi entend que l'évocation ait lieu si l'offre y mentionnée n'est acceptée.

30 Octobre 1568, Comp., tom. 10, fol. 195. V°.

Arrêté remontrances être faites au Conseil Privé du Roi, tenu près le Duc d'Alençon sur l'évocation aud. Grand-Conseil du procès de Louis Prévôt, Marchand & Procureur Syndic des marchands de Tours, & Philippe Chinord, voiturier par eau.

8 Mars 1570, Comp., tom. 10, fol 287, V°.

La Cour ordonne des remontrances sur les évocations, & en remet le sac à l'Avocat-Général pour les faire.

30 Mai 1571, tom. 17, fol. 532, V°. add. 8, fol. 425, V°.

Lettre du Roi pour une évocation, mande & enjoint lui envoyer au plutôt les moyens de refus de la vérifier & entériner.

16 Juillet 1571, add., tom. 8, fol. 431, R°.

Injonction au Président Seguier en faisant remontrances au Roi, lui dire que l'on a évoqué au Grand-Conseil touchant le Domaine, & qu'il est raisonnable que ledit procès soit jugé en la Cour.

31 Décembre 1571. Table des registres du Parlement. Lettre E.

Les Gens du Roi concluent aux remontrances sur les Lettres d'évocation de tous les procès de Gaspard de Coligny, Amiral de France, & de ses neveux, enfans du sieur Dandilat, en conséquence de l'Edit de pacification, auxquelles la Princesse de la Rochesaryon se seroit opposée; elles sont remises à un Conseiller pour en faire son rapport.

5 Janvier 1572, tom. 17, fol. 629, R°.

Les Gens du Roi requierent que la Cour parle au Roi au sujet d'une évocation d'un procès criminel dévolu par un appel en la Cour interjeté de la Sentence de la maréchaussée de France du Palais, contre Simon Quartier & Consorts.

2 Août 1572, tom. 17, fol. 695, V°.

La Cour en vacation défend au Greffier de porter au Conseil les sacs d'un procès qui y avoit été évoqué, & arrêté d'écrire au Président le Prévôt & au Procureur-Général pour faire les remontrances sur ce ordonnées.

16 Octobre 1573, tom. 18, fol. 83, V°.

Arrêté que remontrances seront faites au Roi sur les lettres d'évocation dont est fait mention & jusqu'à ce qu'autrement il en ait été ordonné. La Cour a arrêté qu'elle recevra les appels des jugemens des Requêtes de l'Hôtel donnés en vertu de lettres non-registrées en la Cour.

9 & 11 Février 1575, Comp., tom. 18, fol. 410, add. 9, fol. 200, R°.

Arrêté que par Me. Bernard, Prévôt Président, & Jean de Caveau, Conseillers, remontrances seront faites au Roi sur la conséquence des lettres d'évocation obtenues par le sieur de Clermont, contre le Prévôt de Paris au Parlement de Bretagne, sur l'exécution d'un Arrêt de la Cour.

24 Mai 1575, Comp., tom. 11, folio 497, V°.

Chambres assemblées sur la réquisition des Gens du Roi; de n'obéir à l'évocation du procès pendant à la Cour touchant le Prieuré de Souvigny, arrêté qu'avant rien faire en cette matiere, remontrances seront faites au Roi par le sieur Président, qui prendra deux Conseillers avec lui.

9 Juin 1575, tables des Registres du Parlement. Lettre E.

Remontrances sur les lettres d'évocation du procès entre les Religieux de St. Germain des Prés & le Sieur Sablet, pour l'union de la prévôté de Surene à la manse desdits Religieux.

8 Février 1577, addition, registre du Parlement, tom. 9, fol. 404 & 405.

Arrêté remontrances être faites sur les lettres d'évocation pour raison du différent pendant entre Jean Gauchet, Contrôleur des titres, & Michel Gerard, comme aussi sur le grand nombre d'évocations, comme étant contraires au bien de la justice, & portant dommages aux parties, & sera supplié ordonner que dorénavant la Cour n'aura plus d'égard aux évocations si elles ne sont octroyées de son propre mouvement & signées de lui & d'un Secrétaire d'Etat, & donnera Arrêt nonobstant les évocations autrement expédiées, sans que les gens du Conseil y puissent prétendre aucune connoissance.

10 Septembre 1585, Comp., tom. 14, folio 251, R°.

Que toutes les évocations des Juges ordinaires, ci-devant octroyées sans garder les formes prescrites par les Ordonnances, soient revoquées & les interdictions levées & ôtées, & qu'à l'avenir n'en soient baillées aucune sinon ès cas de l'Ordonnance, & qu'à celles qui seront autrement octroyées, encore qu'elles soient du mouvement du Roi, les Parlemens n'y aient aucun égard.

27 Août 188. Remontrances du Parlement à Henri III.

Que la vérification des parens ou la récusation des Parlemens soit faite sommairement par les Maîtres des Requêtes étant en quartier à la suite du Roi; sans ce qu'aucun renvoi en soi au Grand-Conseil, ou par devant lesdits Maîtres des Requêtes, en leur auditoire au Palais.

27 Août 1588. Remontrances du Parlement à Henri III.

Renvoyer la connoissance des usures aux juges ordinaires auxquels elle appartient.

27 Août 1588. Remontrance du Parlement à Henri III.

La Cour ordonne des remontrances au Roi sur la conséquence des évocations d'un procès pour le Doyenné de l'Eglise Cathédrale de Bayeux dont il avoit pourvu en Régale attendu qu'elle doit connoître des matieres de Régale privativement à tous autres juges, &

sera l'extrait de la présente délibération envoyé & lettres missives écrites aux Commissaires députés vers le Roi pour faire lesd. remontrances.

2 Janvier 1593, tom. 21, fol. 337, R°.

Les Gens du Roi requierent remontrances être faites au Roi sur les lettres d'évocation obtenues par ledit de la Rochefoucault, Baron de Montendre.

24 Mars 1593, Comp., tom. 26, folio 209, V°.

La Cour ordonne communication au Procureur-Général des lettres d'évocation d'un procès criminel pour l'assassinat du Vice Sénéchal de la Marche, & renvoie aux Maréchaux de France & autres Princes, Seigneur & Gens de guerre avec clause, portant ordre d'élargir les prisonniers, en donnant caution de 4000 écus.

Le Procureur-Général dit que lesd. lettres étant en commandement, il ne peut que supplier la Cour de faire remontrances, attendu que lesd. prisonniers ont été déboutés du renvoi, ayant long-temps contesté sur les fins de non procéder, & que le procès est fait & parfait, & a certifié la Cour que deffenses ont été faites au geolier de l'en défalir; la Cour ordonne des remontrances & en écrit.

20 & 21 Mai & 16 Juin 1593, tom. 21, fol. 430 V°, 33 & 445, R°.

La Cour ordonne des remontrances sur les évocations.

6 Septembre 1594, tom. 20, fol. 145, V°.

Le Procureur-Général dit que ce qu'ils peuvent demander sur les lettres d'évocation pour le Curé de St. Gervais & de Remond, prisonnier, sont des remontrances, parce qu'elles sont signées en commandement.

16 Mai 1595. Supp. tom. 3, fol. 32, V°.

Le Procureur-Général conclut aux remontrances sur des lettres d'évocation & interdiction à la Cour de la connoissance de tous les procès du Duc de Bouillon, & à ce qu'il soit passé outre pour le fait du Supplément des finances des Officiers pourvus par le Duc de Maine.

3 Juin, 18 & 21 Juillet 1597, tom. 20, fol. 679, 721 V°., & Comp., tom. 17, fol. 169, V°.

Le Procureur-Général requiert remontrances être faites sur les lettres d'évocation obtenues par le sieur d'Harancourt.

10 Mars 1598, Comp., tom. 17, folio 118, R°.

La Chambre des vacations ordonne des remontrances sur une évocation; & jusqu'à ce surséance du jugement de la cause.

22 Septembre 1598, Comp., tom. 17, fol. 195, R°.

Les Gens du Roi requierent des remontrances sur une évocation.

2 Janvier 1599. Comp., tom. 17, folio 317, V°.

La Cour délibérant sur la requête des Jurés Charcutiers pour l'exécution d'un arrêt contradictoire, sursise au Conseil Privé, a arrêté que les gens du Roi se transporteront présentement vers le Chancelier pour le prier de faire cesser les plaintes des évocations, interdictions & cassations d'Arrêts contre les loix du Royaume, sinon toutes les Chambres assemblées, résoudra des remontrances à faire à la Régente pour y pourvoir à la décharge de la conscience du Roi suivant l'Ordonnance.

6 Juillet 1613. Supplément, tom. 3, fol. 255, R°.

Le Parlement demande que les fréquentes évocations dont la plainte est toute notoire, soient reduites au cas des Ordonnances.

22 Mai 1615. Mercure François, tom. 4, partie premiere, page 65.

La Cour ordonne des remontrances sur l'évocation d'une affaire du Clergé. Le Roi surseoit l'Arrêt de son Conseil jusqu'à ce qu'il ait entendu les remontrances.

27 & 28 Février 1626, tom. 24, fol. 66, R°. & V°.

Les Gens du Roi se transporteront vers led. Seigneur pour lui faire entendre les raisons pour lesquelles la Cour ne peut, ni doit déférer à un Arrêt du Conseil du 11 Novembre dernier, portant évocation d'un procès entre un Conseiller en icelle & un Conseiller au grand-Conseil.

14 Novembre 1626, tom. 24, fol. 113, R°.

Les Députés des enquêtes demandent l'assemblée des Chambres sur les évocations fréquentes, & entre autres, sur une évocation de trois procès d'entre les Jésuites & l'Université, & d'un procès d'entre deux particuliers conclu & distribué en la troisieme Chambre, lequel par ladite évocation, est renvoyé à un Intendant de Justice, elle leur est accordée, & tous Messieurs dresseront des Mémoires afin d'assembler au premier jour, lesd. Députés s'assembleront avec quatre Commissaires de la grand'Chambre, verront & arrêteront lesdits Mémoires. Le premier Président dit aux Gens du Roi de fournir leur mémoire, ils disent qu'ils manderont les Procureurs pour les avoir, & qu'ils les apporteront aussi-tôt. Les Députés vont trouver la Reine régente, elle leur fait dire qu'il n'étoit pas nécessaire d'assembler, puisqu'elle avoit pris la résolution de ne plus accorder d'évocation qu'aux termes portés par les Ordonnances. Le Premier Président lui a dit qu'il y a eu tant de désordre aux évocations, aux Commissions extraordinaires, aux cassations d'Arrêts & retention au Conseil des appels comme d'abus, que ce seroit un effet de sa justice d'y remédier promptement. Les enquêtes demandent l'Assemblée des Chambres. Les Députés qui avoient été au Palais Royal n'ayant entendu ce qui avoit été dit, elles sont assemblées.

11, 18, 19 & 20 Janvier, 1645.

La Cour ordonne des Remontrances au Roi & à la Régente, sur les révocations générales, attributions aux Maîtres des Requêtes & autres pour juger souverainement. Les gens du Roi sont chargés de prier le Chancelier d'obtenir la révocation des évocations générales des Chevaliers de Malthe, Prêtres de l'Oratoire de Saint-Germain-des-Prés & des Jésuites, & que la réponse en sera faite à la Cour toutes les Chambres assemblées.

21 Janvier 1645, tom. 27, fol. 502, 504, V°. 505, 507, R°. 509 & 511, R°.

La Cour ordonne que les remontrances arrêtées le 21 Janvier dernier, seront faites, & que les Ordonnances concernant l'exécution des Edits non-vérifiés, cassation d'Arrêts, attributions, commissions, évocations, &c, seront gardées & observées.

3 Février 1645, tom. XXVII, fol. 527.

Les Gens du Roi requierent remontrances sur une requête présentée par un Huissier du Conseil, avec un Arrêt dudit Conseil ès Commissions, portant évocation de la dénonciation faite en l'Audience du Parlement par un Sergent. La Cour arrête qu'elle verra ladite dénonciation & les Piéces justificatives d'icelles, qui ont été mises au Greffe, & distribuées à un Conseiller.

25 Mai 1646, tom. XXVIII, fol. 112, V°.

Le Premier Président parle à la Reine régente des évocations & rétentions au Conseil du Roi, contre les termes de l'Ordonnance.

29 Août 1647, tom. XXVIII, fol. 346.

Les Enquêtes & Requêtes demandent qu'il soit arrêté une mercuriale pour aviser sur les fréquentes évocations, & autres entreprises du Conseil sur la Jurisdiction ordinaire. Il est estimé à propos, qu'avant cela on voye les Mémoires qui ont été dressés, & que M. le Chancelier en soit informé, il y aura sans doute égard.

1 Juin 1656, tom. XXXII, fol. 166, V°.

Le Roi mande au Parlement de lui envoyer le 6 de ce mois à Compiégne, les Députés pour entendre les remontrances sur les évocations, les Gens du Roi iront le trouver, & lui feront entendre que la Cour ne peut lui faire si-tôt les remontrances, vu le peu de temps qu'il reste pour l'expédition de la Justice, & le nombre des pièces qu'il faut voir pour lesdites remontrances.

4 Septembre 1646, tom. XXXII, fol. 175, V°.

M. Talon remontre que M. le Chancelier a renvoyé à la Cour un grand nombre d'instances qui avoient été évoquées au Conseil, concernant la Régale & le réglement des Postes, &c attendu que les remontrances ne seront peut-être pas prêtes si-tôt, il demande la permission de continuer ses instances auprès de M. le Chancelier. Arrêt qui enregistre l'Arrêt de renvoi, & charge les gens du Roi de demander le renvoi du surplus des affaires évoquées, & non-renvoyées en la Cour.

8 Janvier 1659, tom. XXXIV, fol. 28, V°.

Les gens du Roi sont chargés de demander au Roi le jour & l'heure pour les remontrances touchant les évocations. La Mercuriale continuée à Mercredi prochain.

7 Mars 1659, tom. XXXIV, fol. 78, R°.

Les Députés de Chambre de l'Edit se sont plaint, qu'au préjudice des rémontrances arrêtées touchant les évocations, notamment de l'affaire du Marquis de Camusson, on vouloit juger ladite affaire au Conseil, sur quoi le Premier Président a mandé les gens du Roi, & leur a dit de voir à la levée de la Cour M. le Chancelier, & d'en rendre demain réponse à la Cour.

18 Mars 1659, tom. XXXIV, fol. 87, R°.

Lesdits Députés se plaignent à la Cour d'un Arrêt du Conseil, qui évoque la connoissance d'un affaire entre ladite Chambre de l'Edit & celle des Comptes touchant la veuve Marcillac, arrêtée prisonniere en ladite Chambre des Comptes, pour épices dues par son mari, quoiqu'elle ait renoncé à la Communauté, & ce au préjudice des Arrêts de ladite Chambre de l'Edit, que ladite Chambre avoit tâché d'enlever la fille dudit, & détenoit prisonnier le sieur Forgoal, & encore un particulier de Poitiers; ce qui est une entreprise de la Chambre des Comptes, qui n'a point de Jurisdiction contentieuse. Le Premier Président a mandé les Gens du Roi, & leur

leur a fait entendre la plainte desdits Députés, & les a chargés de la part de la Cour de voir le Chancelier, & de rendre réponse au premier jour.

21 Mars 1659, tom. 34, fol. 88, V°.

Les Gens du Roi ont dit que le Chancelier entendra leurs dites remontrances sur les évocations Jeudi prochain.

24 Mars 1659, fol. 92, R°.

Les Députés vont au Louvre pour lesdites remontrances.

27 Mars 1659, fol. 94, V°.

Le premier Président dit aux Chambres assemblées, qu'il a fait au Roi lesd remontrances; qu'il leur a répondu qu'il la communiqueroit à son Conseil, & qu'il leur feroit savoir sa volonté.

4 Avril 1659, fol. 103, V°.

Les Députés des enquêtes & requêtes se plaignent à la Cour de ce qu'au préjudice des remontrances faites à des Arrêts du Conseil, portant renvoi de plusieurs procès; led Conseil avoit évoqué quelques uns desd. procès renvoyés en la Cour, & avoient ordre de demander ce qui avoit été fait en exécution desdites remontrances. Le premier Président a dit que dans les remontrances, il avoit demandé particuliérement trois affaires, dont l'une avoit été jugée en la seconde des enquêtes; l'autre, concernant la compagnie au sujet d'un conflict entre la grand'-Chambre, la premiere & la troisieme des

tenoit toujours les mêmes principes (70) & rarement étoit sans succès. Cette

---

enquêtes qui n'a pu être jugée par l'indisposition du rapporteur de l'évocation au Conseil & de M. le Chancelier; cependant que s'ils avoient des Mémoires d'autres évocations, ils les pouvoient donner.

16 Mai 1659, tom. 34, fol. 143, V°.

Les Chambres assemblées ont nommé un Président & trois Conseillers pour remontrer au Roi la conséquence de l'évocation à son Conseil de l'affaire touchant l'assassinat commis par le sieur de Lhôpital, Marquis de Choisy; du renvoy dudit assassinat au grand Conseil de l'abolition obtenue par ledit de Lhôpital & du certificat de son emprisonnement à la Bastille, & faire le récit à Sa Majesté des charges & informations.

8 Juillet 1659, tom. 34, fol. 192, R°.

(70) La Cour n'a égard aux Lettres-Patentes pour renvoyer certains procès aux Commissaires députés par le Roi, pour connoître des abus & exactions commises ès Bailliages de Sens, Chaumont & Election de Langres, parmi lesquels étoit un Maître des Comptes, lequel étoit général des Finances.

31 Juillet 1452, tom. 6, fol. 117, V°.

La Cour demande qu'on n'accorde plus de Commissions extraordinaires.

10 Avril 1524, tom. 9, fol. 171, V°, &c.

marche étoit si réguliérement suivie, que le ministere public ne laissoit passer

---

Après la lecture des Ordonnances concernant les Gens du Roi, ils ont fait des remontrances touchant l'abus des Commissions extraordinaires, & ont demandé acte de ce qu'ils empêchent desd. Commissions jusqu'à ce qu'ils les aient vues. A été arrêté que lesd. Gens du Roi reverront leurs remontrances pour ce fait; être entregistrées, & se pourvoiront par devers le Roi, & à cette fin, auront communication desd. Commissions.

4 Janvier 1554, Comp., tom. 6, f. 2, V°.

Les Gens du Roi concluent aux remontrances sur les Lettres-Patentes d'évocation pour lesquelles un M^e^. des requêtes est commis pour juger souverainement & en dernier ressort un procès criminel; lesd. lettres seront retenues au Greffe.

24 Juillet 1555, tom. 10, Chap. 3, art. 3, add., tom. 6, fol. 117, R°.

La Cour ordonne des remontrances sur les Lettres-Patentes de Commission à huit M^es^ des requêtes pour voir le procès ci-devant jugé en icelle entre Robert & François Dupré, demandeurs en exécution d'Arrêt & appelans de l'exécution desdites Lettres Patentes, & le sieur Duperrier, impétrant.

11 Mai 1557, Comp., tom. 7, fol. 266, V°.

La Cour remontre au sieur de Hault-Clerc,

aucune évocation sans la dénoncer au Parlement.

Me. des requêtes, qui la supplioit d'être déchargé d'une commission du Roi à lui adressée pour le fait des Charons, que le Roi avoit dit aux Députés d'icelle qu'il vouloit que le procès des sieurs de la Chenaye & Charons ne fût jugé qu'en la Cour.

21 Juin 1557, Comp., tom. 7, fol. 303, Vo.

Seront faites remontrances pour la révocation des Commissions extraordinaires dont sont chargés des Maîtres des requêtes & des Conseillers au Grand-Conseil.

15 Novembre 1558, tom. 18, tab. chap. 8, art. 2, fol. 41, Ro.

Le Roi écrit à la Cour & lui envoie ses Lettres-Patentes pour la Commission de la Ch. de la Reine. Les Gens du Roi disent ne pouvoir, quant à présent, attendu les remontrances qui avoient déja été faites, empêcher que les Conseillers, qui seront requis de telles Commissions, ne fassent en ce regard ce que l'obéissance qu'ils doivent au Roi, & leur conscience & la dignité de leur état leur conseilleront, le porteur aura acte de la présentation desd. lettres qui lui seront rendues après qu'il en aura tiré copie.

3 Décembre 1558, tom. 14, fol. 131, Ro.

Les Gens du Roi présentent & concluent

En 1595, une conférence se tint par ordre du Roi, pour régler avec — Recueil d'harangues mss. fol. 9.

---

aux remontrances sur les Lettres-Patentes, portant attribution de jurisdiction souveraine & connoissance des usures aux dénommés en icelles, d'autant que par-là, lesd. Juges terminoient, & la vie & l'honneur des hommes : la Cour ordonne des remontrances sur lesd. lettres, lesquelles seront faites par lesdits Gens du Roi, enregistrement desd. lettres par provision & de l'exprès commandement du Roi.

3, 13 & 16. Mai, tom. 17, fol. 113, 118, R°; & 119 V°.

Remontrances sur les lettres par lesquelles le Roi commettoit différens juges de toutes les Chambres pour juger le procès entre le sieur de Clermont & le sieur de Nantouillet, Prévôt de Paris.

15 Mai 1567. Recueil des remontrances, fol. 260, R°.

La Cour laisse à la discrétion des Présidens & Conseillers dénommés dans une Commission pour juger en dernier ressort les procès dont mention est faite de se retirer ou d'assister à la délibération qu'elle fera sur lesd. lettres, & ordonne des remontrances sur lesd. lettres de Commission.

11 Décembre 1577, tom. 18, fol. 398, R°.

La Cour ordonne des remontrances sur les lettres de Jussion à la premiere Chambre des

MM. du conseil, différens objets sur l'administration de la justice; on y

---

Enquêtes pour juger à jour ordinaire & extraordinaire des procès des usures nonobstant la révocation faite par le Roi des commissions particulieres à ce que suivant l'Edit de révocation, les parties soient jugées par les Juges ordinaires. L'adresse sera réformée, la Cour les enregistrera avec quelques modifications, les procès pendant en ladite Chambre y seront jugés à heure ordinaire, & ceux pendants devant les Juges ordinaires, y seront jugés par appel en ladite premiere Chambre, sauf à la Cour évoquer ou retenir la connoissance lorsqu'elle verra être à faire, & sur autres lettres concernant ladite commission avec pouvoir de subdéleguer pour les provinces, persiste en ses délibérations.

19 Décembre 1584, 31 Janvier & 23 Mars 1585, tom. 19, fol. 237, 246 V°. & 250 R°.

Les Gens du Roi supplient la Cour de faire remontrances au Roi sur la Commission des usures.

22 Mars 1585, Comp., tom. 14, fol. 58, V°.

La Cour ne peut & ne doit procéder à la vérification des lettres de Commissions à la Chambre des Enquêtes en forme de 2°. Tournelle, pour connoître & décider des abus, malversations & crimes commis par les Sergens & Huissiers, lesquels ne peuvent ap-

reconnoît les mêmes principes ; « Ce » n'est pas assez que la justice soit ad•

portter que vexations sur le peuple & provoquer l'yre de Dieu, & ordonne que lesd. lettres seront retenues pour en faire remontrances au Roi sur l'injustice d'icelles, & que le Procureur-Général aura commission pour informer contre ceux qui ont baillé les Mémoires pour les dresser & en poursuivre la vérification.

3 Juillet 1587, tom. 19, fol. 431, R°.

Extrait de la Mercuriale du 11 Janvier 1612.

Et ayant délibéré sur ce qui avoit à la derniere assemblée été requis par le Procureur-Général du Roi sur les Articles à ce que l'exécution cesse des Commissions extraordinaires dommageables aux Sujets du Roi, desquelles plaintes ont été faites depuis 40 ou 50 ans en toutes assemblées d'Etats ou autres évoquées par l'Ordonnance de Blois, art. 98, avec renvoi des matieres aux Juges auxquels la connoissance en appartient, sans que lad. Ordonnance ait été gardée, dont sont procédés plusieurs désordres, foules & oppressions sur le pauvre peuple, & qu'à l'avenir n'en soient décernées, déclarant dès à présent comme dès lors, tout ce qui a été fait, instruit & jugé en conséquence nul, le Recevenr des parties intéressées, réservé contre les Commissaires, leurs veuves, enfans & héritiers;

» ministrée au peuple, il faut pourvoir
» qu'elle soit administrée avec la com-
» modité du peuple, & non à sa vexa-

& si pour causes nécessaires aucunes Commissions sont à l'avenir octroyées & données, qu'elles ne puissent être exécutées qu'au préalable ne soient vérifiées ès Cours Souveraines auxquelles la connoissance de ce pourquoi, elles seront expédiées, est attribuée par les Ordonnances & à la décharge des Finances du Roi, l'exécution commise aux Juges ordinaires des lieux, ou en cas de suspicion, au plus proche, sinon que pour l'importance, le ministere de l'un des Maîtres des Requêtes ou Conseillers de la Cour Souveraine fût requis sans que leurs vacations soient assignées sur ce qui proviendra des jugemens & exécutions de leurs Commissions avec très-expresses défenses à eux d'accepter telles assignations.

Les Conseillers de la Cour n'exécuteront Commission qu'en exécution des Edits vérifiés, & qu'au premier jour en Parlement sera pourvu.

11 Janvier 1612, tom. 18, tables, fol. 66, V°.

Rapport du discours que les Gens du Roi ont dit audit Seigneur Roi sur la Commission donnée à quinze Maîtres des Requêtes pour juger souverainement le procès à un Secrétaire du Roi pour fausseté au Sceau, la justice ordinaire réclamée par l'accusé, les plaintes de sa femme & de ses enfans, & la

» tion. En toutes choses il faut un or-
» dre, du désordre vient la confusion,

---

crainte qu'une commission de cette qualité ne fût le fondement d'une chambre nouvelle, a obligé le Parlement de les charger de supplier Sa Majesté de leur accorder ce qui ne se refuse à personne, savoir : l'exécution des Ordonnances faites à la réquisition des trois Etats, registrées dans toutes les Compagnies, lesquelles doivent être regardées comme le lien de l'Etat & la pierre angulaire de la Royauté, puisque c'est sur l'assurance des loix publiques, que le Roi regne & que les peuples lui obéissent. Le Parlement exerce sous l'autorité du Roi une jurisdiction souveraine sur toutes sortes de personnes & pour toutes sortes d'actions, sans bornes, sans réserves & sans limites que ceux de leur territoire. Les autres Compagnies souveraines sont renfermées dans certain genre d'affaires. Le Parlement a toujours réclamé contre les Commissions extraordinaires. Le nom de Commissaire est odieux dans le Royaume, preuves de ce, quelques Articles des Etats de Blois suppriment les Commissions avec défenses aux Maîtres des Requêtes d'entreprendre aucune jurisdiction souveraine & en dernier ressort, quelques lettres attributives de jurisdiction & de renvoi qui leur puissent être faites, à peine de nullité, savent que la connoissance de ce qui regarde les Sceaux appartient au Chancelier, Garde des Sceaux, & qu'ils ne peuvent juger par eux ou personnes commises.

» l'on reconnoît que cet état est le
» mieux ordonné, l'ordre en la justice
» est le plus nécessaire......

» L'ordre de ce royaume en la jus-
» tice, veut que les causes en pre-
» miere instance se poursuivent & ju-
» gent pardevant les juges ordinaires,
» par appel aux Parlemens, bâtissant
» sur ce fondement que la jurisdiction

Aussi la Cour n'a reçu l'accusé, appelant ni ordonné que les informations seroient apportées au Greffe, mais seulement de supplier Sa Majesté d'envoyer lad. Commission à la Cour, comme il a été fait en 1391, en 1494. La Cour revendiqua un Secrétaire du Roi auquel la Cour des Aides faisoit le procès pour falsification au Sceau, les appellations de ceux qui ont reclamé la Cour ont toujours été reçues, ce qui a été confirmé par la Déclaration de 1648, parlant de la Chambre de l'Arsenal, qui fut établie pour fausse monnoie, & où toutes sortes de poursuites criminelles ont été introduites pendant dix ans. La Reine leur fit dire qu'elle desiroit s'informer du fond de cette affaire pour savoir comment elle doit être terminée, & pour cela, elle en retint le jugement, ne voulut établir de nouvelles Chambres, vû l'exécution des Ordonnances.

25 Janvier 1651, tom. 30, fol. 46, V°

» contentieuse ne se doit exercer ailleurs, & parce qu'autres juges ne sont fondés en cette jurisdiction contentieuse...... que le conseil du Roi soit fondé en exercice de jurisdiction contentieuse, l'origine ne s'en trouve point. Néanmoins, depuis trente-cinq ou trente-six ans, il s'est glissé une jurisdiction contentieuse au conseil du Roi que l'on nomme enfin Conseil des parties.......
» Le moyen est de remettre toutes choses en leur entier & premier ordre, que MM. du Grand-Conseil n'auroient jurisdiction contentieuse entre les parties, les évocations demeureroient des ordonnances, ne s'en recevroit aucune ». (71, 72.)

---

(71) Nous ne voyons pas qu'aucun de nos Rois se servit du nom de Conseil Privé avant François Ier, qui en parle dans une Ordonnance de 1539 : depuis ce temps-là, le Conseil a été divisé en trois parties, le Conseil Privé ne jugea que les affaires qui regardent la justice, comme les évocations sur parenté, les réglemens des Juges, &c. & est appelé Conseil des parties; le second est le Conseil des Finances en grande direction, & le troisieme en petite direction, qui se tenoit

Au mois de Décembre 1617, se tint à Rouen la célebre Assemblée des

---

ci-devant en la maison du Surintendant, & à présent dans celle du Chef du Conseil Royal des finances. Dans ce Conseil, les affaires se préparent pour en faire le rapport à M. le Chancelier dans la grande direction. Le troisieme Conseil est le Conseil d'Etat ou Conseil d'en-haut pour les affaires de l'Etat.

Traités sur différentes matieres, fol. 55, deuxieme partie.

Ce fut sous Louis le Hutin & Philippe de Valois que s'établit l'usage de prendre quelques-uns du Corps du Parlement ou des plus grands Seigneurs de leur Cour pour s'en faire un Conseil particulier qu'on a nommé Conseil secret & Grand-Conseil. Il y avoit un grand Référendaire (Chancelier) sous Louis le Hutin.

Ce Conseil étoit plutôt pour les affaires d'Etat & les Ambassades, que pour exercer une jurisdiction contentieuse comme elle l'a lue. Le Roi tenoit son Grand-Conseil, lorsqu'il tenoit son Parlement avec son Conseil & les Pairs.

Ce Grand-Conseil étoit bien différent de celui créé en 1498 par Charles VIII, pour juger des affaires bénéficiales & autres par attribution & évocations particulieres. Les Chanceliers Poyet, Olivier & Lhôpital en ont formé peu à peu un autre (composé de

Notables. C'eſt-là qu'il faut voir la réunion des vœux publics. Cette aſſem-

---

Maîtres des Requêtes) ; le Parlement a toujours été le Siége des Rois, les Conſeillers du Grand-Conſeil d'Etat n'y ayant plus eu ſéance comme quand ils faiſoient partie de ce corps.

Prérog. de la Robe, Pag. 19.

Sous Charles VI, les Anglois s'attacherent au préjudice des Tribunaux ordinaires à accroître l'autorité du Conſeil qui leur étoit dévoué.

Paſquier, pag. 82 & 83.

Le Chancelier Poyet, qui avoit été nourri dès le berceau à façonner des procès, apporta tant de chicanerie au *Conſeil Privé*, que combien qu'on *ne traitât auparavant lui en ce lieu*, que des matieres d'*Etat & de grand poids*, ſi être qu'il commença à prêter l'oreille aux parties privées pour matieres mêmement qui ſe doivent décider dans un Châtelet de Paris.

Ce fut lui qui introduiſit l'uſage des lettres de nullité & de contrariété d'Arrêts dont il retenoit la connoiſſance au Conſeil, ou qu'il renvoyoit au Grand Conſeil, & par ce moyen, il empêchoit de ſe pourvoir par la voie des propoſitions d'erreurs qui ne pouvoient être portées qu'au Parlement même qui avoit jugé ce qui fut preſcrit par l'Edit de Mars 1546.

Paſquier, liv. 6, chap. 6, pag. 84.

blée étoit composée de Monsieur, frere du Roi, de plusieurs Grands du royaume, d'un Cardinal, de plusieurs Archevê-

---

On sait que le Parlement étoit au commencement à la suite du Roi, & étoit le Conseil du Roi pour l'administration de la justice Souveraine. Depuis le Roi Philippe-le-bel, s'en allant en Flandres, ce Parlement fut fait sédentaire à Paris ; le Roi lui fit cet honneur, de donner son Palais, sa Maison Royale pour l'exercice de cette jurisdiction souveraine en la fonction du Conseil du Roi, demeura le soin des affaires de la guerre, des plaintes & cahiers des Provinces & Finances ; mais que le Conseil du Roi soit fondé en exercice de jurisdiction contentieuse, l'origine ne s'en trouve point.

Cette jurisdiction a pris tel accroissement, qu'aujourd'hui il a plus de procès au Conseil qu'il n'y en a en un des Parlemens du Royaume, dont la preuve est par le garde des Sacs, le nombre des Greffiers, grand revenu des Greffes, & le nombre des Avocats audit Conseil...... Les procès se poursuivent animeusement, celui qui perd son procès ne se rendra jamais tant qu'il verra la porte pour pouvoir brouiller & essayer de renverser les Arrêts donnés contre lui.... Le chemin n'est pas seulement frayé, mais est aujourd'hui le chemin pour vexer sa partie de s'adresser au Conseil ; nous ne disons pas que les arrêts ne se puissent renverser, mais ce doit être par des voies ordinaires, qui

ques & Evêques, de presque tous les premiers Présidens & Procureurs généraux des différens Parlemens, & d'au-

---

est la Requête civile & proposition d'erreur, il faut qu'il y ait quelque fin, une partie aura au Parlement de Toulouse poursuivi l'espace de quatre ou cinq ans justice, il aura arrêt, il pense exécuter son Arrêt. On dit au Conseil *viennent, & cependant défenses*, quand ce mot *& cependant défenses* n'y seroit, tout ce qui auroit été fait depuis la Requête présentée sera cassé.... On disoit anciennement que les Arrêts des Cours Souveraines étoient les titres les plus assurés des familles; aujourd'hui ayant obtenu Arrêt, il n'y a jamais fin.

1595. Conférence de *Mss*. du Conseil avec le Parlement.

(72) « Le Roi desirant établir un bon or- » dre pour la conduite des affaires & l'ad- » ministration de la justice, a voulu com- » mencer par la réformation de son *Conseil*, » & principalement en déchargeant le Conseil » d'Etat & des finances, & le Conseil Privé » de toutes les matieres qui gissent en juris- » diction contentieuse qui seront renvoyées au » Parlement, Grand-Conseil, Cour des Aides » & autres Juges ordinaires, où les procès » pourront être jugés plus commodément pour » le soulagement des Sujets du Roi: & pour » effectuer ce que dessus, il sera fait un bon » réglement des choses qui doivent être trai-

tres Magistrats. Voici quelle en étoit la forme. Le Roi proposoit les différens articles qu'il jugeoit à propos ; l'assemblée faisoit les réflexions sur chaque, & supplioit le Roi d'avoir égard aux changemens qu'elle croyoit devoir être faits. Dans la seconde proposition, le Roi annonce que, « désirant » établir un bon ordre pour l'administration de la justice, il a voulu » commencer par la réformation de » son Conseil, & par un bon réglement des choses qui doivent être » traitées audit Conseil Privé, & principalement en déchargeant ledit Conseil de toutes matieres qui gissent » en jurisdiction contentieuse, qui seront renvoyées au Parlement, Cours » des Aides & autres Cours ordinaires, » où les procès pourront être jugés le

---

» tées au Conseil des Finances & au Conseil » Privé de Sa Majesté, & sera fait un rôle » de tous les procès qui seront pendans & » induls èsdits Conseils, lesquels vus & examinés sommairement, seront renvoyés promptement comme il est dit ci-dessus.

21 Mai 1595, Joly, tom. 1, pag. 631, Réglement du Conseil.

» plus commodément pour le soulage-
» ment des sujets du Roi ».

L'assemblée adopte l'article proposé par Sa Majesté, & la supplie seulement d'y ajouter « & autres justices ordi-
» naires, auxquelles la connoissance en
» appartient par les ordonnances, sans
» que par commissions particulieres elle
» leur puisse être ôtée, ni aussi attri-
» buer plus grande connoissance que
» celle qui leur appartient par lesdites
» ordonnances, toutes commissions à
» ce contraires, dès à présent révo-
» quées; & pour les procès & instances
» pendantes au Conseil, qui sont de
» la connoissance desdites Cours &
» Juges, seront aussi dès à présent ren-
» voyées ».

Dans un autre article de cette même proposition. Sa Majesté veut & entend que « les requêtes présentées par les par-
» ties, afin d'évoquer suivant les or-
» donnances, ensemble toutes les re-
» quêtes pour le réglement de juge,
» soient rapportées aux Maîtres des Re-
» quêtes étant en quartier ».

Sur quoi l'assemblée répond que « d'autant que ledit article est raison-
» nable & conforme aux réglemens pré-

» cédens, elle est d'avis de n'y rien
» changer : seulement que sous le bon
» plaisir du Roi, afin de conserver à
» ses Cours la jurisdiction qui leur ap-
» partient, de soulager ses sujets,
» comme est son intention, il soit
» ajouté un autre article en cette for-
» me : lesdits Maîtres des Requêtes ne
» pourront toutefois juger en dernier
» ressort, à peine de nullité, quelque
» attribution qui leur en soit faite par
» lettres du Roi ».

Je n'étendrai pas plus loin des recherches qui ne feroient que répéter les mêmes termes. Cet accord parfait entre les Rois, les peuples, les Parlemens, & tous les ordres du royaume ne forme-t-il pas le témoignage le plus irrésistible ? Tel est le code salutaire que la sagesse de nos Souverains a gravé dans nos annales, & qui devroit faire tout-à-la-fois la terreur de l'injustice, & la tranquillité du bon droit.

L'expérience & l'équité ont convaincu les Monarques qu'ils devoient *craindre cette indulgence & cette bonté avec laquelle, sous prétexte de bien faire, & trompés par les espérances d'équité, on se départ des regles ordinaires ;*

que les commissions étoient toujours suspectes aux unes des parties, & désagreables à l'universelle pour être attribuées à faveur. Ils ont entendu la nation entiere leur dire dans ses Etats ou par la voix des Magistrats, que le Conseil Privé ne pouvoit pas la juger, & que ce n'étoit pas pour cela qu'il avoit été érigé (73).
» Que l'époque à laquelle ce change-
» ment arriveroit, seroit destructive
» de notre gouvernement; que l'ad-
» ministration réunie à la jurisdiction,
» produira toujours le despotisme,

---

(73) Quant au Conseil Privé il n'a aucun pouvoir, ni en la présence, ni en l'absence du Roi, attendu qu'il n'est pas érigé pour juger, & il n'y a pas un seul du Privé Conseil qui soit Officier du Roi en cette qualité.

Des Etats de Blois (Recueil) pag. 324.

Article 13, de l'Edit donné à Rouen en Janvier 1597. « Ne voulant que notre Con-
« seil Privé soit ci-après occupé ès causes,
» qui consistent en jurisdiction contentieuse,
» ordonnons qu'à l'avenir toutes telles matie-
» res & différens qui y pourroient être intro-
» duits, soient renvoyés en nosdites Cours
» Souveraines, à qui la connoissance en ap-

» parce que la sûreté des citoyens con» siste à être jugé par ceux qui ne con» noissent d'autres regles que la loi, » parce que les principes incertains de » l'administration servent aisément à » colorer les injustices ; & en géné» ral, parce que c'est le sort de l'hu» manité, que toute autorité qui n'est » contrebalancée par aucune autre, de» vient abusive ».

A la vue de cet assemblage imposant de cette foule de loix écrites par des Monarques puissans, de toute ces réclamations dictées par elles & accueillies par eux, il se présente une réflexion aussi simple qu'effrayante. Quelle doit donc être cette force destructive, qui s'éleve sans cesse contre la loi, ou qui trouve toujours le moyen de l'éluder ? Depuis 500 ans, Monarques,

---

» partient sans la retenir, ni distraire nosd. » sujets de leur naturel ressort, ni que l'exé» cution des Arrêts de nosd. Cours puisse être » empêchée, sursie ou différée.

Janvier 1597, Fontanon, tom. 1, pag. 5, *vide* l'art. 18, pag 6.

Sur l'Art. 161, le Roi sera supplié sup-

Sujets, Noblesse, Clergé, Tiers-Etat, tout frappe sans cesse sur un colosse que rien ne peut abattre ? quelle est donc cette conspiration générale que l'avidité, l'intrigue, ou l'ambition perpétue de siecle en siecle, & qui e joue tout-à-la-fois de la terreur du sujet, & de l'autorité du Maître ? Si, malgré toutes les précautions constamment établies, & souvent renouvelées, ce systême dangereux s'est toujours soutenu ; si une nation entiere réclamant avec ses loix & ses Rois, n'a pu étouffer un abus qui mine insensiblement les fondemens de la monarchie, que fût-il devenu sans cette digue à peine suffisante pour l'arrêter ? Il eût chassé la justice de son temple ; il se fût assis sur ses ruines : la force eût remplacé le bon droit ; & cette confusion delas-

---

primer dès à présent les quatre Greffiers de son Conseil, parce que le Conseil n'ayant connoissance des causes des privés, n'a besoin de Greffier.

6 Mai 1579. Remontrances du Parlement sur l'Edit fait sur les cahiers des Etats-Généraux de Blois.

treuse eût amené enfin le plus monstrueux des gouvernemens.

Voilà ce que tous nos Rois ont prévu : c'est pour cela que convaincus de la vérité des principes, & du danger de les enfreindre, craignant l'effet des surprises auquel le trône n'est que trop exposé, ils ont fixé spécialement les seuls cas où les évocations pourront être accordées, ils les ont enchaînées par des entraves multipliées, ils se sont imposés à eux-mêmes l'obligation de suivre ces formes conservatrices, & prévoyant que la foiblesse ou l'erreur inséparables de l'humanité, pourroient quelquefois leur surprendre des ordres destructifs de ces loix admirables, ils ont obligé les Magistrats de les conserver dans toute leur force, de déclarer toutes évocations arbitraires, nulles & de nul effet, d'en prononcer la subreption ; de passer outre à l'instruction & jugement des procès ; & non contens d'en charger la conscience des Magistrats, ils y ont encore joint la peine d'être réputés eux-mêmes désobéissans aux Rois, & infracteurs des ordonnances.

Le chef-d'œuvre de toutes ces ordonnances est sans doute d'avoir posé des bornes à l'obéissance du Magistrat. Accoutumés à être aimés sans mesure, il semble que nos Souverains aient craint d'être obéis de même. Qu'il est doux de les voir reconnoître qu'ils ne peuvent rendre à tous une justice égale sans le secours de leurs féaux, de les voir charger ceux-ci de veiller avec soin & sollicitude pour qu'on ne puisse leur suggérer ni leur demander aucune action contraire à la justice. Qu'ils sont grands ces bienfaiteurs de l'humanité! Lorsque effrayés des erreurs auxquelles elle est en butte, & prévoyant le cas où on pourroit leur arracher quelque injustice, ils annoncent hautement que la Majesté royale, autant que le bien de leurs sujets, exigent qu'on les avertisse de leur erreur (74, 75) mais sur-tout qu'ils sont sublimes, lors-

---

(74) *Nisi obstet aliqua rationabilis causa quam rescribere incontinenti nostræ curiæ integrè teneantur.*

1303. Ordonnance de Philippe le-bel.

(75) Quelques lettres de dispense relativement, ou autres exceptions & provisions que

que se plaçant eux-mêmes au-dessous de la loi, ils chargent de les préserver des surprises ; ils lui défendent d'obéir à des volontés injustes, quelques ordres qu'ils puissent donner à ce sujet ; ils enjoignent aux Magistrats de ne rien faire contre leur serment, & de leur exposer sur-le-champ les justes & légitimes causes qui les empêchent d'exécuter leurs ordres.

---

nous ayons ci-devant données & puissions commander & faire expédier pour décliner de l'ordre & aucienne observance des Ordonnances, ou y déroger en tout ou en partie, on n'y ait aucun égard.

22 Décembre 1499, Louis XII. Registre des Ordonnances, cotté 1, fol. 110.

Louis XI sur la fin du quinzieme siecle, écrit au Parlement de Toulouse une lettre qui se trouve dans le sixieme registre de cette Compagnie, pour laquelle il lui défend de s'arrêter à une évocation qu'il avoit accordée ; *& nous entendons* que dans cette affaire, comme dans toutes les autres, vous n'ayes aucun égard à aucunes lettres, ni provisions d'où qu'elles soient émanées, sinon en tant qu'elles seront en termes de justice & de raison.

François Ier. dit qu'aucuns Prélats par ur-

Ah !

Ah ! Si ces Ordonnances sont souvent un écueil pour le Magistrat chargé de les exécuter, qu'elles sont consolantes pour le peuple dont elles assurent la tranquillité : qu'elles sont rassurantes pour la patrie, à qui elles promettent un gouvernement sage, &, sinon

---

prises, importunité ou autrement, ont obtenu des lettres de déclaration ; & à ce moyen, s'efforcent d'empêcher l'exécution de ses Edits... il veut qu'ils soient exécutés nonobstant les lettres obtenues par aucuns, & autres lettres qu'ils pourroient ci-après obtenir par importunité ou autrement.

19 Janvier 1544. Lettres-Patentes, Registre des Ordonnances, lettre O, fol. 27.

Déclare nulles & de nul effet les cédules évocatoires fondées sur les parentés des Officiers des Cours qu'on prétendra avoir fait leur fait propre des intérêts de l'une des parties avant que ledit fait propre ait été reçu par Arrêt, conformément à l'Article 43 du titre des évocations de l'Ordonnance de 1699 ; & en conséquence ordonne que par lesdites Cours, il sera passé outre au Jugement des procès comme auparavant la signification desdites Cédules évocatoires.

20 Juin 1679. Arrêt du Conseil.

infaillible, sûr au moins d'être éclairé *dans ses erreurs!* (76, 77, 78).

Les ordonnances sont la loi du royaume, le fondement & le stabili-

---

(76) Si c'est désobéissance de bien servir, le Parlement fait ordinairement cette faute; & quand il se trouve conflict entre la puissance absolue du Roi, & le bien de son service, il juge l'une préférable à l'autre, non par désobéissance, mais pour son devoir, à la décharge de sa conscience.

19 Juin 1604. Registre du Parlement.

(77) La résistance généreuse du Parlement rappelant naturellement le Prince & son propre Conseil à un nouvel examen, la surprise disparoît, & la vérité recouvre ses droits.

Avis de l'Evêque de Valence, imprimé dans les preuves de la majorité des Rois.

(78) Vous n'avez juré de garder tous les commandemens du Roi, bien de garder les Ordonnances, qui sont ses vrais commandemens.

26 Juillet 1567. Chancelier de l'Hôpital,

Registre du Parlement.

9 Juillet 1563, réglemens du Parlement, Lettres-Patentes u 15 Juillet 1591.

Premier Avril 1600, réglemens du Parlement.

ment de la couronne, que tous les officiers de justice, tant souveraine que subalterne, font, à leur institution, serment de garder & de faire observer. La garde & la conservation leur appartiennent : ils en doivent compte à Dieu & au Roi.

Aussi ces mêmes ordonnances ont-elles fixé la forme dans laquelle les Souverains feroient connoître leur volonté ; aussi n'y a-t-il *que les lettres-patentes signées en commandement, scellées du grand sceau, qui puissent servir de légitime témoignage de la volonté du Prince.* Aussi, enfin, voyons-nous dans toutes nos loix, depuis les Capitulaires jusqu'à nos jours, des défenses positives à tous les juges d'avoir aucun égard aux lettres closes pour le fait de la justice. (Juin 1316. Dutillet, Recueil des Rois, *p.* 416. 15 Août 1399. 27 Juillet 1398. Moulins, art. 81. Blois, art. 208). Ce principe a toujours été universellement reconnu. Charles VI disoit en 1420, qu'il étoit prescrit par *ordonnances royaux de tout temps*, & il vouloit en conséquence que quelque commandement de bouche qu'il fît, son Parlement ne fût tenu d'y obéir, sans avoir sur ce ses lettres-patentes signées du grand scel (79). Ce grand scel étoit même regardé comme tellement indispensable, long-temps avant cette époque, & près de deux siecles encore après, qu'on lit dans des lettres-patentes envoyées au Parlement en 1344, ces mots : *données à la Neuville le vingt-troisieme jour de Juillet sous notre petit scel, en l'absence du grand* : & qu'en 1595, Henri IV écrivoit au Parlement *de suppléer au défaut d'une jussion du grand sceau, attendu l'absence de M. le Chancelier, & que la conséquence d'une formalité omise se pour-*

---

(79) Par Ordonnances Royaux & de tout temps, & spécialement des temps des feus nos très-chers Seigneurs & prédécesseurs bisaïeul, aïeul & peres, gardés, observés & usités..... quelque commandement de bouche que nous ayons fait ou fassions sur ce, par importunité, par prieres & autrement, ... Notredite Cour, notredit Prévôt...... ne soient tenus d'incliner, obéir ou entendre, sans avoir sur ce nos Lettres-Patentes sous notre grand scel.

20 Avril 1402. Ordonnance de Charles VI, registrée au livre rouge du Châtelet.

roit réparer. C'étoit-là dans toutes les occasions le langage de nos Rois ; ou si quelquefois on parvenoit à leur en suggérer un autre, le Parlement leur rappeloit respectueusement les ordonnances, & les leur rappeloit avec succès (80).

Et de-là vient que dans cette foule d'édits on a vu les défenses d'accorder ou de reconnoître aucunes évocations ou commissions, presque toujours accompagnées d'autres défenses pour ne point obtempérer aux ordres, lettres closes, lettres missives, & généralement à tout ce qui se faisoit de contraire à la loi. La raison en est simple, on cherchoit à suppléer aux lettres-patentes

(80) Les Rois vos prédécesseurs ont défendu par Ordonnances aux Juges n'avoir égard en fait de justice à leurs Lettres missives, & ne se trouvera ès registres de cette dite votre Cour, aucuns mandemens du Roi enregistrés que par Lettres-Patentes, scellées de leur grand scel, ayant de ce faire expresse adresse, ledit ordre ancien & introduit à très-bonne fin, ne doit pas nous être à Votre Majesté.

22 Décembre 1564. Registre du Parlement.

par des ordres ſouvent ſurpris, comme on y ſupplée aujourd'hui par des jugemens du Conſeil. Pour remédier à cet abus, les Rois impoſerent à leurs Cours l'obligation impérieuſe de ne point déférer à ces ordres. Or, leur dénomination ſeule ayant changé, leur moyen, leur but, leur conſéquence étant abſolument les mêmes dans la forme ſous laquelle ils ſe reproduiſent aujourd'hui ; la loi qui frappe ſur les uns, frappe donc auſſi ſur les autres. En rejetant tous les mandemens qui ne ſeroient pas dans la forme des lettres-patentes, ou que ces lettres n'accompagneroient pas, elle n'a jamais fait, elle n'a jamais voulu, elle n'a jamais pu faire d'exception en faveur des jugemens du Conſeil. C'eſt un point de droit à l'appui duquel les faits ſe préſenteroient en foule, s'il avoit beſoin d'être appuyé (81). Il y a plus,

---

(81) Nous étions ſur le point de faire expédier des Lettres Patentes ſur l'Arrêt donné en notre Conſeil, pour faire connoître nos intentions à notre Cour de Parlement.

20 Mai 1716. Regiſtre du Parlement.

les évocations qui ne s'accordoient autrefois que par des lettres-patentes envoyées aux Cours, s'accordant aujourd'hui par de simples jugemens du Conseil, présentent une double contravention : c'est-à-dire que douze siecles d'une législation non interrompue se réunissent pour autoriser, pour légitimer, pour nécessiter même indispensablement la réclamation éclairée du Magistrat.

Fidele observateur de ces ordonnances, le Parlement a souvent employé, suivant l'intention du Législateur, mais contre les ordres du Souverain, le pouvoir qui lui est confié : & si d'un côté il obtempéroit aux évocations & commissions, lorsqu'elles étoient *confor-*

Lettres-Patentes envoyées pour une évocation portée d'abord par un Arrêt du Conseil, que le Parlement ne reçoit point.

21 Juin 1718, Registre du Parlement.

Le Chancelier promet de retirer un Arrêt du Conseil, portant évocation, *n'y ayant*, dit-il, *à l'Arrêt d'évocation*, que la signature d'un Secrétaire d'Etat, & non le sceau.

27 Mars 1626, Registre du Parlement.

mes à l'ordonnance, & qu'il n'avoit *que dire pour en empêcher l'exécution* (82, 83). De l'autre, le consentement

---

(82) La Cour obtempere aux Lettres-Patentes octroyées au Roi d'Angleterre, par lesquelles défenses sont faites à ladite Cour de connoître d'une cause pendante contre des Marchands Anglois.

20 Décembre 1476, tom VI, fol. 551, R°.

(83) Le Roi évoque pardevant lui une cause pendante au Parlement, entre Demoiselle Jeanne d'Artois & le Vicomte d'Artois, & la Cour assigna jour aux Parties devant le Roi.

9 Août 1378, tom. IV, fol. 140 & 141, V° & R°.

Sur ce que le Roi avoit ordonné par des Lettres, qu'une cause entre le Comte d'Eu & le Vicomte de Thouars lui fût renvoyée, la Cour lui fit le renvoi de ladite cause.

3 Mai 1392, tom. 4, fol. 402, R°.

Le Roi, en évoquant à son Conseil le procès d'entre le Vicomte de Thouars & la Duchesse de Bretagne, mande à la Cour, qu'elle ajourne les Parties pardevant lui à certain & compétent jour.

2 Juin 1462, tom. VI, fol. 188, V°.

La Cour en obtempérant aux Lettres du Roi

des deux parties ne lui paroissoit pas

---

d'évocation, a commis le Premier Président pour porter toutes les pieces, procédures dudit procès au Roi.

1 Juin 1462, tom. VI, fol. 189, V°.

Le Roi mande à la Cour, qu'elle lui envoie le procès pendant en icelle, entre les habitans de Tournay & les Bailli, Lieutenant & autres Officiers du Roi audit Tournay, la Cour obtempérant à ses ordres, lui a envoyé ledit procès.

4 Juin 1470, tom. VI, fol. 229, V°. 232, R°.

Les sacs & pieces d'un procès évoqué au Grand-Conseil, seront donnés parties présentes à une personne sûre & non suspecte pour être portés au dépens du demandeur au Grand-Conseil.

17 Février 1479, tom. 6, fol. 695, R°.

La Cour renvoie au Parlement de Toulouse le procès d'entre le sieur de Moderme, Jean & Catherine de Foix, femme de Mr. Charles d'Armagnac, nonobstant l'opposition de ladite Dame, dont la Cour l'a déboutée.

13 Mars 1481, tom. 7, fol. 131, R°.

La Cour avant délibérer sur l'évocation obtenue par frere de Villenne, Bénédictin, pour raison de l'abbaye de Poitiers; ladite évocation consentie par le Procureur-Général

même suffisant pour se prêter à une

étant *ad fines remittendi*, ordonne que les exploits d'appellations y mentionnés seront mis & vus par la Cour; l'Huissier du Grand-Conseil a été mis hors de prison avec permission de les mettre à exécution.

17 & 20 Juillet 1512, Comp., fol. 83, V°.

Défenses *quò usque* de mettre à exécution les lettres d'évocation du procès d'entre Alain de Courseille & Nicolas Maillard, Sergent à Rouen, la Cour, *consentiente procuratore generali*, obtempere auxdites lettres étant *ad fines remittendi.*

26 & 28 Août 1518, Comp., fol. 168, V°. & 169 R°.

La Cour obtempere aux lettres d'évocation pour raison des appellations interjetées au Parlement de Bordeaux & à la Cour *ad fines remittendi.*

29 Novembre 1518, tom. 8, fol. 431, V°.

La Cour obtempere aux lettres d'évocation touchant la cure de Ste. Genese de Sarazat, contentieuse, étoit *ad fines remittendi.*

20 Janvier 1522, Comp., fol. 248, V°.

La Chambre des vacations ordonne qu'un procès sera porté au Roi ou à son Chancelier, attendu que l'évocation est conforme à l'Ordonnance.

évocation, qui du reste n'étoit pas con-

---

6 Octobre 1531, add., tom. 3, fol. 553, R°.

La Cour obtempere aux lettres d'évocations de renvoi devant le Sénéchal de Lyon, d'un procès dont il étoit appel.

20 Avril 1531, add., tom. 3, fol. 528, R°.

Consentement des Gens du Roi à l'évocation au Conseil Etroit de tous les procès étant entre Jean Charon, Conseiller en la Cour, & de la Chenaye, Secrétaire du Roi.

14 Décembre 1532. Tables des Registres du Parlement, lettre E.

Arrêt qui, suivant les lettres d'évocation obtenues par la Dame de la Roche-Guyon & ses enfans, ordonne que les parties se retireront devers le Roi en son Conseil-Privé dans huitaine.

22 Mai 1540. Comp., tom. 2, fol. 190, R°.

Arrêt qui ordonne que M. Jean Brachet, Rapporteur, se déchargera au Greffe d'un procès d'entre les Religieux de St. Julien de Tours & le nommé Brete, & sera led. procès porté au Grand-Conseil, suivant l'évocation faite dudit procès.

15 Juin 1551 Comp., tom. 5, fol. 190. V°.

Arrêt qui ordonne que les lettres d'évocation & pieces y attachées étant au Greffe de la Cour, seront rendues aux parties.

6 Octobre 1553, Comp., tom. 5, folio 244, R°.

Lettres d'évocation rendues du consentement du Procureur Général.

12 Octobre 1554. Comp., tom. 5, folio 352, V°.

La Cour ordonne que les lettres d'évocation & renvoi fait des instances d'entre Julien de Breuil, demandeur, pour raison du possessoire de l'Archidiaconé d'Angoulême, & Urbain de Saint-Gillais & Helye Dutillet, opposans, de la cause d'appel pendante en la Cour entre ledit Dutillet, demandeur en faux, & appelant des Requêtes du Palais, le Procureur-Général avec lui & ledit de St. Gillais, intimé par devant les Conseillers y dénommés, & accordés par les parties, seront enregistrées, & suivant icelles lesd. parties procéderont pardevant lesd. Conseillers suivant les derniers erremens, pour après leur être fait droit en la maniere contenue èsdites lettres.

16 Mai 1561, Comp., tom. 8, folio 219, R°.

La Cour ordonne que les lettres d'évocation obtenues par Pierre Boucher, Bourgeois de Paris, contre Martin Bois, seront tenues pour lues, présentées & délivrées à la partie.

17 Novembre 1588, Comp. tom. XIV, fol 438, V°.

Le Procureur-Général dit que l'évocation obtenue par le Maréchal de Marignon se forme à la loi (84) : *tant étoit* (disoit le célebre Talon) *tant étoit le Parlement religieux en moindre chose, lesquelles sembloient toucher l'intérêt de la Compagnie, & l'intérêt des particuliers même.* A plus forte raison, ne manquoit-il jamais de s'élever avec la loi contre toutes évocations ou commissions qui, sollicitées par une partie, étoient obtenues au détriment de l'au-

---

trouve expédiée dans les formes ordinaires, & n'a que dire pour en empêcher l'exécution.

29 Février 1596, Comp. tom. XVII, fol. 29, R°.

(84) M. Bignon, dans un Discours pour les Mercuriales du 26 Novembre 1631, dit qu'en 1555, à l'audience de la Grand'Chambre, on demanda la rétention d'une cause évoquée & renvoyée au Parlement sur la requête civile obtenue contre un Arrêt du Grand-Conseil. Le défendeur à la requête civile consentoit à la rétention; le Procureur-Général s'y opposa, remontrant que telles évocation & distraction du ressort étoient choses extraordinaires, & contre le cours ordinaire de la justice, qui aboutissent à un déréglement & translation de jugement, qui ne doivent pas être autorisés; & sur son réquisitoire intervint Arrêt, par lequel le demandeur en rétention fut débouté.

Mémoires Talon, tom. I, pag. 26.

tre. Ses registres offrent par-tout des monumens de cette résistance légale qui doit toujours finir par sauver l'autorité royale des entreprises qu'on lui fait faire contr'elle-même. J'ai cru devoir simplement indiquer dans des notes les dates de cette multitude d'exemples dont le détail, nécessairement long & monotone, pourroit fatiguer l'attention. Je me contenterai d'en retracer quelques-uns, & de rapeler quelle a été dans les siecles précédens la constance & la fermeté du Parlement.

Ceux qui cherchoient à se procurer des évocations, employoient-ils les lettres missives ? le Parlement, loin de s'y arrêter, répondoit que « l'on n'a accoutumé faire une evocation par lettres missives, aïns sont lettres-patentes nécessaires ». Le ministere

Mars 1539. public croyoit remplir le plus sacré de

29 Avril 1561. ses devoirs, en s'y opposant : lui-même

22 Août 1567. sollicitoit alors la réclamation du Parlement, en disant « qu'il n'étoit pas » raisonnable qu'un procès fût évoqué » par missive, contre l'Ordonnance, » & qu'on ne devoit, au moyen desdites lettres, retarder, ne différer » de procéder à la décision des af-

» faires évoquées, d'autant que l'Or-
» donnance défend que l'on ait égard
» à lettres missives, pour le fait & ex-
» pédition de justice ».

Les évocations, au contraire, étoient-elles portées dans les lettres-patentes ? le Parlement ordonnoit simplement qu'on passeroit outre, faisoit défenses aux parties (85) de le poursuivre ail-

(85) Il fut dit par Arrêt dudit jour, qu'aux Lettres d'évocation des procès de la Cour au Grand-Conseil ne seroit obéi.

19 Février 1423, du Lac, liv. IV, tit. 12. Papon, liv. IV, tit. 6, art. 25.

Sur l'entérinement poursuivi d'une évocation de certaine cause pendante à la Cour en cas d'appel entre Mᵉ Etienne Dupré, appelant d'aucuns Commissaires en cette partie, ledit Procureur du Roi joint à eux, défense lui est faite de ne faire convenir au Conseil ledit Dupré, que la Cour n'ait discuté les Lettres.

1 Juillet 1471, Table des Registres du Parlement, Lettre E.

Défenses au Procureur du Roi en son Conseil de poursuivre l'entérinement de certaines Lettres d'évocation d'une cause pendante, en cas d'appel en ladite Cour, jusqu'à ce que lesdites Lettres aient été discutées en icelles.

5 Juillet 1471, tom. VI, fol. 278, R°.

leurs qu'en la Cour ; & quelquefois,

Enregistrement d'une cédule contenant les noms des opposans, tant à la vérification des Lettres d'Etat, qu'à celles d'évocation générale de tous les procès pendans en la Cour en matiere d'office.

24 Mars 1483, tom. VII, fol. 230, V°.

Défenses aux Avocats & Procureurs de ne poursuivre aucunes évocations, & aux Sergens de les exécuter, qu'au préalable ils ne les aient montrées au Procureur du Roi.

17 Novembre 1483, tom. VII, fol. 213, R°.

Lettres d'évocation au sujet d'une cause d'appel, d'entre les Religieux Freres mineurs & les Religieux de l'Observance, qui demandent distribution de Conseil, & veulent distribuer & charger les anciens Religieux Freres mineurs de secours des Gens du Roi sur les évocations où il est dit qu'il n'y a que trois cas, lesquels le Prince, *ex potestate ordinaria*, peut évoquer. 1°. Lorsqu'une partie a affaire avec une personne puissante. 2°. Quand il s'agit de la subversion de l'Etat. 3°. Lorsque le Juge refuse de rendre justice, & si le Prince évoque une cause *ex potestate absoluta*, on n'y doit avoir aucun égard qu'après la troisieme jussion. La Cour réitere les défenses faites aux Avocats & Procureurs de ne poursuivre aucunes évocations, qu'au préalable ils ne les aient montrées au Procureur du Roi sur peine d'interdiction, &

suivant l'exigence des cas, il arrêtoit

---

aux Sergens de les exécuter, à peine de privation de leurs offices.

24 Novembre 1483, tom. 7, fol. 213, V°.

Le Procureur du Roi dit qu'on ne peut obtempérer aux lettres d'évocation de la cause pendante en la Cour entre le Poignant l'aîné appelant, & Etienne Pascal, attendu que la question principale desdites parties est en cas d'appel, & qu'elles ont produit contredit & salutations en icelle, & conclut à ce qu'il soit fait défenses au Secrétaire, qui les a signées, de ne le faire dans la suite en la forme présente; mais qu'en suivant les Ordonnances, il adresse la connoissance de l'évocation à la Cour.

14 Décembre 1484, tom. 7, fol. 245, R°.

Le Procureur du Roi s'oppose à l'entérinement de certaines lettres d'évocation, & requiert que défenses fussent faites à un Conseiller & Maître des Requêtes, chargé de la signification desdites lettres, de les mettre à exécution.

13 Novembre 1487. Supp. Tom. premier, fol. 327, R°.

Sur présentation pour led. de Lisle des Missives du Roi, les défenses précédentes réitérées touchant l'évocation en question.

14 Mars 1488. Table des registres du Parlement. Lettre E.

Défenses faites à un Maître des Requêtes de l'Hôtel de donner certificat ni procès verbal, d'avoir présenté en la Cour les lettres d'évocation de l'Evêché de Luçon avec les Lettres missives du Roi.

3 Juin 1491. Supplément, tom. premier, fol. 353, V°.

La Cour, avant procéder à l'adjudication de défaut requis par le Sr. de St. Gellais, appelant de l'Arch. de Bordeaux, contre Antoine d'Estaing & adhérens, ordonne que ledit de St. Gellais mettra en la Cour copie des lettres d'évocation obtenues par led. Destaing, pour raison de l'Evêché d'Angoulême, dont procès est pendant par appel en la Cour. Défenses cependant audit Destaing de procéder contre icelui de St. Gellais ailleurs qu'en la Cour, ni d'user de censures *quò usque*.

18 Mars 1507, Comp., tom. 1, folio 42, R°.

Sur Requête de Pierre Aubert, Huissier au Grand-Conseil, & lettres d'évocation du procès de l'Evêché de Poitiers, ordonné les lettres être montrées au Procureur du Roi, & cependant défenses de les exécuter sur peine de prison & de cent marcs d'or.

12 Février 1508. Tables des registres du Parlement. Lettre E.

Défenses faites par la Cour à un Huissier du Grand-Conseil de faire aucun exploit touchant cette évocation.

7 Juin 1508. Tables des registres du Parlement. Lettre E.

Chambres assemblées sur présentation d'une évocation par un Huissier d'arme du Roi, du procès d'entre deux contendans à l'Abbaye de St. Denys, remis à en délibérer, & défenses de faire aucunes choses.

7 Juin 1508. Tables des registres du Parlement. Lettre E.

Un Huissier du Grand-Conseil ayant présenté à la Cour, lui a été fait défenses de l'exécuter.

4 Août 1517. Tables des registres du Parlement. Lettre E.

Défenses de mettre à exécution *quò usque* les lettres d'évocation du 25 Janvier dernier, obtenues par Ambroise d'Allegrin, veuve du sieur Fontaine, Conseiller en la Cour, comme tutrice de Michel de Chapron, du Notaire & Secrétaire du Roi dudit nom.

8 Février 1518. Comp., tom. 1, fol. 172, V°.

Défenses à un Huissier de mettre à exécution des lettres d'évocation, & à l'impétrant de poursuivre le procès ailleurs qu'en la Cour, à peine de 100 marcs d'argent & de perte de cause, & sera procédé au jugement dud. procès, nonobstant lad. évocation.

2 Décembre 1519, add., tom. 1, folio 320, V°.

Défenses de mettre à exécution *quò usque* les lettres d'évocation pour raison de quelques héritages des appartenances des hayes de Brie, l'Huissier arrêté jusqu'à ce qu'il ait donné caution de 500 liv. p.

24 Janvier 1520, Comp., tom. 1, f. 199, V°.

Défenses de mettre à exécution *quò usque* les lettres d'évocation touchant les terres & seigneuries de Chezelles, & le lendemain, oui le Procureur-Général, l'Huissier du Grand-Conseil a été mis prisonnier; il est chargé, en donnant caution de 500 liv. p., de n'en faire aucune exécution.

1 & 8 Mars 1520. Comp., tom. 1, fol. 201 & 202, V°.

Défenses de mettre à exécution les lettres d'évocation données à ordre, le 24 Juin dernier.

12 Juillet 1520. Comp., tom. 1, fol. 189, V°.

La Cour fait défenses au sieur de Pierre Vine d'obtenir lettres d'évocation.

7 Décembre 1520, tom. 8, f. 470, R°.

Défenses par la Cour à l'Huissier qui a présenté l'évocation octroyée par la Régente de l'exécution, suivant les conclusions du Procureur-Général, tant *ex defectu potestatis*, & cause que le Roi n'est hors du Royaume, & qu'elle seroit contraire à l'Ordonnance, aussi qu'il y a des informations contre Pierre Laydet, Conseiller au Parlement, & qu'elle est pour évoquer au Roi & à son Grand-Conseil toutes les appellations interjetées dudit Laydet, relevées toute en cette Cour, Parlement de Bretagne, de Bordeaux, que pardevant les Généraux des Aides, commis par Sa Majesté à l'exécution des Patentes pour imposer aides & tailles sur les roturiers qui s'en étoient exemptés sous ombre d'Offices & Priviléges, bien qu'ils eussent fait actes dérogeans & sur les héritages, Bureaux acquis sur les Gens d'Eglise.

16 Septembre 1523. Tables des registres du Parlement, Lettre E.

La Cour n'obéit à celles touchant les Abbayes de St. Benoît, les Fleury-sur-Loire & Ste. Ennerte d'Orléans.

Vide tom. C, Procédures.

3 Avril & 9 Août 1525. Tables des registres du Parlement. Lettre E.

Défenses au Greffier de la Cour, Dutillet, d'envoyer au Conseil du Roi un procès y évoqué, & aux parties de poursuivre ledit jugement ailleurs qu'en la Cour, sur peine d'amende.

15 Juin 1529. Tables des registres du Parlement. Lettre E.

Sur ce que le Greffier criminel de la Cour a remontré qu'il lui avoit été enjoint de la part de Me. Aymart de Ranconnet, Commissaire du Roi, de mettre pardevers lui l'original des informations faites contre Me. Jacques Colin, Abbé de St. Ambroise, dont la matiere étoit évoquée au Conseil-Privé du Roi, & qu'on s'efforçoit de le poursuivre par défaut à faute de ce faire, la Cour a déclaré que des Enquêtes & informations mises par devers elle, bien qu'il y ait évocation des matieres ou qu'elles y soient terminées & jugées; on n'a jamais accoutumé envoyer les originaux, mais seulement les copies collationnées à cette cause, a été arrêté que lesd. originaux desd. informations demeureront au Greffe criminel, suivant ce qu'il est accoutumé de faire, & qu'il a été défendu audit Greffier à sa réception.

3 Mai 1547, Comp., tom. 3, fol. 245, R°.

La Cour ordonne que les originaux des informations d'un procès évoqué aux Conseils-Privés demeureront au Greffe criminel.

8 Mai 1547, add., tom. 5, fol. 193, V°.

Défenses sur l'évocation octroyée à Jean de Bellay, Baron de Thouars, pour renvoyer au Grand Conseil un incident pendant à la Cour sur les causes de récusation proposées contre un Conseiller, ordonner qu'elle demeurera au Greffe avec défenses qu'il n'en soit autrement ordonné, & défenses à l'Huissier, Sergent des Requêtes de l'Hôtel, qui l'a présentée, d'en délivrer exploit à peine de 5000 l. parisis d'amende & de prison; & pour la périlleuse conséquence, que remontrances seront faites au Roi.

13 Juillet 1551. Tables des registres du Parlement. Lettre E.

La Cour, sur le Requisitoire des Gens du Roi, ordonne que l'évocation obtenue par le sieur Grenezin, Conseiller en icelle, du procès d'entre lui & l'Abbé de Montbourg, pendant à la Grand'Chambre, demeurera au Greffe jusqu'à ce que l'on en ait parlé au Garde des Sceaux.

4 Août 1556, Comp., tom. 7, fol. 15, R°.

Arrêt au sujet du procès d'entre le sieur Delomagne & le sieur de Narbonne & la Dame de Montagnac, sa femme, parties évoquées, par lequel la Cour déboute ledit Delomagne de l'effet & entérinement des lettres par lui obtenues pour être reçu à vérifier les causes de récusation de nouveau venues à sa connoissance, & renvoie les parties au Parlement de Toulouse, pour procéder entre elles sur l'instance de Requête civile, sauf à recuser & faire préalablement droit si les Présidens & Conseillers nommés en l'arrêt donné sur lesd. recusations, le 30 Août 1554, assisteront au jugement de lad. Requête civile, présentement renvoyée, & condamne ledit Delomagne aux dépens de lad. instance d'évocation, qui seront taxés sous nouveau voyage.

24 Décembre 1556, Comp., registre du Parlement, tom. 7, fol. 64, R°.

Délai accordé à des parties plaidantes avec défenses d'obtenir lettres d'évocation.

20 Novembre 1556, tom. 13, fol. 669, R°.

Les Gens du Roi apportent les Lettres-Patentes par lesquelles le Roi mande à la Cour de procéder dans deux mois au jugement du procès d'entre Vorse, Procureur au Châtelet, & la veuve & héritiers du sieur Neraul; autrement led. temps passé, il évoque à lui & à sa personne led. procès, & le renvoie par devant les Gens de son Grand-Conseil, & requierent que lesd. lettres soient retenues pour la conséquence de ladite cause.

4 Mai 1557. Comp. registre du Parlement, tom. 7, fol. 253, R°.

Les Gens du Roi présentent ensuite les Lettres-Patentes expédiées, Postel présent, Hurault, portant évocation des différens d'entre Jean Regnault, appelant des Sentences du Prévôt de l'Hôtel ou de Girard, son Lieutenant, & led. Girard pris à partie, soit pour l'élargissement de Breteuil ou autres, & requierent que lesd. lettres soient retenues d'autant qu'ils ne connoissent pour Maître des Requêtes led. Postel, & que lesd. lettres n'empêchent qu'il soit passé outre au jugement du procès criminel dudit Breteuil. La Cour ordonne qu'il sera passé outre au jugement dud. procès, & que remontrances seront faites sur ladite évocation.

4 Mai 1557. Comp. registre du Parlement, tom 7, fol. 253, V°.

Les Gens du Roi s'opposent à l'entérinement des lettres d'évocation du procès pendant en la Cour entre le Chapitre de Reims & les parties y dénommées, & renvoie aux Commissaires commis à faire les Baux des marais assis près la ville de Reims ; lesd. lettres sont restées entre les mains du sieur Harault, Conseiller.

18 Août 1557. Comp., tome 7, folio 355, R°.

Les Gens du Roi concluent à ce que la Cour n'ait égard à des lettres d'évocation fondées sur fausse cause & contre l'Ordonnance.

8 Mars

8 Mars 1558, addition, tom. 6, folio 652, R°.

La Cour, sans avoir égard à des lettres d'évocation, ordonne que les parties procéderont en icelle.

14 Mai 1558, addition, tome 6, folio 467, R°.

Le Roi dit aux Députés pour les Remontrances sur l'évocation du sieur de la Planche, qu'il se plaignoit de longueur, & vouloit qu'il fût dépêché.

La Cour ordonne audit de la Planche de faire mettre au Greffe l'original de ladite évocation.

28 Avril 1558. Comp., tome 7, folio 463, R°.

Les Gens du Roi requierent que la Cour retienne les lettres d'évocation du feu Roi, avec lettres d'attache du Roi régnant, obtenues par le Seigneur d'Estoze contre Charles de Dormans, Conseiller, attendu qu'en plaidant sur sa Requête civile, les Parties furent appointées au Conseil, & ordonné que la Cour verroit les Arrêts.

5 Février 1559, Comp. tome 8, fol. 120, V°.

Lettres d'évocation présentées à la Cour par le sieur Chaudon, poursuivant sa réception en l'Office de Conseiller en la Cour. L'Avocat du Roi dit que la Cour ne doit s'arrêter à une évocation portée par de simples lettres missives.

29 Avril : 6, 13, 16 Mai : 1 & 4 Juillet 1561, tome 15, fol. 25, 29, 37, V° *vid.* tome 6, ch. 1er, art. 1er.

Ce jour les Gens du Roi, par Me Jean-Baptiste Duménil, Avocat dudit Seigneur, ont dit avoir vu de l'Ordonnance d'icelle une lettre d'interdiction à la Cour, de la saisie des biens & temporel du Cardinal de Châtillon, prétendu être de la faction d'Orléans, pour les causes contenues ès dites lettres d'avant à eux, d'autant qu'il n'y a adresse desdites lettres à la Cour, & que d'ailleurs lesdites lettres sont un duplicata, ont dit être superflu de les avoir présentées en la Cour, & ne peuvent obtempérer à l'interdiction & évocation.

4 Septembre 1562, Mémoires de Condé, tome 3, p. 676.

Le Procureur-Général requiert que des lettres d'évocation soient retenues.

8 Février 1563, addit. tome 7, fol. 490, V°.

La Cour faisant droit sur l'évocation requise par Antoine de la Rochefoucault, du procès d'entre le Seigneur de Clermont & le Seigneur de Barbesieux, prétendu subrogé au lieu & droit desdit, Antoine & François de la Rochefoucault son frere, ordonne, sans avoir égard à ladite évocation, qu'il sera passé outre au jugement dudit procès, sauf audit Antoine présenter les Requêtes que bon lui semblera.

22 Mai 1565, Comp. tome 9, fol. 245, R°.

La Cour ordonne que Marguerite d'Albon, Marquise de Fronsac, héritiere bénéficiale de la Maréchale de Saint-André sa sœur, se pourvoira pardevers le Roi sur les fins de sa requête, tendante à ce que nonobstant la rétention au Conseil de la cause d'entre le sieur Bouchard d'Auberterre & ladite suppliante, &c., il fût ordonné audit susdit Bouchard de procéder en ladite Cour sur l'appel interjetté par la suppliante de l'exécution desdites lettres de Commission, ensemble sur ledit procès évoqué pendant en icelui à la requête du Procureur-Général, pour la Baronie d'Auberterre.

7 Septembre 1565, Comp. tome 9, fol. 337, Recto.

Lettre du Roi. Il défend à la Cour de prendre aucune connoissance d'un procès qu'il évoque en son Conseil, entre le Prévôt de la Connétablie dudit Prévôt, pour raison de leur état, ce qui dépend du fait de la Gendarmerie dont la connoissance appartient aux Gens de son Conseil, les Gens du Roi persistent en leurs conclusions prises à ce que ledit Connétable fût oui par Conseil, & disent qu'il n'est raisonnable qu'on évoque ledit procès sur lettres missives contre les Ordonnances.

21 Août 1567, addit. tome 8, fol. 80, V°,

Arrêt sur les Lettres-Patentes, qui renvoient à la Cour l'instance d'entre Simon Legras, Ecolier étudiant en l'Université de Paris & les Chanoines & Chapitre de Saint-Martial de Limoges, pour raison du Prieuré de Mouton, avec défenses aux parties de se pourvoir ailleurs, nonobstant l'évocation obtenue par lesdits Chanoines & Chapitre.

13 Décembre 1572, Comp. tome 11, fol. 22, V°.

La Cour ordonne que, sans avoir égard aux lettres d'évocation d'un procès pendant en la

Cour, pour raison d'une prébende en l'Eglise de Meaux, donnée en garde au sieur de Montgiolle, il sera procédé au jugement dudit procès, lesdites lettres n'étant de l'exprès commandement du Roi, mais par le Conseil, & fait défenses d'attenter à la personne & biens dudit Montgiolle, au préjudice dudit procès.

11 Février 1575, addit tome 9, fol. 199, V°.

La Cour, sans avoir égard aux lettres d'évocation au Conseil de toutes les instances & appellations contre Martin Houdry, Fermier de la Douane de Lyon, dont l'impétrant est débouté, ordonne que la connoissance des causes mentionnées esdits articles & contrats, en appartiendra par appel ou autrement, aux Juges auxquels par l'Ordonnance la connoissance en est attribuée.

12 Janvier 1577, Comp. tome 12, fol. 133, V°.

Arrêt qui déboute Huguet Dumas, Contrôleur-Général des Postes, des lettres d'évocation obtenues par lui au procès d'entre lui & Antoine de la Faye, & ordonne qu'il sera passé outre au jugement dudit procès.

14 Février 1577, Comp. tome 12, fol. 143, V°.

Refus pour la Cour d'acquiescer à l'évocation au Conseil-Privé sur les différens de deux Présidens des Enquêtes, & défenses aux Présidens qui devoient l'obtenir de s'en servir.

1 Mars 1581, Tables des Registres du Parlement, lettre E.

Défenses à un Président des Requêtes de se servir de l'évocation qu'il a obtenue.

Vide T. C. refus,

1 Mars 1581, tables des Registres du Parlement, lettre E.

La Cour retient des lettres d'évocation, & ordonne que si un Huissier en présente de semblables, il sera retenu prisonnier.

28 Septembre 1587, tome 19, fol. 718, R°.

Empêchement du Procureur-Général à l'entérinement des Patentes, portant interdiction à la Cour de connoître de l'*appel* susdit *comme d'abus* interjeté par les Curés de cette Ville, pour avoir été cottisé à la taxe de 5000 écus, parce qu'elles ôtoient la connoissance dudit appel à la Cour, à qui seule elle appartient, & l'attribue au Prévôt de Paris.

20 Octobre 1587, tables des Registres du Parlement, lettre E.

Arrêté que les lettres d'évocation du Conseil d'Etat, obtenues par Etienne, les sieurs de Welfatieres, & Jean Griffon, Secrétaires du Roi, seront retenues au Greffe pour en répondre.

20 Juillet 1590, Comp. tome 14, fol. 510, V°.

Séguier, pour le Procureur-Général, a rapporté les lettres d'évocation, & défenses obtenues par Jean Renault, & a dit qu'elles ne sont signées d'un Secrétaire d'Etat, ni suivant l'Ordonnance, suppliant la Cour, sans y avoir égard, de passer outre.

10 Août 1591, Comp. tome 16, fol. 114, R°.

Arrêt ſur la requête des Maire & Echevins de ladite Ville, qui ordonne qu'il ſera paſſé outre en la Cour au jugement du procès d'entre les ſupplians & Hanappier & conſorts, nonobſtant l'évocation dudit Hanappier.

12 Décembre 1592, Comp. tome 15, fol. 113, V°.

Arrêt ſur la requête de Gabriel l'Allemant, Prévôt d'Orléans, le Lieutenant-Particulier audit Bailliage, & Guillaume Chaillon, qui ordonne qu'il ſera paſſé outre en la Cour au jugement du procès d'entre les ſupplians & Jacques Hanappier & conſorts, nonobſtant l'évocation obtenue par ledit Hanappier.

12 Décembre 1592, Comp. tome 15, fol. 512, V°.

Lettres-Patentes, portant défenſes aux Parlemens de Tours & Bordeaux de paſſer au jugement du procès d'entre Meſſire François de la Rochefoucault, Baron de Montendre & Montguyon, & ſon épouſe, leſdites lettres & requêtes de préſentation ſont données au Procureur-Général.

19 Mars 1593, Comp. tome 16, fol. 208, R°.

Lettres-Patentes d'interdiction à la Cour, de la connoiſſance des faits arrivés entre les ſieurs de Lordieres & Boiſplaiſant ſon fils défunt, & de défunt Geliniévre & autres, déclarant leſdits faits être militaires, en attribuant la connoiſſance aux Maréchaux de France. La Cour donne leſdites lettres & la requête de préſentation au Procureur-Général.

26 Juin 1593, Comp. tome 16, fol. 231, V°.

Lettres-Patentes présentées à la Cour, & données au Procureur-Général, pour bailler ses conclusions, contenant interdiction de la connoissance des différens d'entre Isabeau de Saint-Maure, Dame de Joussac, Geoffroy de S. Maure, de Mornac, & François de Polignac, sieur de Fontaine d'une part, & Jacques de Cognac d'autre, pour raison du divorce d'entre ledit de Cognac & la demoiselle Joussac sa femme.

18 Janvier 1594, Comp. tome 16, fol. 257, R°.

Des Particuliers se plaignent des lettres d'évocation obtenues sur la sollicitation des Ducs de Mayenne & Maréchal de la Chartres, pour leur partie adverse qui a succombé en première instance aux requêtes du Palais. La Cour défend au Greffier des Requêtes de porter le procès au Conseil ni ailleurs qu'en la Cour, & à tous Huissiers de l'y contraindre, à peine de prison, & arrêté des remontrances sur les lettres.

16 Juillet 1596, Comp. tome 17, fol. 76, R°.

Lettres d'évocation obtenues par l'Archevêque de Bourges sont communiquées au Procureur-Général.

Autre évocation portant défenses à tous Juges de connoître des lettres de rétablissement du sieur Sens en l'Office de Receveur & Payeur de la Cour, communiquées au Procureur-Général.

5 & 15 Janvier 1593, tome 21, fol. 338 & 345, R°.

Arrêt portant défenses au Greffier des Requêtes du Palais de porter les procès d'entre le sieur Colhereau, & le sieur Honappier & consors, appelants desdites Requêtes du Palais au Conseil, suivant l'évocation obtenue par les Ducs de Mayenne & Maréchal de la Chartres, à tous Huissiers de l'y contraindre. La Cour lui permettant de les faire constituer prisonniers, & ordonne remontrances sur le contenu desdites lettres.

23 Août 1596, Supp. tome 3, fol. 72, V°.

La Cour ordonne un soit montré au Procureur Général sur les Lettres-Patentes d'évocation des instances pendantes en la Cour entre Magdeleine de Saint-André, veuve du sieur Leclerc, & Me Etienne de Fleury, Conseiller.

9 Janvier 1598, Comp. tome 17, fol. 197, R°.

La Cour, eu égard à la requête du sieur Flamand, Commissaire au Châtelet, le décharge de l'assignation à lui donnée au Conseil-Privé, à la requête du sieur Paré, sur l'appel en la Cour, de l'exécution faite en ses biens, pour les arrérages de six vingts écus de rente, en vertu d'un contrat dont la connoissance ne peut appartenir qu'à la Cour, avec défenses de faire poursuites ailleurs.

9 Janvier 1598, tome 20, fol. 746, V°.

Une instance pendante aux Requêtes de l'Hôtel, entre un nommé le Mercier & la veuve & enfans d'un Secrétaire du Roi, pour raison dudit office, est envoyée au *Conseil*, à la requête dudit le Mercier. La veuve présente la sienne à la Cour, & demande qu'il soit fait défenses au Greffier des Requêtes de l'Hôtel de porter au Greffe du Conseil les faits de ladite instance ; là être déchargée de ladite assignation à elle donnée au Conseil, ce qui est ordonné.

15 Septembre 1599, Réglement 22, folio 666, V°.

Défenses au Lieutenant-Général de Touraine de répondre au Grand-Conseil qui veut connoître d'un appel comme d'abus, & qui avoit décrété d'ajournement personnel contre & tous Huissiers ès Sergens d'exécuter ce jugement.

17 Juillet 1604, Tables des registres du Parlement, lettre E.

Arrêt rendu sur la requête du Procureur-Général de la Maréchaussée, qui décharge ledit suppliant de l'assignation à lui donnée le 24 Février dernier, de l'évocation au Conseil du Roi de certaine instance pendante en la Cour, entre le suppliant, demandeur en la cassation de procédures & révocation d'attentats, & au préjudice des Arrêts desdites Cours, donnés entre lui & le sieur de Chaumont, se disant pourvu, par résignation, d'un prétendu office de Contrôleur de ladite Maréchaussée ; défend de poursuivre ailleurs qu'en la Cour, & ordonne en outre que défenses portées par arrêt du 22 Janvier seront réitérées.

12 Mars 1612, Tom. 12, fol. 589, R°.

Sur le renvoi demandé pardevant les Juges ordinaires de la poursuite faite au Conseil, touchant la résignation de l'office de trésorier des parties casuelles, & renvoyée audit Conſeil pardevant leſdits Maîtres des Requêtes pour juger ſouverainement, ordonné que ſur l'appel de rétention de la cauſe par eux faite, les parties auront audience, & cependant défenſes.

22 Août 1612, Regiſtre du Parlement.

Nonobſtant l'évocation & défenſes faites au Parlement de connoître d'un appel comme d'abus, audience donnée aux parties, & défenſes de ſe pourvoir ailleurs.

14 Décembre 1629.

La Cour, ſans s'arrêter à une lettre d'évocation d'une cauſe de la Grand'Chambre, ſur les parentés de l'Evêque de Beauvais, c'étoit contre ſon Chapitre, qui avoit formé oppoſition à la vérification de certaines lettres-patentes obtenues par ledit Evêque, ordonne qu'il ſera procédé au jugement dudit procès en la Grand'Chambre, ſauf à récuſer les Pairs, ne pouvant être traité ailleurs.

8 Avril 1628, tom. 24, fol. 205, V°.

La Cour fait droit ſur la requête des parties, ordonne que l'arrêt du procès jugé le 7 de ce mois du matin, ſera délivré aux parties, auxquelles ſignification avoit été faite ledit jour de l'évocation dudit procès.

14 Décembre 1644, tom. 27, fol. 714, V°.

Chambres aſſemblées, examen deſdites requêtes, arrêts & autres piéces concernant les évocations extraordinaires contre les Ordonnances arrêtées, & les Arrêts & Ordonnances de la Cour, cependant exécutées avec défenſes d'y contrevenir.

24 & 31 Juillet 1647, Tables des regiſtres du Parlement, lettre E.

La Cour ordonne des remontrances contre les entrepriſes des Maîtres des Requêtes, & arrête que ceux qui auront donné quelqu'arrêt & fait des procédures contraires aux ordonnances, arrêts & réglemens, seront mandés en la Cour, les Chambres aſſemblées, pour en rendre raiſon & y être pourvu ainſi qu'il appartiendra ; défenſes aux Avocats & Procureurs de plaider devant les Maîtres des Requêtes ès matieres qui ne ſont de leur compétence, à peine d'interdiction. Les Gens du Roi prieront M. le Chancelier de renvoyer au Parlement les inſtances pendantes au Conſeil : MM. de chaque Chambre, en cas de contravention, en donneront avis à la Grand'-Chambre pour y être pourvu.

18 Août 1656, tom. 32, fol. 174, R°., & Reg. du Parlement, tom. prem., fol. 15, V°.

L'arrêt du Conſeil fut préſenté au Parlement. Dès le lendemain 6 Août, ayant reçu une requête contre des Arrêts du Conſeil, oppoſés à ſes Arrêts, il admit cette requête, ne déféra pas aux Arrêts du Conſeil ; mais après avoir arrêté des remontrances, il ordonna que commiſſion ſeroit délivrée à la partie pour aſſigner en la Cour qui bon lui ſembleroit, & que cependant ſes Arrêts ſeroient exécutés avec itératives défenſes de faire pourſuite ailleurs qu'en la Cour.

6 Août 1661, Regiſtre du Parlement.

en même-temps des remontrances (86); il décrétoit les huissiers qui signifioient

---

(86) Le Roi ayant mandé qu'on lui portât les procès & informations qui étoient pendants au Parlement entre certains particuliers, la Cour, les Chambres assemblées, refusa & délibéra qu'on iroit à ce sujet parler à M. le Chancelier.

Premier Avril 1394, supp. fol. 79, R°.

Sur l'évocation d'un procès au Grand-Conseil, ordonné de procéder par la Cour au jugement dudit procès, & d'écrire au Roi & au Chancelier avant la prononciation de l'arrêt, que copie collationnée de l'évocation sera mise au procès, & l'original rendu à celui qui évoque.

23 Janvier 1481, Tables des registres du Parlement, lettres E.

Sur présentation des lettres d'évocation par M. Geoffroy Brisset au Roi & à son Grand-Conseil, d'un procès qu'il a pendant en la Cour; après qu'il a affirmé ne les avoir fait exécuter, ordonné qu'elles demeureront vers la Cour qui en écrira au Roi, & défenses audit Brisset de s'en entremettre, sur peine de prison.

8 Février 1486, Tables des registres du Parlement, lettre E.

La Cour fait défenses, à peine de prison, de poursuivre l'exécution des lettres d'évocation d'une cause pendante en la Cour; pour ces évocations, ceux qui les avoient obtenues, ceux même qui les avoient

---

raison d'une des pensions de la cure de saint Paul d'Orléans, sur lesquelles & le *duplicata* d'icelles la Cour écrira au Roi.

16 Février 1486, tome 7, fol. 502, R°.

La Cour n'obtempere aux lettres d'évocation des procès pendans en icelle, pour raison de l'Evêché de Sées, dont elle récrira au Roi, en procédant néanmoins au jugement des défauts obtenus par le Procureur du Roi.

Premier Décemb. 1486, tom. 7, fol. 495, V°.

La Cour ordonne des remontrances sur les évocations, & ne veut pour le présent publier l'édit des élections des Lieutenans des Sénéchaux & Sénéchaux, les défenses requises par le Procureur-Général sur la requête du sieur de Saint-Jullien, contre les Religieux de l'Abbaye d'Aubespierre, seront faites.

22 Mars 1510, tom. 8, fol. 195, V°.

Sur le requisitoire des Gens du Roi, Ordonnance pour juger des procès en la Cour évoqués contre l'ordonnance, & que remontrances seront faites au Roi de l'inconvénient qui en vient.

30 Juillet 1513, Tables des Registres du Parlement, lettre E.

La Cour procédera au jugement de plusieurs procès nonobstant qu'ils soient évoqués, & remontrera au Roi l'inconvénient qui vient desdites évocations.

30 Juillet 1513, Tome 8, folio 251, R°.

La Cour ordonne des remontrances sur les lettres d'évocation auxquelles elle n'obtempere, & cependant surseoit la délivrance des défauts requis par le sieur Dannet.

9 Février 1518, Tome 8, folio 438, V°.

Rétention arrêtée par la Cour au Greffe d'icelle pour en être faite remontrances au Roi & à son Conseil au temps opportun, de l'évocation du procès pendant en ladite Cour entre le Roi & ..... Fournier, impétrant, & Pierre de Saint-André, Avocat en icelle, renvoyée au Parlement de Rouen, & néanmoins attendu l'ordonnance formelle sur ce & plusieurs arrêts, il sera passé outre.

17 Novembre 1526, Tables des Registres du Parlement, lettre E.

Autres défenses à René Ragueau, M^e des Requêtes, d'exécuter l'ordonnance, jugement & autres provisions, donnés par le Grand-Conseil en sa faveur, contre le Greffier Civil de la Cour, qu'il n'en ait été ordonné par le Roi.

18 Août 1530, Tables des Registres du Parlement, lettre E.

Entérinement empêché par le Procureur-Général, jusqu'à qu'aucunes remontrances qu'il entend faire à la Cour, soient faites au Roi, de l'évocation obtenue par Pierre de la Vernade, Me des Requêtes, des procès pendans en la Cour entre lui & les habitans de Censieres, & le grand Prieur de France, & renvoi d'iceux par-devant les Commissaires y nommés.

25 Avril 1531, Tables des Registres du Parlement, Lettre E.

Le Procureur-Général empêche l'entérinement des lettres d'évocation d'un procès, jusqu'à ce que remontrances eussent été faites au Roi.

15 Avril 1531, add. tom. 3, fol. 526, V°.

Lettres d'évocation d'un procès entre le Seigneur de Nantouillet & le Procureur-Général; Les Gens du Roi requierent que la Cour fasse des remontrances au Roi, & cependant surseoir à la matiere.

29 Avril 1536, add. tom. 4, fol. 165, V°.

Sur les lettres d'évocation & renvoi au Grand-Conseil de certain incident pendant en la Cour, sur les causes de récusation proposées par le Baron de Thouart, impétrant, contre Me Louis Allegrin, Conseiller en la Cour, pour donner nouveau delai audit impénétrant pour informer desdites récusations, & juger ledit incident, ou sinon sur ce donner avis audit Seigneur pour ce fait être pourvu à l'évocation du procès principal pendant en la Cour. La Cour a ordonné que lesdites lettres demeureroient au Greffe d'icelle, & que défenses seront faites à l'Huissier Sergent ordinaire aux requêtes de l'hôtel, qui a présenté lesdites lettres, d'en faire aucun rapport & exploit sur peine de 500 liv. d'amende & de prison, jusqu'à ce qu'autrement par la Cour soit ordonné, & néanmoins pour la conséquence & ouverture périlleuse en seroit fait remontrances au Roi par un Conseiller de la Cour à ce députe, & a enjoint audit Allegrin, pour ce mandé, de se retirer devers le Roi, & lui demander justice & réparation contre ledit de Bellay, Baron de Thouars.

3 Juillet 1551, comp. tom. 4, fol. 298, V°.

La Cour ordonne des remontrances au Roi & au Conseil-Privé sur les évocations, & que les registres des eaux & forêts seront apportés à la Cour, & seront les lettres d'un Président des Comptes retenues au Greffe.

21 Juin 1553, tom. 12, fol. 645, R°.

Les Gens du Roi ont requis la rétention des lettres d'évocation pour en faire remontrances au Roi, ce qui a été ordonné.

28 Mars 1554, comp. tom 6, fol. 90, R°.

Les Gens du Roi ont requis que des lettres d'évocation fussent retenues au Greffe de la Cour pour en faire remontrances au Roi.

18 Mai 1554, add. 6, fol. 299 V°.

A été arrêté que des lettres d'évocation présentées à la Cour de la part des Juges Présidiaux de Senlis, seront retenues au Greffe de la Cour, & remontrances faites au Roi.

18 Juillet 1554, comp. tom. 5, fol. 316, R°.

Les Gens du Roi ont requis que des lettres d'évocation soient retenues au Greffe de la Cour, pour faire remontrances au Roi.

8 Août 1554, comp. tom. 5, fol. 322, V°.

Les Gens du Roi ont requis que des lettres

d'évocation fussent retenues au Greffe pour faire remontrances au Roi.

11 Septembre 1554, comp. tom. 5, fol. 336, V°.

Le Procureur-Général a requis que des lettres d'évocation fussent gardées pour être faites remontrances au Roi.

5 Octobre 1554, comp. tom. 5, fol. 351, R°.

Remontrances des Gens du Roi à la Cour, au sujet des lettres d'évocation, à quoi leur a été répondu, quant à l'évocation de Me Jacques de Rennes, qu'ils fissent exécuter l'arrêt de prise-de-corps, & néanmoins qu'ils parleroient au Roi de ladite évocation avec les autres.

19 Octobre 1554, comp. tom. 5, fol. 355, V°.

Les Gens du Roi ont requis des lettres d'évocation être retenues pour faire remontrances au Roi.

10 Novembre 1554, comp. tom. 5, folio 368, R°.

Les Gens du Roi ont requis que des lettres d'évocation en la Cour, des Lettres-Patentes adressées au Parlement de Rouen fussent retenues en la Cour, pour en faire remontrances au Roi pour la conséquence, parce que ce sera une ouverture que quand la Cour ne voudra procéder à la publication des Lettres-Patentes, ou que le Procureur-Général empêchera, l'on aura une évocation de l'instance, & la renverra en autre Parlement, pour procéder à la publication.

20 Novembre 1554, comp. tom. 5, folio 369, V°.

Les Gens du Roi ont requis que des lettres d'évocation fussent retenues pour faire remontrances au Roi.

27 Novembre 1554, comp. tom. 5, folio 382 R°.

Les Gens du Roi ont requis que des lettres d'évocation fussent retenues pour faire remontrances au Roi.

4 & 20 Décembre 1554, comp. tom. 5, fol. 386, R° 393, V°.

Les Gens du Roi concluent aux remontrances sur les lettres de mandement au premier Huissier ou Sergent faire commandement au Greffier d'apporter au Conseil-Privé les informations & procès faits aux dénommés en icelles, & cependant défenses sont faites à la Cour d'en connoître. Ils concluent aussi à la rétention desdites lettres au Greffe.

2 Août 1555, comp. tom. 6, fol. 230, V°, tom. 13, fol. 275, R°.

Ils ont requis la rétention des lettres d'évocation pour être faites remontrances.

20 Août 1555, comp. tom. 6, fol. 236, V°.

Ils ont requis la rétention des lettres d'évocation.

15 Novembre 1555, comp. tom. 6, folio 286, R°.

Ils ont requis la rétention au Greffe des lettres d'évocation.

13 Juin 1556, comp. tom. 6, fol. 441, V°.

A été arrêté qu'elles seront faites au Roi sur les deux lettres d'évocation, dont les Gens du Roi ont requis la rétention le 13 de ce mois.

18 Juin 1556, comp. tom. 6, fol. 444, V°.

Ils ont requis la rétention des lettres d'évocation 27 Juin 1556.

Comp. tom. 6, fol. 446, V°.

La Cour, sur le requisitoire des Gens du Roi, retient au Greffe les lettres d'évocation & attribution d'un procès au Prévôt des Maréchaux du Maine pour en faire remontrances au Roi.

27 Août 1556, comp. tom. 7, fol. 33., V°.

La Cour, suivant les conclusions du Procureur-Général, retient les lettres d'évocation du procès d'injures & d'honneur d'entre la veuve du sieur de Gyé, & le bâtard de Sancerre, nommé de Beuil, & ordonne remontrances sur icelles.

15 Novembre 1560 comp. tom. 8, folio 101, V°.

La Cour ordonne remontrances au Roi, en temps opportun, sur l'évocation d'un procès; & néanmoins attendu l'ordonnance formelle & plusieurs arrêts sur ce, qu'il sera passé outre.

27 Novembre 1562, Registre du Parlement.

Conclusions des Gens du Roi sur deux lettres d'évocation à ce qu'elles soient retenues au Greffe, que remontrances en soient faites, & néanmoins passé outre les premieres évocations au procès d'entre Roger Fournier, & Pierre de Saint-André, Avocat en la Cour, & renvoie au Parlement de Rouen les autres d'interdiction à la Cour & à la Chambre du Trésor, de connoître de l'appel interjeté de la sentence du Prévôt de l'Hôtel, contre François Larcher, & de l'exécution dudit jugement.

27 Novembre 1562, comp. tom. 8, folio 503, V°.

La Cour ordonne des remontrances sur des lettres d'évocation contre l'Evêque & Comte de Noyon, & les retient au Greffe.

20 Mars 1563, add. tom. 7 fol. 524.

La Cour ordonne des remontrances sur l'évocation au procès criminel du sieur Martelliere, Lieutenant-Général du bailliage du Perche, & complices; & cependant jusqu'à ce que par le Roi, Parties ouïes, autrement en ait été ordonné, les choses demeureront en l'état qu'elles sont.

23 Mars 1564, comp. tom. 9, fol. 202, R°.

Sur la requête de Simon Poncet & consors, afin de leur rendre lesdites lettres, la Cour arrête qu'elles seront retenues & remontrances faites au Roi en temps & lieu.

16 Juin 1564, comp. tom. 9, fol. 48, V°.

Arrêté que les lettres d'évocation obtenues par Perrette Henri, contre Jean Dauger, Evêque de Noyon, seront retenues pour en faire remontrances au Roi ès temps & lieux.

4 Septembre 1564, comp. tom. 9, fol. 90, V°.

Ordonne que, suivant la délibération précédente, remontrances seront faites au Roi, & cependant sans préjudice de l'instance d'évocation obtenue par les sieurs Turpin & Garrault, Conseillers au Parlement de Bretagne, défenses auxdites Parties de poursuivre le Greffier Criminel pour raison de ladite évocation, ni mettre à exécution aucun compulsoire dudit Parlement ou d'ailleurs, sans permission de la Cour, à peine de prison.

27 Octobre 1564, tom. 16, fol. 410, V°, comp. tom. 9, fol. 119, V°.

La Cour retient les lettres d'évocation obtenues par les Juge-Consuls de Paris, & ordonne que copies en seront envoyées au premier Président, pour en faire remontrances au Roi, en faisant celles ordonnées pour même sujet.

9 Janvier 1565, supp. tom. 2, fol. 261, V°.

La Cour ordonne des remontrances sur les lettres-patentes du 7 de ce mois, par lesquelles le Roi évoque à lui le procès pour mariage de la Comtesse de Vignory de Lenoncourt, nonobstant ses lettres-patentes de renvoi en la Cour, qu'il révoque, & cependant a arrêté que les défenses portées par l'arrêt du 27 Février dernier, sortiront, ladite Demoiselle de Lenoncourt restant en la garde de la Duchesse de Guise, *Quousque*.

18 Avril 1572, add. tom. 8, fol. 497, V°.

La Cour ordonne des remontrances sur les évocations, & retient les lettres obtenues par les Sergens de Montdidier, & celles obtenues par Frere Hardoin, se disant Prieur de Saint Julien-le-Pauvre à Paris.

27 Juillet 1574, & 12 Février 1577, add. tom. 9, fol. 96, R°, & 407, R°.

Les Gens du Roi requierent des remontrances sur les lettres d'évocation impétrées par Pierre Bazin, Avocat à Pontoise, à l'encontre de Pierre Vernier, & avant néanmoins que le congé obtenu par ledit Vernier & consors, soit sursis jusqu'à ce que lesdites remontrances aient été faites.

6 Septembre 1574, comp. tom. 11, folio 419, V°.

Arrêté remontrances être faites sur des lettres d'évocation au sujet du différent des Marchands de Marée de cette Ville, pour un appel par eux interjeté des généraux des monnoies, attendu la conséquence desdites lettres contenant, entr'autres clauses, mandement au Commissaire du Châtelet, Capitaine de Quartier, Lieutenant & Enseigne, tenir main forte en ce qui touche l'honneur de la Cour, & en sera parlé au Chancelier.

11 Mai 1575, comp. tom. 11, fol. 496, V°.

La Cour procédera au jugement d'un procès entre l'Evêque d'Amiens, & Frere Barton, touchant le Prieuré de Cluys, & avant la prononciation de l'arrêt, la Cour écrira au Roi & au Chancelier au sujet des lettres d'évocation dudit procès.

23 Janvier 1581, tom. 7, fol. 26, V°.

Arrêt sur la requête de Jean Paillard, sieur

signées, ou qui vouloient les faire exécutes (87) (88).

---

de Goupillieres, qui fait itératives défenses à François Fontaine, Valet de Garde-robe du Roi, & Denis Ninetry, son serviteur, de poursuivre ce dont est question, entre les Parties ailleurs qu'en la Cour, & arrêté que les Gens du Roi feront remontrances sur la conséquence des lettres d'évocation au Conseil d'Etat, obtenues par lesdits Fontaine & Ninetry.

1 Août 1583, comp. tom. 13, fol. 418.

La Cour ordonne des remontrances sur les évocations, & défend à un Conseiller de paroître au Grand-Conseil en vertu de la signification qui lui avoit été donnée.

5 Août 1587, tom. 19, fol. 450, Ro.

Sur la plainte d'un Procureur, assisté des Procureurs de Communauté, qu'ayant obtenu plusieurs arrêts contradictoires pour être réglés sur une taxe de dépens, il auroit été rendu le 26 Juillet dernier au Conseil un arrêt portant évocation de tous les différens pendans au Parlement de Paris, renvoi d'iceux en celui de Rouen, ladite évocation fondée sur des faits faux & injurieux à la Cour. Arrêt qui ordonne au Procureur-Général de porter présentement sa plainte au Chancelier contre ledit arrêt.

3 Août 1667, tom. 41, fol. 149, Vo.

(87) Un Sergent du Châtelet est emprisonné pour avoir signifié des lettres d'évocation par-

Il suivoit la même marche pour toutes les commissions qui n'étoient

---

devant le Roi, au sujet du différent entre les Huissiers du Parlement & ceux des Requêtes, auxquels défenses sont faites de poursuivre ladite évocation.

30 Mars 1443, tome 6, fol. 98, V°.

La Cour reprend un Sergent d'avoir voulu, contre les Ordonnances de la Cour, exécuter des lettres d'évocation touchant l'interprétation d'un Arrêt; & sur ce qu'il s'est excusé, la Cour lui a fait itératives défenses.

21 Juillet 1472, tome 6, folio 307, V°.

Sur lettres d'évocation présentées par un Huissier du Parlement de Bordeaux, d'entre Georges d'Amboise, pro-Notaire du Pape, & François Hallé, 2 t. pour raison de l'Archevêché de Narbonne, plaidoyer y inséré de Michon, Avocat dudit Hallé, & réquisition du Procureur du Roi, parlant l'Avocat du Roi Thibault, tendant à rétention de la connoissance, déclare l'exploit abusif, défendre à l'Huissier de bailler relation, & arrêté prisonnier jusqu'à ce qu'il ait révoqué l'exploit & appointé au Conseil.

15 Mars 1483, tables des Registres du Parlement, lettre E.

La Cour fait défenses à un Sergent des Requêtes de l'Hôtel de donner aucun exploit en vertu de certaines lettres d'évocation, à peine de privation de son office; défenses de sortir de

point

Paris *quo usque*, & injonction d'apporter dans le jour les lettres missives du Roi, qu'il dit être chargé de porter en Picardie, ensemble le double desdites lettres d'évocation.

14 Décembre 1484, tom. 7, fol. 243, R°.

Sur présentation d'une évocation par un Huissier des Requêtes de l'Hôtel, pour raison d'un procès d'un office de Maître des Requêtes, & soit exécuté, étant mandé qu'il étoit chargé de porter des missives du Roi en Picardie, défenses lui ont été faites sur peine de privation, qu'il ne baille aucun exploit, & de tenir la ville pour prison, avec injonction de porter les lettres missives du Roi pour en voir la souscription.

14 Décembre 1484, Tables des Règistres du Parlement, lettre E.

Elargissement d'un Sergent d'armes, constitué prisonnier pour avoir voulu mettre à exécution les lettres d'évocation du procès d'entre le sieur de Montboissier, Conseiller, & Protonotaire de Bourbon, pour raison de l'Evêché de Clermont, avec défenses de mettre à exécution lesdites lettres sous les peines portées aux Ordonnances, avec injonction de les remettre aux gens du Roi & à la Cour, les lettres missives du Roi adressantes à elle.

13 Mars 1488, Supplément, tom. 1, fol. 338, V°.

Défenses à un Huissier d'armes du Roi de poursuivre l'exécution des lettres d'évocation du procès, pendant en la Cour entre les Elus & Chapitre de Toulouse, & Hector de Bourbon,

16 Février 1491, tom. 7, fol. 605, V°.

Décret de prise-de-corps contre un Huissier pour idem . . . . . .

13 Juin 1491, Tables des Registres du Parlement, lettre E.

Un Huissier du Grand-Conseil est arrêté pour avoir signifié des Lettres d'évocation.

8 Mars 1496, tom. 7, fol. 748, R°.

Elargissement de l'Huissier qui a signifié l'évocation du procès d'entre les Secrétaires du Roi & l'Audiencier, pour la partition de leurs bourses, à la charge de faire révoquer l'exploit de ladite évocation.

1 Avril 1496, tom. 7, fol. 753, V°.

Défenses à un Huissier du Grand-Conseil de faire aucune exécution en vertu des lettres d'évocation d'un procès pendant ès requêtes du Palais, dévolu en la Cour par appel & remontrances au Roi.

19 Mai 1500, Suppl. tom. 8, fol. 21, V°.

La Cour mande ledit Huissier, auquel après plusieurs remontrances elle réitere lesdites défenses, de même que celle d'un nommé Boleau & Lassy.

21 Mai 1500, Supp. tom. 2, fol. 1, R°.

Défenses à un Huissier du Grand-Conseil de faire aucune exécution des lettres d'évocation de tous les procès concernant l'Evêché de Rodez, jusqu'à ce que les gens du Roi aient été ouis sur ladite évocation, à l'enterrinement desquelles ils s'opposerent le lendemain.

31 Mars 1501, Suppl. tom. 2, fol. 6, R°.

Défenses à un Huissier du Grand-Conseil, à peine de 500 p. de faire aucune exécution des lettres d'évocation touchant l'office de Lieutenant de Niort, & de sortir de Paris *quo usque*.

3 Avril 1508, tom. 8, fol. 184, V°.

Un Sergent du Châtelet est emprisonné pour avoir signifié des lettres d'évocation d'un procès renvoyé par la Cour aux Maîtres des Requêtes de l'hôtel, la partie tenue pour bien relevée de son appel interjeté de ladite signification pour ce qu'il a fait ses diligences d'avoir son relief en Chancellerie.

3 Février 1510, Suppl. tom. 2, fol. 44, V°.

Défenses à un Huissier, arrêté dans Paris jusqu'à ce qu'il ait donné caution de ne faire aucune exécution des lettres d'évocation touchant le différent d'entre le Cardinal de Page & le sieur de Quedilbac.

15 Février 1510, tom. 8, fol. 191, R°.

Défenses à un Huissier, sous peine de prison & de 100 marcs d'argent, de mettre à exécution les lettres d'évocation du procès pour l'office de Lieutenant Particulier du Sénéchal de Poitou.

13 Décembre 1510, Suppl. tom. 2, fol. 44, R°.

La Cour n'a obtempéré aux lettres d'évocation, & a fait défenses à l'Huissier de les exécuter sous peine de prison, & l'a même arrêté par cette ville jusqu'à ce qu'il ait donné caution de ne les exécuter.

15, 17 Février, & 24 Mai 1511, Tables des registres du Parlement, lettre E.

Le Sergent à Verge au Châtelet, qui a signifié les lettres d'évocation d'un procès renvoyé par la Cour aux Maîtres des Requêtes de l'hôtel, sera arrêté prisonnier jusqu'à ce qu'il ait donné caution de n'exécuter lesdites lettres, défenses aux parties de s'en aider, à peine de perte de cause & de 100 marcs d'argent, & sera faite information contre celui qui a impétré & poursuivi ladite évocation.

24 Mai 1511, Add. tom. 1, fol. 500, R°.

L'Huissier qui a signifié les lettres d'évocation du procès touchant l'Evêché d'Arras, sera arrêté prisonnier jusqu'à ce qu'il ait donné caution de n'exécuter lesdites lettres; défenses aux parties *hinc indè* de s'en aider, ni de poursuivre ledit procès ailleurs qu'en la Cour, à peine de perte de cause & de 100 marcs d'or.

24 Mai 1511, tom. 8, fol. 203, R°.

Défenses à un Huissier du Grand-Conseil de mettre à exécution les lettres d'évocation octroyées à Magnelez le 9 Octobre dernier, touchant l'Abbaye de S. Saulac de Montreuil-sur-mer.

26 Janvier 1513, Comp. tom. 1, fol. 108, V°.

Un Huissier est arrêté prisonnier jusqu'à ce qu'il ait donné caution de ne faire aucun exploit des lettres d'évocation touchant ladite Abbaye.

Premier Février 1513, Suppl. tom. 2, fol. 53, R°.

Défenses à un Huissier de mettre à exécution des lettres d'évocation touchant les francs fiefs, à peine de prison & de mille liv. p.

30 Mars 1517, add. tom. 1, fol. 247, R°.

Défenses à un Huissier de mettre à exécution, à peine de prison & de cinquante marcs d'argent, les lettres d'évocation d'une cause d'appel d'entre un Religieux & l'Abbé de la Couture ; & le lendemain les gens du Roi ont requis défenses être faites audit Abbé d'en faire la poursuite.

16 Novemb. 1518, add. tom. 1, fol. 286, R°.

La Cour mande le Prévôt de Paris sur ce qu'il avoit donné permission d'exécuter une évocation & Ordonnance, que l'Huissier qui a présenté lesdites lettres, sera mis prisonnier chez un Huissier de la Cour jusqu'à ce qu'il ait donné caution de cinq cents liv. p. de ne les exécuter ; le lendemain ledit Prévôt s'excusa sur ce que l'Huissier lui avoit dit que la Cour avoit obtempéré à ladite évocation : la Cour ne reçoit son excuse ; cependant ne veut procéder contre lui pour cette fois, parce qu'il a été trouvé sans faute jusqu'ici.

5 Février 1520, tom. 8, fol. 476, V°.

Défenses à un Huissier, à peine de mille livres d'amende & de prison, de mettre à exécution des lettres d'évocation touchant les francs-fiefs.

11 Mars 1518, tom 8, fol. 439, V°.

Défenses à des Huissiers, à peine de prison

& d'amende, de mettre à exécution des lettres d'évocation.

17 & 18 Avril 1519, Add. tom. 1, fol. 501, R° & V°.

Défenses à un Huissier de mettre à exécution des lettres d'évocation d'une cause d'appel en la Cour, au sujet de l'institution faite par le Bailli de Senlis, du sieur Fournier, en l'office de Procureur du Roi au Siege de Pontoise.

28 Juillet 1519, Add. tom. 1, fol. 501, R°.

Le Procureur du Roi requiert que les Huissiers qui ont présenté deux lettres d'évocation, soient arrêtés jusqu'à ce qu'ils aient donné caution de cinq cents liv. p. de n'en faire aucune exécution.

18 Janvier 1520, Add. 1, fol. 501, V°.

Un Huissier est élargi sur la caution qu'il a donnée de n'exécuter des lettres d'évocation.

19 Février 1520, Add. tom. 1, fol. 502, R°.

Défenses à un Huissier, à peine de prison & de cinquante marcs d'argent, d'exécuter les lettres d'évocation octroyées par la Duchesse d'Angoulême, Régente, touchant l'Abbaye de Saint-Pierre de Corbie.

13 Novembre 1523, tom. 8, fol. 610, R°.

Les gens du Roi requierent défenses être faites à un Sergent d'exécuter des lettres d'évocation, à peine de prison & de cent marcs d'or; & aux parties, à peine de perte de cause.

18 Novembre 1523, Suppl. tom. 2, fol. 80, R°.

Défenses à un Huissier d'exécuter des lettres d'évocation octroyées par la Régente, sur un appel interjeté du Prévôt de l'hôtel, pour des moutons.

27 Novembre 1523, Suppl. tom. 2, fol. 80, R°.

La Cour défend à un Huissier de faire aucun exploit en vertu des lettres d'évocation impétrées par les Roi & Reine de Navarre, Duchesse d'Alençon.

2 Juillet 1527, Add. tom. 9, fol. 90, V°.

La Cour ordonne que commandement sera fait à un Sergent de comparoir en icelle, pour répondre sur ce qu'il avoit signifié des Lettres-Patentes, qui mandoient de prendre Charles d'Allegrain ès prisons du Châtelet, & l'amener sous bonne & sauve-garde à la suite du Roi, avec pouvoir d'amener prisonniers tous les contredisans, & que le Roi sera très-humblement supplié de permettre à la Cour d'enquérir à l'instance de qui lesdites lettres avoient été obtenues, & le Garde des Sceaux requis de dire qu'il a poursuivi du sceau desdites lettres. Défenses au Lieutenant du Prévôt de l'hôtel, & tous autres, d'exécuter lesdites Lettres-Patentes *quo usque*.

10 & 12 Avril 1556, tom. 13, fol. 538, R°, 539.

La Cour déboute l'impétrant de l'effet des Lettres-Patentes d'évocation au Conseil-privé, du procès pendant en la Cour, entre Me Georges Johannes, Procureur, appelant, & Gilbert Moussy, Sergent à Verge, défendre &

décreté d'ajournement personnel, le Secrétaire du Roi qui les a faites.

31 Juillet 1573, Comp. tom. 11, fol. 172.

Arrêt qui condamne Jean Robin, Huissier Royal, prisonnier à la Conciergerie du Palais, à deux cents livres d'amende envers les prisonniers, pour avoir signifié à la Cour des Lettres-patentes obtenues par Georges Monthoron, portant défenses à ladite Cour de connoître du différent y mentionné, avec défenses à l'avenir de faire pareilles significations sur peine de punition corporelle, & privation de son état.

12 Juin 1591, Comp. tom. 16, fol. 98, V°.

Un Sergent sera amené à la Conciergerie pour avoir baillé à un Conseiller des lettres de défenses à la Cour de connoître des oppositions y mentionnées.

6 Juin 1591, tom. 21, fol. 179, V°.

La Cour décrete de prise-de-corps un Huissier qui avoit signifié un arrêt du Conseil, & une Commission obtenue par des Marchands de Tours, pour évoquer de la Cour un procès qui y étoit pendant.

9 Décembre 1595, Comp. tom. 17, folio 6, R°.

Le Procureur-Général parle des évocations. La Cour ordonne que la Partie qui avoit obtenu des lettres d'évocation sera assignée, & cependant que deux Huissiers demeureront en sa maison en garnison, jusqu'à ce qu'elle ait comparu, &c., & seront les arrêts donnés pour l'assurance des 2000 écus légués aux pauvres, exécutés selon leur teneur, & passé outre au bail à ferme des héritages de la succession dudit feu Millou, les Gens du Roi requéroient que pour les mots injurieux contenus en ladite évocation, elle fût condamnée en 2000 écus d'amende.

26 Janvier 1596, tom. 20, fol. 424, R°.

La Cour décrete de prise-de-corps un Huissier qui avoit signifié en la maison d'un Conseiller les lettres d'évocation d'un procès duquel il étoit Rapporteur.

11 Avril 1597, tom. 20, fol. 640, R°.

(88) Charles de la Vernade, Me des Requêtes, mandé & oui sur la présentation par lui faite d'une évocation touchant l'Evêché de Luçon, avec missives du Roi adressées à la Cour, défenses de n'en bailler certification ni procès-verbal, & le 13 ordonné d'écrire au Roi qu'elle ne doit être faite.

8 Juin 1481, Tables des Registres du Parlement, lettre E.

Decret d'ajournement personnel contre Charles de Bourbon, nommé à l'Evêché de Clermont, & l'Huissier d'armes qui a donné l'exploit desdites lettres d'évocation & de prise-de-corps contre l'Huissier qui a ajourné Claude Chauvreux, Conseiller en la Cour, à comparoir en personne au Grand-Conseil.

4 Juillet 1489, Supp. tom. 1, fol. 342, V°.

Lecture des ordonnances, après laquelle les Gens du Roi, & à leur réquisition a été ordonné que l'Evêque de Paris comparoîtra en personne pour répondre sur des lettres d'évocation qu'il avoit obtenues, & l'Huissier arrêté jusqu'à ce qu'il ait donné caution de ne les exécuter.

13 Novembre 1521, tom. 8, fol. 495, Vo.

Decret d'assigné pour être oui contre ledit Evêque sur ladite évocation.

14 Novembre, 1521, Comp., tom. 1, fol. 213, Ro.

Jean Fumée, Me des Requêtes auquel avoit été ordonné porter les sacs de ce procès, mandé, lui a été faites remontrances y contenues, afin de l'en faire entendre au Conseil, & cependant défenses d'user de contraintes contre ledit Greffier.

17 Juin 1529, Tables des Registres du Parlement, lettre E.

Les défenses réitérées par la Cour au regard dudit Greffier.

29 Juin 1529, Tables des Registres du Parlement, lettre E.

Me François Jacquelot, Procureur de la Dame de Nevers, mandé & interrogé sur certaine copie de lettres d'évocation, a dit que lesdites lettres n'avoient point été signifiées, & que ladite Dame vouloit être jugée en la Cour.

2 Mars 1542, Comp., tom. 8, fol. 287, Ro.

Sur lettres d'*évocation* obtenues par le sieur d'Hacqueville, Conseiller en la Cour, & réfident aux Requêtes, ordonné qu'il sera mandé pour être oui.

5 Mars 1557, Tables des Registres du Parlement, lettre E.

Sur missives du Roi pour le renvoi en son Conseil d'un procès entre un Prévôt, un Lieutenant de la Connétablie, touchant leurs charges, & un fait de la Gendarmerie, les Gens du Roi ont requis que le Connétable soit oui par Conseil, & qu'il n'est pas raisonnable qu'un procès soit évoqué sur missives contre l'ordonnance.

22 Août 1567, Tables des Registres du Parlement, lettre E.

Nota. Il y en a une mentionnée le même jour.

Refus d'obéir à celle pour le procès & instances d'entre les Parties y nommées, en déboutent l'impétrant de l'effet d'icelle avec condamnation aux dépens de l'instance & ajournement personnel contre le Secrétaire du Roi qui l'a signée.

31 Juillet 1573, Tables des Registres du Parlement, lettre E.

Arrêt qui ordonne que Jean de Vignes, grand Archidiacre en l'Eglise de Rouen, & Antoine Duprat, Abbé de Bonlieu, seront ouis demain matin sur les lettres d'évocation du différent d'entre eux, obtenues par ledit de Vigners.

13 Avril 1576, Comp. 12, fol. 41.

Jean Gigon, Huissier au Conseil, élargi

point enregistrées (89), & ne manquoit « pas de renouveller souvent, tantôt des

---

de prison où il avoit été mis pour avoir signifié à la Cour certaines Lettres-patentes d'évocation, avec défenses de faire pareilles significations à l'avenir, sur peine de punition corporelle, & cependant ordonne la Cour que Me Deserre, Maître des Requêtes, sera oui sur l'expédition desdites lettres.

11 Avril 1595, tom. 15, fol. 385, R°.

La Cour fait défenses à des Parties de procéder au Conseil en conséquence d'une évocation, à peine de nullité, & décrete d'ajournement personnel la Partie qui avoit obtenu ladite évocation.

1 Août 1596, Comp., tom. 17, fol. 80, R°.

Sur la plainte faite par le Procureur-Général de ce qu'au préjudice des arrêts portant défenses d'exécuter aucunes Commissions non vérifiées en la Cour, Lamy, Conseiller au siége Présidial & Sénéchaussée du Maine, auroit procédé à l'exécution de certaine Commission, assisté de ses parens qu'il a pris pour Procureur & Greffier, la Cour les décrete d'ajournement personnel.

31 Janvier 1597, Comp., tom 17, fol. 107, n°.

(89) Arrêt de réglement de la Cour de Parlement, qui fait défenses aux Maîtres des Requêtes & autres Officiers de mettre à exécution aucunes commissions, ni faire aucun acte

» défenses générales à tous Procureurs, 17 Nov. 1483.
» Avocats, solliciteurs de procès, de

de justice en vertu de lettres non-vérifiées au Parlement, à peine de 10000 livres d'amende & de suspension de leurs charges.

Aux Officiers des Bailliages, Sénéchaussées & Sieges Présidiaux, de reconnoître lesdits Commissaires, & de leur donner entrée en leurs sieges, ni les assister, à peine d'interdiction, & aux Huissiers d'exécuter leurs mandemens, à peine de nullité, & qui ordonne que l'arrêt sera lu & publié au Châtelet de Paris, auditoire des Requêtes de l'Hôtel & aux Bailliages & Sénéchaussées du Ressort.

15 Juillet 1626. Supplément.

Arrêt qui reçoit le Procureur-Général appelant tant de l'exécution d'une Commission non-vérifiée, octroyée à des Maîtres des Requêtes pour faire le procès à des particuliers prisonniers au Fort-l'Évêque, que des procédures faites en conséquence; ordonne que le Greffier de ladite commission apportera au Greffe de la Cour ladite Commission & procédures, & que lesdits prisonniers seront amenés en la Conciergerie, lesdits Greffiers & Geoliers à ce faire contraints par emprisonnement; défenses auxdits Maîtres des Requêtes & tous autres d'en connoître, à peine de nullité & de tous dépens & dommages.

15 Juillet 1626. Supp. t. 3, fol. 459, R°. *Vide* tome 10, chap. 6.

La Cour ordonne que le Greffier d'une Commission donnée à des Maîtres des Requêtes pour juger des prisonniers, sera contraint par corps à apporter les informations au Greffe d'icelle Cour. Rebellion au Fort-l'Evêque sur l'exécution dudit arrêt de la part des Maîtres des Requêtes qui s'opposent à la translation des prisonniers en la Conciergerie.

15 & 16 Juillet 1626. *Vide* Maîtres des Requêtes, tom. 10, chap. 6.
Supplément, tom. 3, fol. 459, R°.

Sur la Requête du Procureur-Général, la Cour fait défenses à tous Maîtres des Requêtes, Conseillers, Officiers & autres d'exécuter aucunes Commissions, ni faire aucun acte de Justice en vertu de lettres d'attribution de Jurisdiction pour quelque cause que ce soit, tant en matieres civiles que criminelles, qu'elles n'aient été vérifiées en ladite Cour, à peine de 10000 livres d'amende & de suspension de leur charge, avec défenses aux Officiers des Justices du ressort de ce Parlement de reconnoître lesdits Conseillers, leur donner entrée en leur Siege, ni les assister, à peine d'interdiction, jusqu'à ce que lesdites Commissions aient été vérifiées en la Cour.

15 Juillet 1626, tom. 19, fol. 405, V°.
Regist. du Parlement, Comp.

La Cour n'homologuera plus les contrats qui auront été faits en vertu des Commissions qui n'auront pas été vérifiées par icelle.

23 Mars 1598, tom. 20, fol. 774, n°.

Les Commissions extraordinaires seront révoquées, inconvénient sensible qui résulte des commissions. Les jugemens rendus par les Commissaires seront nuls, si lesdites commissions ne sont registrées en la Cour.

15 Novembre 1558, tom. 18, des Tables, chap. 18, art. 2, fol. 24 & 66, V°.

Les Chambres ayant été assemblées à la requisition des députés des Enquêtes & Requêtes sur l'Etablissement d'une Chambre au Louvre, composée de quinze Maîtres des Requêtes, pour juger d'une fausseté commise au Sceau par un Secrétaire du Roi, dont le Garde des Sceaux prétendoit la connoissance lui appartenir, & en donnoit des exemples; & la Cour au contraire de ce en donnoit aussi des preuves. La Cour a ordonné que le Roi & la Reine seront suppliés de vouloir envoyer à la Cour ladite Commission; & cependant que l'Ordonnance de Blois, art. 98 & 99, & la Déclaration de 1648, art. 14, seront exécutées, & défendu aux Maîtres des Requêtes d'exécuter ladite Commission, & à tous Officiers d'exécuter toutes autres Commissions extraordinaires, & de faire aucun exercice de Justice en vertu d'icelles, à peine d'interdiction, & ont été les Gens du Roi chargés de faire ladite supplication à fin de révocation.

Le Premier Président exagéra fort cette Commission, & dit qu'il falloit mettre toutes les peines comminatoires pour empêcher l'effet d'une Commission dangereuse, qui alloit à la ruine des hommes; qu'il y avoit appel de refus, lorsque le Chancelier refusoit de bailler lettres. Le Garde des Sceaux avoit fait présenter ladite Commission aux Requêtes de l'Hôtel pour y être registrée au préjudice de la parole qu'il avoit donnée de ne rien faire.

21 Janvier 1651, tome 30, fol. 408, V°; 9 & 10, R°.

Défenses à toutes personnes de se charger d'aucunes Commissions, si elles ne sont duement vérifiées en la Cour.

Ier, 2, 3 & 4 Juillet 1648, tome 28, fol. 600, &c.

Le Roi ayant nommé des Commissaires pour connoître de certaines causes bénéficiales, qui étoient de la compétence naturelle du Parlement, la Cour délibéra qu'elle continueroit de connoître de ces causes.

22 Juin 1412, tome 4, fol. 814, R°.

Si le Roi commet deux Conseillers pour connoître des procès de faux Monnoyeurs, la Cour ordonne que les lettres de Commission seront communiquées au Procureur-Général, & cependant sera fait défenses d'exécuter.

5 Avril 1548, tome 12, fol. 139, V°.

Les Gens du Roi empêchent les Lettres-patentes, par lesquelles le Roi évoque un procès, & le renvoie à un Président de la Cour, pour être jugé & terminé souverainement, avec neuf Conseillers, en une maison privée.

26 Juillet 1555, add. t. 6, fol. 119, R°.

Sur l'arrêt du 27 Février dernier pour l'entérinement des lettres-patentes, par lesquelles le Roi commet deux Maîtres des Requêtes pour l'exécution de l'Edit de pacification en la ville de Paris & Ile de France, juger définitivement sur les faits mentionnés au procès, Berland exécuté à mort par l'arrêt de la Cour, soit des faits remis & assoupis par ledit Edit, ou autrement y pourvoir ; la Cour ordonne que ledit différent sera jugé en la Grand'-Chambre.

13 Mars 1571, add. tom. 8, fol. 312, V°.

La Cour ordonne des remontrances sur les Lettres-patentes, par lesquelles le Roi interdit la connoissance de la correction des abus, exactions & Commissions qui se commettent sur les sujets trafiquans sur la riviere de Seine, & l'attribue à un Maître des Requêtes, & fait ladite Cour défenses audit Maître des Requêtes de passer outre à l'exécution de ladite Commission, à peine de nullité, & de s'en prendre à lui en son propre & privé nom.

10 Décembre 1586, tom. 19, fol. 385, V°.

Les gens de Roi concluent à ce que remontrances soient faites au Roi pour la révocation de la Commission pour la recherche des usures, avec attribution au Grand-Conseil de la connoissance & jurisdiction de leurs procès & différens concernant cette matiere. La Cour ordonne des remontrances au Roi, & cependent il sera fait entendre au Chancelier, que la Cour, sur les occasions particulieres qui se présenteront, maintiendra les sujets du Roi à l'observation des Edits & Décrets de prise-de-corps contre l'Huissier du Grand Conseil qui avoit signifié les lettres de ladite Commission, & la Cour fait défenses à toutes personnes de s'aider desdites lettres, à tous Huissiers de les signifier, & aux Greffiers de se dessaisir desdits procès.

13, 15 Décembre 1594, 2 Janvier 1595; tom. 20, fol. 110, 13 & 19, R°.

Le Procureur-Général expose qu'en vertu d'un Edit non-vérifié en la Cour, des Commissaires se sont transportés à Orléans pour procéder contre ceux qui ont eu le maniment des deniers pendant les troubles, & leur faire leur procès, & exécuter les jugemens jusqu'à cinq cents écus; que même lesdits Commissaires, contre toutes les regles, se font assister des Juges des lieux. Arrêt qui fait défenses à toutes personnes, de quelque qualité qu'elles soient, de faire exécuter aucuns Edits & Commissions non-vérifiés en la Cour, & à tous Juges d'assister les Commissaires & souffrir l'exécution, à peine de faux, dommages-intérêts des parties, &c.

4 Janvier 1597, Comp. tom. 17, fol. 98, R°.

La Cour défend d'exécuter les Edits & Commissions non vérifiés en icelle, & à tous Juges de le souffrir, à peine de faux, intérêts & dépens.

4 Janvier 1597, tom. 20, fol. 636, V°.

Sur ce qui a été représenté, qu'un Général des monnoies de Lyon veut exécuter une Commission non-vérifiée en la Cour, portant pouvoir de procéder extraordinairement, & parfaire le procès à plusieurs personnes, & exécuter ses jugemens nonobstant appel, jusqu'à cinq cents liv. d'amende, ledit Général à cette fin, avec lui un prétendu Procureur du Roi & un

Greffier, la Cour ordonne que ladite Commission sera apportée au Greffe, & cependant défend de passer outre à l'exécution d'icelle, & à toutes personnes d'exécuter aucuns Edits & Commissions non-vérifiés en icelle, & que remontrances seront faites au Roi sur la vexation que les Commissions extraordinaires non-vérifiées apportent à son peuple, & sera supplié de les déclarer par Lettres-Patentes, nulles & de nul effet, & ordonner recours aux parties de leurs dépens & intérêts contre lesdits Commissaires.

Sur ce qu'on exigeoit le quadruple de l'ancien droit de péage du passage de Gournay, en vertu de Commissions non-vérifiées, la Cour donne commission au Procureur Général pour faire appeler ceux au profit desquels se fait ladite levée, & cependant défend ne lever d'autres droits de péages que les anciens, & de s'aider de Commissions ou lettres non-vérifiées.

5 & 25 Février, tom. 20, fol. 613, R°. 621, V°.

Sur ce qui a été rapporté par le Procureur-Général, qu'il se commettoit plusieurs abus & concussions, en exécution d'une Commission de la Cour des Monnoies, pour la recherche contre des petits Marchands saisis de petites bagues de villages qui ne sont d'argent fin, & ne sont aussi vendues pour telles, & dont cependant les Villageois ont accoutumé de s'accommoder. La Cour ordonne que ladite Commission sera apportée, & cependant fait défenses de l'exécuter.

6 Février 1603, tom. 22, fol. 229, V°.

Sur le réquisitoire du Procureur-Général au sujet d'une Commission non-vérifiée en la Cour, contenant pouvoir de faire & parfaire le procès à tous Sergens royaux & non royaux, atteints de concussions & autres malversations jusqu'à sentence définitive inclusivement, de prendre cinq des Conseillers des Présidiaux pour juger les procès & faire exécuter leurs sentences jusqu'à cinq cents liv., nonobstant opposition ou appellation, laquelle Commission, Me Pierre le Gras, Conseiller au Grand-Conseil, veut faire exécuter en la ville du Mans. La Cour ordonne de rapporter ladite Commission, avec défenses audit le Gras & à tous autres, de passer outre à peine de nullité, & aux Conseillers & autres Officiers, tant de la Sénéchaussée du Maine que tous autres Juges, de souffrir ladite exécution, ni d'autres lettres ou Commissions non-vérifiées en la Cour, à peine de suspension desdits offices.

29 Juillet 1604, Comp. tom. 18, fol. 115, R°.

Arrêt contre une Commission décernée à Pierre le Gras, Conseiller au Grand-Conseil, pour recherches de Sergens, par lequel la Cour fait itératives défenses audit le Gras de passer outre à l'exécution de ladite Commission; ordonne que les informations faites contre les Sergens, seront apportées au Greffe pour y être pourvu, défend aux Substitut & Greffier en ladite Commission, d'assister le Gras, à peine de cinq cents liv. & aux Curés du Diocèse du Mans de publier la monition obtenue en conséquence de ladite Commission, & à l'Official & Greffier de ladite Officialité d'en délivrer à l'avenir de semblables, à peine d'amende & de saisie du temporel desdits Curés, & à tous autres d'obéir audit le Gras en exécution de ladite Commission, & a déclaré nulles les assignations données devant ledit le Gras, ou ailleurs que devant les Juges ordinaires ou en ladite Cour, pour raison de ladite recherche.

18 Août 1604, tom. 3, fol. 166, R°.

Arrêt contre la Commission pour la recherche des Sergens, par lequel la Cour décharge les sieurs Gaucher, Avocat du Roi, & Portail, Procureur du Roi en la Sénéchaussée du Maine, des ajournemens personnels à eux donnés en exécution d'Arrêts du Grand-Conseil, au sujet de ladite recherche, leur défend d'y comparoir, & à tous Huissiers faire contr'eux aucuns exploits & contraintes en vertu desdits Arrêts, aux peines contenues en l'Arrêt de la Cour, du 17 Septembre dernier; & en cas de contravention au présent Arrêt, enjoint au Lieutenant-général & autres Officiers de la Sénéchaussée, de faire arrêter prisonnier les Huissiers & autres qui voudroient attenter aux personnes & biens desdits sieurs Gaucher & Portail, & aux Prévôt des Maréchaux des lieux d'y tenir la main.

4 Janvier 1605, Suppl. tom. 3, fol. 169, R°.

Enregistré des Lettres-patentes, par lesquelles le Roi évoque les Commissions extraordinaires & les Edits d'offices y mentionnés, la Cour ordonne que les procès pour usures seront faits à la requête du Substitut du Procureur-Général sans aucun délateur, faisant défenses aux Officiers reçus en conséquence des Edits non vérifiés en icelle, & d'autres Edits révoqués, dont rétablissement n'a été vérifié en icelle, de continuer l'exercice de leursdits offices à peine de faux.

22 Août 1610, tom. 22, fol. 490.

Registre du Parlement 26 Novembre 1631. Le ministere public représenta par la bouche de M. Bignon,

Que la Cour avoit de grands avantages pour faire entendre au Roi par des remontrances, l'intérêt qu'il a de ne pas compromettre son autorité entre les mains des gens qui en abusent, & lesquels agissent par des voies extraordinaires & insolites, rendent non-seulement leur ministere odieux, mais font tort à la puissance royale, de laquelle ils disent avoir le caractere, laquelle se rend méprisable entre leurs mains. Le peuple ne pouvant imaginer que des actions justes cherchent ces ténebres, & que les supplices qui sont faits pour exemple, se fassent dans un temps auquel ils n'en peuvent produire. La nuit qui est le temps du repos, qui doit être le relâche des plus misérables, a été choisie pour le temps d'une exécution de justice, si que chacun facilement s'est persuadé que c'étoit une violence & un désir de faire en cachette, & que publiquement on n'eût osé entreprendre; en quoi le Parlement, n'ayant aucun intérêt que celui de l'autorité du Roi, laquelle est d'autant plus puissante, qu'elle s'établit par les voies légitimes & par la bienveillance de ses sujets, il sera facile de lui faire entendre que l'introduction desdites commissions, outre qu'elles sont en soi contraires aux loix de l'Etat, l'exécution d'icelles est odieuse, laquelle ne peut aboutir qu'à débaucher & altérer les esprits des sujets du Roi; ..... qu'il n'est pas juste que le Parlement manque en cette occasion de faire entendre au Roi l'importance de cette affaire sur ce point de son autorité, laquelle, tant s'en faut qu'elle s'augmente par l'établissement de ces nouveaux Juges, qu'au contraire ils servent au peuple de pierre d'achoppement, d'occasion de scandale & d'affection de violence.

Nota. Sur ces conclusions, le Parlement rendit deux arrêts le même jour 28 Novembre 1631; l'un en faveur de Guillot, Lieutenant-Général au Bailliage du Palais, par lequel il est reçu appelant de l'emprisonnement fait de sa personne (de l'Ordonnance de la Commission établie à l'Arsenal). On ordonne au Greffier de ladite Commission d'apporter au Greffe de la Cour les charges & informations faites contre lui; on fait très-expresses inhibitions & défenses particulieres auxdits Commissaires de procéder à l'instruction & jugement du procès dudit Guillot, & à toutes personnes de faire poursuites ailleurs qu'en la Cour à peine de nullité, cassation de procédures, &c.

Quant au second arrêt, voici le dispositif.

La Cour, toutes les Chambres assemblées, a arrêté & ordonné que très-humbles remontrances seront faites au Roi par écrit sur le sujet des Commissions extraordinaires accordées par ledit Seigneur, tant aux Juges de la Chambre des Domaines que de l'Arsenal, & à tous autres, & que Mes Favier de Launoy & de

Laffemac, Conseillers & Mes des Requêtes ordinaires de l'Hôtel du Roi, seront avertis par un des Secrétaires de la Cour de se trouver demain en icelle pour être ouis, toutes les Chambres assemblées, sur le sujet de leurdite Commission; cependant fait très-expresses inhibitions & défenses auxdits Commissaires de procéder à plus ample exécution de leur Commission, jusqu'à ce que lesdites remontrances aient été faites, & qu'autrement par la Cour en ait été ordonné. Fait défenses au Chevalier du Guet, ses Lieutenans, Sergens & autres ministres de justice, de mettre à exécution les ordonnances & jugemens desdits Commissaires, sous telles peines que la Cour verra être à faire pour raison.

Nota. Voyez sur cette affaire les Mémoires d'Omer Talon, tom. 1, pag. 18 & suiv., & 340 & suiv.

26 Novembre 1631. Mémoires d'Omer Talon, tom. 1, pag. 18 & suiv., & 340 & suiv.

Arrêt pour empêcher l'exécution d'une Commission non vérifiée à la Cour.

28 Novembre 1598, Comp., Req., tom. 27, fol. 311, V°.

Arrêt par lequel, sur le Requisitoire du Procureur-Général au sujet des vexations qui se font sur les sujets du Roi au Bailliage de Chaumont, à l'occasion du crime d'usure & fausses monnoies, en vertu des Commissions du Prévôt de Paris, par lettres sur icelles par surprise obtenues contre la révocation par édit de Juillet 1609, & attribution aux Juges ordinaires.

poursuivre

» poursuivre aucunes évocations, &
» aux huissiers, sergens, de les exécu-
» ter, qu'elles n'aient été montrées au
» Procureur-Général; tantôt des dé-
» fenses aux Secrétaires, que doréna- 14 Oct. 1484.

La Cour ordonne la représentation desdites Commissions & lettres en icelle pour être communiquées audit Procureur-Général, & cependant surséance à l'exécution desdites Commissions, & à tous Huissiers d'obéir, & ordonne que lesdits préposés seront arrêtés prisonniers, & amenés en la Conciergerie du Palais, & à faute de les appréhender seront ajournés à trois briefs jours.

11 Février 1612, Comp., tom. 18, folio 416, V°.

Arrêt du Parlement qui défend à M. Amelot, Me des Requêtes, de procéder à l'exécution d'une *Commission* qui n'avoit point été vérifiée en ladite Cour, à peine de nullité.

Avec un extrait des Registres du Parlement du 16 Mai, relatif à la matiere du précédent arrêt.

6 Mai 1626, Constitution, R. de Septembre 1753.

Sur la plainte faite à la Cour par le Procureur-Général du Roi, que contre les loix du Royaume, à la foule & oppression des sujets du Roi, des défenses par plusieurs fois réitérées d'exécuter aucunes Commissions sans

L

18 Mai 1617. » vant, ils ne fassent ni signent aucu-
» nes lettres d'évocation en cette for-
» me ; tantôt, défenses à toutes person-
» nes d'exécuter aucunes Commissions,
» si elles n'ont été présentées & véri-

---

qu'elles soient vérifiées en ladite Cour, aucuns Maîtres des Requêtes entreprenoient de procéder à l'exécution de quelques Commissions, eux disans Juges souverains en cette partie.

Ladite Cour, les Grand'Chambre, Tournelle & de l'Edit assemblées, a fait très expresses inhibitions & défenses à tous Maîtres des Requêtes & autres Officiers & à tous autres, de quelque qualité & condition qu'ils soient, de mettre à exécution aucunes Commissions, ni faire aucuns actes de justice, en vertu de lettres-patentes portant attribution de Jurisdiction, pour quelque cause que ce soit, tant ès causes civiles que criminelles, qu'elles n'aient été vérifiées en ladite Cour, à peine de 10000 d'amende, & de suspension de leurs charges.

15 Juillet 1626. Reg. du Parlement.

Sur Requête du Procureur-Général, arrêt qui fait défenses d'exécuter aucunes Commissions si elles n'ont été présentées & vérifiées en la Cour.

Recueil de Pieces.

18 Mai 1617, tom. 2, chap. 1, fol. 58, V°.

» fiées en la Cour ; à tous juges d'af- 4 Janv. 1597.
» fister les Commiffaires, à fouffrir
» l'exécution à peine de faux, domma-
» ges & intérêts des parties, ou à peine 29 Juil. 1604.
» de fufpenfion d'office, ou fous telle 26 Nov. 1631.
» peine que la Cour verra être à faire
» par raifon ».

A toutes ces citations, je joindrai deux arrêts d'autant plus importans, que le premier fut rendu en conféquence des lettres-patentes de 1657, & le fecond l'année fuivante.

Le premier eft du 28 Août 1658. Voici ce qu'il prononce : « Ce jour, » la Cour, toutes les Chambres af» femblées, ayant délibéré fur la fré» quence des évocations au Confeil, » & fur l'arrêt dudit Confeil, por» tant renvoi en ladite Cour, de plu» fieurs procès & inftances évoqués, » & la commiffion fur icelui fcellée du » grand fceau de cire jaune, oui les » gens du Roi en leurs conclufions, a » arrêté & ordonné que lefdits arrêts & » commiffions feront regiftrées pour » être exécutées felon leur forme & » teneur, & que, où il interviendroit » aucun arrêt audit Confeil, pour rai-

» ſon des matieres contenues audit ar-
» rêt de renvoi, il n'y ſera déféré,
» & que les parties qui s'y ſeront
» pourvues, pour raiſon de ce, ſeront
» pourſuivies & contraintes au paie-
» ment des peines & amendes portées
» par icelui, comme auſſi les Avocats
» du Conſeil qui auront ſigné les re-
» quêtes; ſans que leſdites peines &
» amendes puiſſent être remiſes pour
» quelqu'occaſion que ce ſoit..... or-
» donne que pour ce qui concerne le
» ſurplus des évocations, très-humbles
» remontrances ſeront faites au Roi
» pour obtenir le renvoi des affaires
» pendantes audit Conſeil contre les ter-
» mes des Ordonnances, & que ledit
» Seigneur Roi ſera très-humblement
» ſupplié d'arrêter à l'avenir la fré-
» quence des évocations, & de con-
» ſerver à ſes officiers la connoiſſance
» qui leur appartient par les loix du
» royaume ».

Le ſecond, du 19 Mars 1659, fut rendu ſur une requête des officiers de la connétablie, qui demandoient l'exécution de pluſieurs déclarations enregiſtrées en la Cour, contre deux arrêts du Conſeil portant évocation générale de tous les procès mus & à mouvoir de la part des gens de guerre contre leur trésorier pour raison de paiement de leurs appointemens. La connétablie alléguoit l'usage constant où elle étoit de connoître de ces sortes de contestations, & trois loix positives de (1571), (1574) & (1584), qui lui en attribuoient le droit. En conséquence, sur les conclusions du Procureur-général, fut rendu arrêt portant : « la Cour a ordonné & ordonne » que très-humbles remontrances se» ront faites au Roi sur l'importance » de l'évocation générale faite par les » arrêts du Conseil des 15 Janvier » 1653, & 14 Mars 1658, de » toutes les causes des trésoriers, gens » de guerre & autres officiers, dont » la connoissance, de tout temps & » par les Ordonnances, a été attribuée » en premiere instance aux juges de » la connétablie & maréchaussée de » France, & par appel au Parlement : » ordonne commission de la Cour être » délivrée auxdits officiers de la con» nétablie, pour faire appeler en icelle » qui bon leur semblera, & cepen» dant seront les Ordonnances, ar-

» rêts & réglemens concernant la ju-
» risdiction desdits officiers, gardés
» & observés. Fait défenses à tous of-
» ficiers, gens de guerre ou autres,
» des différens desquels la connoissance
» appartient auxdits officiers de la con-
» nétablie en premiere instance, &
» par appel audit Parlement, de se
» pouvoir ailleurs, le tout à peine de
» cassation de procédure, (500) liv.
» d'amende, & de tous dépens, dom-
» mages & intérêts ».

Sans doute, à la vue de ce tableau fidele, tous les cœurs patriotiques, en applaudissant au zele avec lequel le Parlement remplissoit autrefois le vœu de la loi, s'étonneront qu'il ne l'ait pas rempli depuis long-temps. Sans doute ils ont le droit de lui demander compte d'une condescendance qui peut finir par être un délit public. Sans entreprendre de justifier entiérement le Parlement à cet égard, on peut dire en sa faveur que plusieurs fois Louis XIV & Louis XV ont écouté favorablement les remontrances sur les évocations. Plusieurs fois on les a vus s'honorer eux-mêmes, en renvoyant aux tribunaux des causes injustement évoquées. Ce retour à la regle, ſi beau dans un Monarque, qui ne rougit pas d'avouer ſon erreur, & qui devient plus grand en la réparant, a ſouvent rendu inutile, entre les mains du Parlement, l'arme que nos Rois & nos loix lui avoient confiée. Accoutumé à voir ſes Souverains chercher, aimer & connoître la vérité, il s'eſt abandonné ſans réſerve à une confiance, peut-être trop grande, mais que leur juſtice sembloit au moins motiver; il a mieux aimé leur laiſſer la gloire de rendre aux loix l'hommage qu'elles pouvoient attendre d'eux, & exiger de lui. L'ordre judiciaire gagnoit peut-être à ces ménagemens heureux; l'adminiſtration de la juſtice ne ſe trouvoit pas en contradiction ouverte avec la puiſſance légiſlative; la loi ne devoit ſon triomphe qu'au Souverain, & en recevoit un nouvel éclat; celui-ci en étoit plus chéri, celle-là plus reſpectée; & le Parlement, heureux de ce ſpectacle, y voyoit tout-à-la-fois, & la récompenſe de ſes ſoins, & la juſtification de ſa prudence. Mais à l'inſtant où toutes les réclamations ſeroient inutiles, à l'inſtant où la vérité ne pourroit plus se faire écouter, le Parlement n'auroit plus alors d'excuse vis-à-vis de la loi : elle auroit le droit de lui demander l'accomplissement de son serment ; & cette obligation se joignant au bien de l'Etat, le forceroit de remplir ses devoirs dans toute leur étendue.

Envain voudroit-on alors lui opposer un long silence : on ne prescrit pas contre la loi, on ne transige point avec son serment : celui que l'on prête aujourd'hui est le même que l'on prêtoit il y a six & sept siecles ; chaque membre du Parlement a juré d'observer les Ordonnances ; elles n'ont point changé : chaque regne a ajouté quelques pages à ce livre ineffaçable, & a augmenté en même-temps le nombre & l'étendue des obligations du Magistrat.

Mais à Dieu ne plaise que le Parlement se voie jamais réduit à cette extrêmité ! A Dieu ne plaise que des Magistrats fideles se trouvent jamais pressés entre les termes immuables de la loi, & la volonté momentanée du Monarque ! Pour savoir ce qu'ils souffriroient dans ce cruel moment, il faut songer à ce que doivent produire d'un côté l'obligation, ou plutôt le besoin d'obéir à la loi, dans le cœur d'un Magistrat; & de l'autre, cet amour pour son maître, inné dans le cœur d'un François.

Jamais peut-être le mal ne fut plus grand, & le remede plus instant : la liste déja trop longue des commissions du Conseil augmente tous les ans dans l'almanach royal, (dans celui de 1788 elles sont considérablement diminuées). Toutes matieres peuvent y arriver, ou par des attributions illégales, ou par des extensions forcées.

Les appels comme d'abus, les affaires domaniales, sont, par toutes les Ordonnances, affectées au Parlement. Une des principales raisons de cet ancien usage fut sans doute que dans ces affaires, le Procureur - Général est partie nécessaire (90), & que ce défen-

(90) Arrêté remontrances être faites sur deux évocations par duplicata, tant pour le fait des marchands de la riviere de Loire, avec lesquels le Procureur-Général est partie jointe contre lequel il ne peut y avoir évocation; & au surplus que l'arrêt donné pour l'emprisonnement des Huissiers qui présentent lettres sur duplicata sera exécuté.

22 Mai 1574, Comp., tom. 11, fol. 386, V°.

seur ne peut se suppléer au Conseil; n'importe, les appels comme d'abus les

---

L'Ordonnance de 1453, art. 5, (Fontanon, tom. 1, pag. 552), & la Déclaration du 31 Mars 1710, (Néron, tom. 2, pag. 446), affectent au Parlement seul les causes esquelles le Procureur-Général sera principale partie, sans pouvoir être évoquée.

« Procureur-Général n'est point sujet aux » arrêts du Conseil dont il ne reconnoît pas » l'autorité : maxime triviale en France ». (Ferriere, Dictionnaire de Pratique).

Le Procureur-Général est seul partie légitime toutes les fois qu'il s'agit du patrimoine du Souverain. C'est le vœu de l'Ordonnance du Roi Jean, de 1363, art. 19.

Aussi est-ce lui que nos Rois ont toujours chargé de veiller sur leur domaine.

« Enjoignons très-expressément à nos Pro» cureurs tenir la main à la protection, con» servation, poursuite & réunion de notre » domaine, sur peine de répondre de la perte » d'icelui, qui seroit advenue par leur fait & » faute, (1566, art. 19) ».

« Enjoignons à nos Procureurs-Généraux » d'empêcher les contraventions (aux Edits » concernant les domaines), si aucunes se » faisoient, à peine de privation de leurs états, » Blois, art. 329 ».

Moulins, art. 17, 18 & 19.

Originairement les Baillis & Sénéchaux connoissoient en première instance de tout ce qui concernoit les matieres domaniales (1319,

plus simples, ne tenant qu'à la discipline intérieure d'un Chapitre, sont

---

1338, 1408, 1413). Si quelquefois on en attribua la connoissance à d'autres Juges, l'Edit de Cremeux en 1536, rétablit le premier ordre; il rendit aux Baillis, Sénéchaux & autres Juges ressortissans au Parlement sans moyens la connoissance des affaires domaniales à l'exclusion de tous les autres Juges.

L'Edit qui par la suite attribua au Trésorier de France la Jurisdiction contentieuse du Domaine, ne la leur attribua que comme les Baillis & Sénéchaux en avoient toujours joui, c'est-à-dire, à la charge de l'appel au Parlement. L'Edit du mois de Février 1704, qui fit quelque changement, mais seulement pour les Jugemens interlocutoires, à l'Edit de 1627, fut lui-même modifié par une Déclaration du 5 Août de la même année, donnée d'abord pour le Parlement de Paris, mais étendue à tous les Parlemens du Royaume par une seconde Déclaration du 14 Mai 1717.

Cette législation sur le Domaine ne reçut d'autre atteinte que l'établissement d'une Chambre Souveraine sous François I. Mais premiérement cette Chambre fut établie en 1543 par une Déclaration enregistrée: en second lieu cette Déclaration fut révoquée en 1546 par un Edit adressé à tous les Parlemens, & conçu en ces termes: « Voulons que » notredite Cour de Parlement de Toulouse » & nos autres Cours de Parlement connois» sent par appel des Jugemens de nos Baillis

enlevés aux tribunaux légitimes. Une commission s'éleve pour les affaires du domaine ; un Magistrat fait taire devant lui les loix qui lui en interdisoient la connoissance : un subalterne introduit dans les productions qui s'y font une

---

» & Sénéchaux, & en dernier ressort de tous » procès & différens mus & à mouvoir, à » cause de notre Domaine, & autres nos » droits Royaux, chacun dedans les fins & » limites de leur ressors, tout ainsi & en la » maniere que ci-devant, & auparavant la- » dite Déclaration ils avoient accoutumé de » connoître & juger, interdisant & défendant » expressément à ladite Chambre du Domaine » de notre Parlement de Paris d'en entre- » prendre à l'avenir aucune Cour & Juris- » diction hors les fins & limites dudit Par- » lement de Paris ; leur enjoignons expressé- » ment, si aucun procès étoit pendant devant » eux, qu'incontinent & sans délai ils le ren- » voient en l'état où il est à celle de nos » Cours où il devoit ressortir auparavant » l'érection de ladite Chambre du Domaine, » pour y être jugé & fini ainsi qu'il appar- » tiendra ».

Enfin les évocations en matiere de domaine ont été défendues par les deux loix de 1669 & de 1737, en termes si précis qu'il ne peut y avoir ni doute ni commentaire sur l'esprit & la lettre de la Loi.

« Les affaires concernant notre Domaine

forme contraire à la raiſon, & terrible par ſes conſéquences : différens arrêts du Parlement, contre leſquels on s'eſt vainement pourvu au Conſeil, y ſont caſſés, au mépris de toutes les loix ; l'annonce en eſt faite à la malheureuſe

---

» ne pourront pareillement être évoquées » (1669, tit. 1, art. 16),

« Les affaires concernant notre Domaine » ne pourront être évoquées ». (Août 1737, tit. 1, art. 22).

Enfin la Déclaration du 3 Février 1739, donnée par le Parlement de Navarre, fait voir clairement que l'intention du Légiſlateur étoit d'éviter ſoigneuſement non-ſeulement toutes les évocations en matiere de Domaine, mais même tout ce qui pouvoit leur ſervir de prétexte.

Chopin, *de Domanio*, liv. 2, tit. 15, établit à ce ſujet les véritables principes ; & après avoir cité l'exemple des Empereurs Romains, & de ceux d'Allemagne, ainſi que de tous les Princes voiſins de la France, qui tous faiſoient juger les cauſes de leur Domaine par leur premiere Cour, atteſtent que d'après l'ancien Droit public du Royaume, le Parlement étoit le vrai juge du Domaine du Roi, & finit ſa diſſertation par ces mots : *Quin etiam perpetuum conſtanſque eſt Domanii axioma forenſe illud, ipſum à delectis è Senatorum cætu quibuſdam dijudicari non debere, ſed ordinario ſolùm civilique more judiciorum.*

victime, dans ces termes, effrayans pour elle, & insultans pour l'Etat : *Que voulez-vous que j'en fasse* : les plaintes se multiplient à un point que l'irrégularité de cette commission paroît enfin le moindre de ses vices ; & le nom d'un commis, devenu juge suprême de toutes les justices, devient lui-même l'objet de la terreur universelle.

Dans les affaires même des particuliers, le nombre des évocations est excessif. On ne cherche plus d'excuse pour les pallier : comparoître devant le tribunal naturel, passe aujourd'hui pour une foiblesse dont on est presque tenté de rougir : une audace injuste appelle à son secours des tribunaux factices, avec le même front que si elle paroissoit devant son juge légitime. La protection d'un Grand, quelquefois celle d'un subalterne, souvent même des voies plus cachées, plus honteuses, mais qui malheureusement n'en sont pas moins sûres, suffisent pour se soustraire à l'inspection de la loi. Sans doute on a raison de fuir ses regards quand on ose employer de pareils moyens. Sans doute celui qui nourrit dans son cœur ces projets criminels, trembleroit en entrant dans le Sanctuaire de la justice ; & son iniquité troublée, en le démasquant aux yeux de son adversaire, le couvriroit de honte aux yeux de ses concitoyens. Mais cet hommage aussi involontaire qu'inutile, qu'on rend encore à ce que l'on n'observe plus, ne peut dédommager, ni la loi que l'on enfreint, ni la société que l'on trouble, ni le citoyen que l'on vexe.

Aussi pour justifier & perpétuer cet abus, cherche-t-on à intéresser la justice personnelle du Roi ; aussi a-t-on soin de dire & de répéter en toutes occasions, que dans ces tribunaux créés pour la cause, le Roi est juge, & ramene par-là les choses à leur premiere origine. Il fut un temps, il est vrai, où nos Rois acquittoient eux-mêmes la dette de la justice (91) : on a vu un grand

(91) Donne son palais au Parlement, & se retira à l'Hôtel du Bailliage ; lorsqu'il avoit besoin de conseil, il montoit au. . . . . demandoit avis, & quelquefois assistoit aux plaidoyers. On avoit dressé depuis le bas des grands degrés jusqu'en haut, une allée faite d'ais, couverte de nattes, par laquelle il alloit sur son petit mulet jusqu'à la porte de la

Monarque s'asseoir au pied d'un chêne, & juger ses sujets ; mais ils y venoient librement ; mais l'un n'y étoit pas traîné par l'autre ; mais ce Prince, si justement révéré, se fût bien gardé d'enlever à ses juges le citoyen qui les réclamoit ; il jugeoit par lui-même, en présence, & sur la défense des deux parties : il entendoit ce qu'elles avoient à dire ; le sujet s'expliquoit librement en présence du Souverain. Le Prince jugeoit, mais il jugeoit seul : il abrégeoit les formes, mais il les abrégeoit

---

Grand'Chambre, où ses Gentilshommes le prenoient & le portoient à sa place.

Louis XII, ouvertures des Parlemens de pag. 73.

Louis XII, pour montrer l'honneur & la révérence qu'il avoit à la Justice, ayant quitté son Palais aux Juges, il se retira au Bailliage tout contre le Palais ; & pour ce qu'il avoit les gouttes, il se promenoit sur son petit mulet dans le Jardin du Bailliage où il dirigeoit ses affaires d'Etat ; & lorsqu'il avoit besoin de conseil, il montoit au Parlement, demandoit avis, & quelquefois assistoit aux plaidoyers, & jugeoit les causes, son Chancelier prononçant l'Arrêt en sa présence.

Louis XII, la Roche Flavin, des Parlemens de Franc. liv. 4, chap. 1, n. 31.

du consentement des parties : & l'accord mutuel de ces dernieres étoit pour elles une loi qu'elles se faisoient à elles-mêmes. Chacun pouvant se défendre, se trouvoit égal à son adversaire : le principe restoit dans son entier, & le Monarque, touchant seul à la balance, pesoit en juge les droits de ses sujets, ou concilioit en pere les contestations de ses enfans.

Quelquefois aussi les Souverains ont honoré les jugemens de leur présence ; mais alors la délibération devenoit plus auguste, sans en être moins libre. La dignité du tribunal s'accroissoit de la Majesté Royale, & le droit des parties n'en souffroit pas (1).

Et c'est ici où il est nécessaire de faire une distinction dont on sentira aisément la justice : quand le Roi juge dans son Parlement, la pluralité des voix fait toujours l'arrêt, parce que ce Parlement est toujours un corps déliberant, & que la présence du Prince ajoute à sa dignité, mais ne change rien à ses formes. Au

(1) La Roche-Flavin, des Parlemens de France, liv. 4, ch. 1, n°. 31.

contraire, lorſque le Roi juge dans ſon Conſeil, il peut ſe décider ſeul contre l'avis de tous ceux qui le compoſent, parce que ce Conſeil n'eſt jamais que conſultatif, & que la préſence du Monarque ne lui donne point un droit qu'il n'a pas. La vérité de cette diſtinction (fondée ſur tous les principes de notre conſtitution) ſe démontre par une expérience journaliere. Dans les jugemens du Conſeil, c'eſt le Roi ſeul qui prononce & ordonne. *Le Roi étant en ſon Conſeil*, &c. Dans les arrêts des Cours ſouveraines, ce ſont elles qui prononcent & qui ordonnent au nom du Prince. *Louis, par la grace de Dieu*, &c. *notredite Cour a ordonné & ordonne*, &c. & c'eſt le Prince qui fait exécuter l'arrêt *à notre premier Huiſſier*, &c. *Si te mandons.* C'eſt-à-dire que le Roi ordonne dans ſon Conſeil, & juge dans ſon Parlement. Ce mot ſeul ſuffit pour faire connoître l'abus qui dépouille l'un pour évoquer à l'autre.

Frappé de l'importance des fonctions confiées à ſes tribunaux, un Souverain peut déſirer quelquefois d'entrer lui-même dans les détails de l'adminiſtration de la juſtice : mais ce deſir qui part, il est vrai, d'un grand amour pour l'équité, ne tarde pas à en devenir l'ennemi ; & si le Monarque ne s'en défend avec soin, l'adresse & l'intrigue sauront bientôt en profiter avec art : il verra des hommes puissans le supplier d'être lui-même leur juge : il les entendra donner pour motif de leur demande la confiance que l'on doit avoir dans sa justice ; mais ce n'est pas sa justice qu'ils rechercheront, c'est sa faveur ; l'une est bien plus aisée à surprendre, que l'autre n'est facile à éclairer : ce n'est pas sa décision qu'ils sollicitent, c'est celle des Magistrats qu'ils veulent éviter ; ou plutôt, c'est à leur ruine entiere que par-là ils esperent parvenir.

Car enfin il n'est pas permis de s'y tromper : le système qui se développe aujourd'hui, a été imaginé, non pour le soulagement des peuples, mais pour la ruine de la Magistrature. Une injustice passagere redoute peut-être son intégrité ; mais une intrigue toujours subsistante redoute peut-être encore plus la considération dont elle doit jouir. Pour l'abattre, on veut lui ôter cet appui ; & c'est-là le dernier point de vue sous lequel il faut envisager les évocations

& les commiſſions. Elles tendent à la ruine de la Magiſtrature, & par-là attaquent eſſentiellement un des principes de notre Gouvernement.

§ III.

Ce dernier point eſt ſi évident par lui-même; il résulte ſi clairement de ce qui a été dit ſur l'arbitraire, & ſur ſes conſéquences, ſur-tout dans une Monarchie, qu'il me ſuffiroit peut-être de faire ici l'application de ces principes: mais ils ſe trouveront développés à la fin de cet ouvrage, lorſque j'aurai diſcuté un autre objet, auquel ils s'appliquent également.

CHAPITRE II.

SECONDE PARTIE.

Un autre objet non moins digne de l'attention du Magiſtrat, eſt celui des Caſſations, ſeconde partie du ſyſtême qui menace la Magiſtrature, & non moins dangereuſe que la premiere dont elle eſt le complément. Après avoir dépouillé les tribunaux légitimes d'une partie des affaires que les Ordonnances leur attribuent, le même ſyſtême cherche encore à ſe venger ſur celles qu'il n'a pu leur ôter, en faiſant ou voulant faire retracter les arrêts qui les ont jugés. C'eſt ainſi que les citoyens & les Cours ſont également vexés, & par des évocations ſans nombre, & par des caſſations, qui, ſi elles ne s'obtiennent pas, ſe demandent du moins avec une facilité ſcandaleuſe. Pour être à portée de juger quels progrès a fait cet abus, il faut connoître l'origine & l'hiſtorique des caſſations, les Ordonnances multipliées & les réclamations de tous les Ordres de l'Etat qui ſe ſont élevés contre elles, & enfin le dernier état de la légiſlation. Ce tableau rapproché de l'extenſion qu'on veut leur donner, & des véritables principes à cet égard, fera ſentir les ſuites funeſtes que cet abus doit produire vis-à-vis des peuples, des juges & de l'autorité royale.

En m'élevant aujourd'hui contre l'abus des caſſations, je ne ferai entendre que le langage de la loi, & je contracte l'obligation d'être impaſſible comme elle.

Loin de moi toute autre idée que celle du bien public. Loin de voir ici attaquer en rien le Conſeil, c'eſt lui-même que je chercherai pour juge. Sortis pour la plupart des Cours de Parlement, les membres du Conſeil y ont puiſé l'eſprit de vérité qu'ils apportent dans leurs nouvelles fonctions. Ils ſeront les premiers à reconnoître l'exactitude des principes & des faits que je vais expoſer ; ils ſeront les premiers à ſe joindre à ma foible voix, pour ſupplier le Roi de leur rendre leur ancienne dignité, qui, au terme des Ordonnances « ne doit » être empêchée par ſi petite matière » ; & lorſque j'eſpere les voir concourir à une reforme déſirée, ma confiance eſt d'autant plus juſte, que l'abus que je combats étant d'un uſage général, n'inculpe en rien les membres actuels. Bien plus, la progreſſion des ans, qui loin de juſtifier cet abus aux yeux de la loi, eſt une raiſon de plus pour qu'elle le condamne, peut du moins le juſtifier aux yeux de l'équité naturelle : & la réſerve connue avec laquelle le Conſeil accueille cette multitude de requêtes dont il eſt ſurchargé, ſemble annoncer qu'il veut les reprimer autant qu'il eſt en lui, par le peu de succès qu'il leur accorde.

§ PREMIER.

Tout ce qui tient à l'humanité doit participer au caracte de foiblesse qui lui est propre : & le choix du Monarque qui éleve un de ses sujets au rang des juges, ne le mettant point à l'abri de l'erreur, il en résulte qu'elle peut quelquefois se glisser dans ses décisions. Aussi notre législation paroît-elle avoir cherché de tout temps à donner à la vérité le moyen de se faire entendre un seconde fois, quand elle n'avoit pu y parvenir une premiere ; mais alors le tribunal même qui avoit rendu l'arrêt, étoit juge de son erreur. Chargé de maintenir les loix, lui seul avoit droit de juger si son arrêt les contredisoit, & si en conséquence il devoit être retracté ; c'étoit le chef-d'œuvre de la loi : elle assuroit son empire en assurant l'honneur de ses Ministres, en leur réservant le droit de s'amender eux-mêmes, elle leur réservoit le plus beau droit de l'homme, puisqu'il ne peut prétendre à celui de l'infaillibilité. On avoit senti dès-lors une vérité presque méconnue aujourd'hui : on avoit ſenti que l'honneur des tribunaux eſt conſervé & même augmenté (92) lorſque excités par un

(92) Le recours du Souverain eſt néceſſaire en certains cas, pour réparer les ſurpriſes qui peuvent ſe gliſſer dans les grands tribunaux qui le repréſentent ; mais ſuivant l'ordre tracé par les loix du Royaume, l'honneur de ces tribunaux eſt conſervé, & même augmenté, lorſqu'excités par un reſcrit de Votre Majeſté, ils ſe sont maintenus dans l'avantage de ſe réformer eux-mêmes, ce qui affermit dans l'eſprit des peuples la vénération pour leurs Magiſtrats, & leur reſpect pour la Juſtice.

Cette forme de reviſion ou de recours, ne laiſſe point appercevoir de diverſité dans les jugemens ; il n'en ſubſiſte qu'un, que l'amour de la vérité a rendu plus exact. On ne refuſe point ſa confiance à ceux qui ſe réforment eux-mêmes ; mais l'opinion n'eſt pas également fixée, lorſqu'on voit détruire ſans forme & ſans inſtruction, l'Arrêt d'un Parlement qui avoue ſon ouvrage comme conforme aux loix, & néceſſaire au bien public. Le reſpect de la choſe jugée eſt ébranlé par la contradiction ; la Juſtice devenue problématique, eſt moins majeſtueuſe & moins révérée ; & il ne reſte rien de certain dans l'eſprit des hommes, que l'affoibliſſement de leur conſidération pour les tribunaux.

21 Juin 1754. Remontrances du Parlement de Provence.

reſcrit

rescrit du Prince, ils sont maintenus dans l'avantage de se réformer eux-mêmes. On avoit senti que cette forme de révision de recours, ne faisant point appercevoir de diversité dans les jugemens, & n'en laissant subsister qu'un, que l'amour de la vérité rend plus exacte, affermit dans l'esprit des peuples leur respect pour la justice, & leur vénération pour les Magistrats ; mais on avoit senti en même temps que l'opinion n'est pas également fixée, lorsqu'on voit détruire sans forme & sans instruction l'arrêt d'un tribunal qui avoue son ouvrage comme conforme aux loix, & nécessaire au bien public : que le respect de la chose jugée est alors ébranlée par la contradiction ; que la justice devenue problématique, est moins majestueuse & moins révérée ; & qu'il ne reste plus rien de certain dans l'esprit des hommes, que l'affoiblissement de leur considération pour les tribunaux.

La partie qui croyoit avoir à se plaindre d'un arrêt, obtenoit des lettres de révision, qui s'appelloient *grace de dire contre les arrêts*. Ce mot seul indique le respect qu'on y portoit alors. On voit par la formule de ces lettres, qu'il falloit une permission expresse du Souverain, pour revenir contre un jugement de sa Cour. Les traces de cet ancien usage se retrouvent encore dans les lettres de requêtes civiles, qui sont la même chose sous un autre nom. On vivoit alors dans une heureuse ignorance du mot de cassation, mais à peine le Parlement est-il rendu sédentaire, que nous voyons paroître des tentatives pour faire tomber ses arrêts, & ces tentatives renaissent à mesure que la loi & le Prince s'y opposent. L'histoire de l'homme est la même dans tous les siecles.

D'après une Ordonnance de 1320, qui réprime cet abus, on peut juger qu'il étoit établi dès le commencement du quatorzieme siecle. Le Conseil d'avec lequel le Parlement venoit d'être séparé, perdoit, par cette séparation même, toute espèce de jurisdiction, & n'avoit plus à s'occuper que de la partie de l'administration. C'étoient-là ses véritables fonctions, & d'après les principes déja développés, elles excluoient toute idée de justice distributive. Aussi paroît-il qu'il chercha dès-lors à recouvrer une partie de celle-ci, en voulant s'attribuer la reforme des arrêts, & voici quelle fut l'origine de ce premier essai.

Les lettres *de grace de dire contre les arrêts*, s'adressoient au Parlement; mais le Conseil les rédigeoit, & au lieu de les adresser au Parlement, il se les adressoit à lui-même; par-là, le Prince paroissant lui donner une commission & une délégation particuliere, il se ménageoit le pouvoir de révoquer les arrêts contre lesquels ces lettres étoient obtenues. Cet abus subsistoit en 1320, il avoit même servi à accueillir *frauduleusement, sous l'ombre d'aucune couleur de raison*, des demandes qui sans cela n'eussent pas été passées.

Philippe-le-Long s'éleva contre ces tentations nouvelles, il proscrivit un usage qui commençoit à s'introduire, & dont il sentit tout le danger. Mais il est à remarquer qu'il ne fit que rappeler les choses au principe & à l'ordre primitif. La loi n'est pas même une loi nouvelle; elle n'est que la confirmation des anciennes Ordonnances, ou plutôt elle n'est que l'extrait de celles faites antérieurement par son Grand-Conseil (Parlement), *lesquels nous vou-*

lons être tenues & gardées fermement sans corrompre.

Il paroît qu'à cet époque les lettres de révision changerent de nom : peu importe quelle en fut la cause, puisque l'effet fut toujours le même. Mais le nom de *proposition d'erreur* ayant succédé à celui *de grace de dire contre les arrêts*, on vit renaître l'abus que Philippe-le-Long avoit condamné : soit que le Conseil d'alors ne se crut pas astreint à suivre la prohibition de la loi; quand la chose prohibée avoit changé de nom, soit que la circonstance lui parut favorable pour s'assurer le droit de retracter les arrêts. Le même moyen employé avant 1320, pour la grace de dire contre les arrêts, le fut encore depuis pour la proposition d'erreur; mais il n'eût pas un succès plus heureux; & Philippe-de-Valois renouvella en 1344, les défenses que son prédécesseur avoit renouvellées lui-même en 1320. L'article 9 de cetre Ordonnance est infiniment précieux à détailler : on y voit quels efforts on faisoit alors pour se soustraire aux loix anciennes, dont celle de 1320 ordonnoit la confirmation. Non-ſeulement on avoit cherché à faire juger des propoſitions d'erreur ailleurs qu'au Parlement ; mais pluſieurs, à force d'importunité, avoient même obtenu des lettres ſans alléguer erreur. On y voit auſſi qu'en ſurprenant la religion du Prince, on eſſayoit de ſuſpendre, au moins pour un temps, l'exécution des arrêts. Enfin après avoir, au commencement de cet article, atteſté de nouveau que perſonne ne pouvoit ſe pourvoir contre un arrêt de ſa Cour, ſans avor obtenu la grace de propoſer erreur, le Légiſlateur rend encore hommage au droit du Parlement, dont l'autorité eſt intéreſſée au maintien même de ce droit : il y reconnoît l'uſage obſervé par ſes prédéceſſeurs, que les arrêts ne fuſſent corrigés ou changés que par le Parlement même, ſoit en préſence, ſoit en l'abſence du Souverain. Il défend expreſſément tout ce qui pourroit arrêter l'exécution d'un arrêt, ſous prétexte même qu'on voudroit en demander la rétractation : il proſcrit toutes les voies directes ou obliques, expreſſes ou tacite, tous moyens enfin tels qu'ils ſoient, autres que les propoſitions d'erreur, par leſquels on pourroit ſe pourvoir contre les arrêts : il regle la forme des lettres de proposition d'erreur : il veut qu'elles ne soient envoyées qu'au Parlement & non ailleurs ; il veut qu'elles ne soient jugées que par le Parlement & non par d'autres, il déclare nul tout ce qui sera fait au contraire : & cette loi si détaillée est faite suivant les coutumes anciennes, *& pour garder & observer, autant qu'il est en lui, les louables faits de ses prédécesseurs.*

La loi de 1320, confirmative des anciennes ordonnances, & confirmée elle-même par celle de 1344, produisit l'effet que le Législateur s'en étoit promis. Le regne du Roi Jean, & celui de Charles V, ne nous offrent aucun des exemples qui avoient nécessité les deux loix précédentes. Cependant comme les Cours sont & seront toujours remplies d'intérêts, qui craignent la lumiere & la justice, on cherchoit à éviter les gênes de la regle, par un abus qui tendoit à la rendre illusoire. La surprise ou l'importunité obtenoit du Monarque des lettres adressées au Parlement pour lui ordonner de différer la prononciation des arrêts, ou pour réserver la plaidoyerie & le jugement jusqu'à ce que le Prince vint lui-même y siéger. Cette époque, souvent éloignée, toujours incertaine, mettoit dans l'administration de la Justice beaucoup de retard & d'incertitude. Charles V sentit le danger de cette innovation, qui sans avoir l'air de contrarier les deux loix de 1344 & de 1320, rétablissoit l'abus qu'elles avoient condamné. Car telle est la position de la loi, au milieu des passions qu'elle enchaîne ou qu'elle punit : quand l'intrigue ne peut la détruire, elle cherche à l'éluder; & si la sagesse de Charles V n'eut découvert le piége qu'on lui tendoit, on eut vû reparoître à l'instant tous les maux proscrits par ses prédécesseurs. Il nous apprend lui-même qu'il ne faut attribuer cet abus qu'à *l'infestation des gens de son hôtel, & que le droit des parties en étoit appeticié contre raison.*

Cependant le prétexte sous lequel cet abus s'introduisit, étoit au moins plausible, puisqu'il paroissoit rapporter tout à la dignité royale, & au droit de juger par elle-même. Sans doute on disoit alors au Souverain ce que l'on répete aujourd'hui dans toutes les demandes en évocation : on lui disoit que la prononciation des arrêts & le jugement des affaires acquéroit plus de poids, & une nouvelle majesté par la présence du Monarque. Ce motif pouvoit être séduisant: il devoit même l'être dans un temps voisin de celui où nos Princes venoient eux-mêmes présider aux séances du Parlement. Mais plus effrayé des maux qui pouvoient en résulter, que séduit par le prétexte idéal qu'on lui présentoit, Charles V adressa au Parlement des lettres par lesquelles il lui défendit, quelqu'ordre qu'il reçut au contraire, de surseoir à la prononciation des arrêts (1).

Ce dernier abus ainsi arrêté dans sa naissance, tout sembloit asservi à la regle pour ne plus s'en écarter; mais le malheureux regne de Charles VI devoit être aussi funeste à la législation qu'à l'Etat. La foiblesse du Monarque, les divisions des Grands, les guerres civiles, suscitées ou fomentées par un voisin puissant, tout offroit alors un champ libre à la force, à l'ambition & à l'intrigue. Pasquier, cet auteur judicieux, ne va pas chercher autre part que dans les divisions des maisons de Bourgogne &

(1) 1730. 22 Juillet, édition du Louvre, t. 5, p. 325.

d'Orléans, la cause des entreprises que l'on fit alors contre l'administration de la justice.

Cette réflexion justifiée par l'histoire, se trouve de plus appuyée par les faits ; & les premiers arrêts annullés contre les formes, depuis l'ordonnance de 1344, le furent pour servir les premiers intérêts du Duc de Bourgogne ou de ses partisans. Il suffit de jeter les yeux sur ce qui se passa dans cette occasion, pour s'en convaincre. Le crédit du Duc de Bourgogne avoit obtenu la proscription des Ducs d'Orléans & de Bourbon, le 3 Octobre 1411 ; mais Charles VI croyant avoir, par le traité de Pontoise, rétabli la paix entre les Princes, donna, le 12 Août 1412, des lettres-patentes par lesquelles il rétablit les maisons d'Orléans & de Bourbon dans les biens confisqués l'année précédente. En conséquence de ces lettres-patentes, le Parlement avoit, par différens arrêts, réintégré ces deux maisons dans la possession de leurs biens : mais le 13 Novembre 1412, on profita de la foiblesse du Roi pour faire exécuter la proscription prononcée le 3 Octobre 1411. La forme dans laquelle ce jugement est conçu, paroît d'abord être celle des lettres-patentes; mais ni l'un ni l'autre ne portant aucune marque d'enregistrement, on doit les regarder comme de simples décisions du Conseil, dont les membres sont même nommés à la fin de ces deux actes.

Cette interversion de la loi ne pouvoit guère cesser pendant les malheurs du regne de Charles VI. L'étranger qui occupoit alors une partie du Royaume, avoit grand soin de maintenir cette forme nouvelle, *& vouloit que telle cause fut vuidée* (1) *& définie au Conseil, & non en icelle Cour.*

Cependant, au milieu des troubles de ce regne, le Parlement toujours occupé à maintenir l'autorité royale, triompha une fois des efforts que ses ennemis lui faisoient faire contre elle-même. Le Duc de Lorraine avoit méconnu la souveraineté du Roi à Neuchâtel : le Parlement avoit rendu arrêt pour le faire rentrer dans le devoir; & le Duc de Bourgogne se préparoit déja à empêcher l'exécution de cet arrêt, en surprenant

(1) Pasquier, liv. 2, p. 82, 83.

une décision du Conseil pour l'annuller ; mais le Parlement députa vers le Souverain. Jean Juvenal des Ursins, chargé de cette commission, se rendit près de Charles VI, dans le moment même où, pour mieux tromper ce Prince par une feinte obéissance, le Duc de Lorraine se présentoit à lui, conduit par le Duc de Bourgogne. Ce Magistrat, *sans aucunement marchander, ni répondre au Chancelier déconcerté par son arrivée imprévue, supplia le Prince de ne point faire brèche ni à sa Majesté, ni à l'autorité de son Parlement* (1). Le Duc de Bourgogne commençant à se courroucer, Juvenal des Ursins requit *que tous bons & loyaux serviteurs du Roi vinssent se joindre de son côté, & que tous ceux qui étoient contraires au bien & repos du royaume, se tirassent du côté du Duc de Lorraine.* Cette parole étonna le Duc de Bourgogne, qui, quittant soudain le Duc de Lorraine, se retira avec les autres Princes & Seigneurs du côté du Député du Parlement. Ce fut ainsi que la

(1) Pasquier, livre 6, chap 35, page 650 & 651.

souveraineté du Roi & l'autorité de sa Cour fut sauvée en ce moment par la fidélité intrépide d'un sujet. Si tous les Grands eussent été des Juvenal des Ursins; si tout ce qui composoit le Conseil de Charles VI, eut eu le zele & la fermeté de ce Magistrat, l'Etat n'eut pas gémi aussi long-temps sous les terribles divisions dont il pensa être la victime. Nos annales contiennent d'autres exemples de ce zele éclairé, de ce véritable amour pour son Roi; & l'histoire de chaque regne répond pour le Parlement à tout ce qu'on répete contre lui auprès du trône.

L'heureux regne de Charles VII devoit être l'époque de la restauration de l'Etat. Après avoir conquis les trois quarts de son royaume, & rétabli la paix par-tout, il s'occupa du soin de rétablir les loix. C'est ce qu'il fit par les deux ordonnances de 1453 & 1483. Il paroît que l'autorité des arrêts du Parlement fut alors respectée comme elle doit toujours l'être. Ce respect se soutint même sous le regne de Louis XI, qui d'ailleurs multiplia les évocations & commissions : au moins n'est-il question que de ces deux abus dans les plaintes que les Etats de Tours firent à Charles VIII (1).

Mais à ce moment, un nouvel ordre de choses ramena un abus qui sembloit ne devoir plus reparoître.

Le Parlement séant à Paris, avoit été jusqu'au commencement de ce siecle la seule Cour souveraine du royaume. Celles que l'on avoit établies dans différentes provinces, ressortissoient par appel à Paris, mais le bien général ayant paru exiger que l'on établît plusieurs branches de cette même Cour avec le caractere de souveraineté; la confusion qui se trouvoit quelquefois dans les ressorts de ces nouveaux tribunaux, fit naître des conflicts de jurisdiction. Ces conflicts ne pouvoient raisonnablement être jugés par les Cours entre lesquelles ils s'élevoient. Charles VIII voulut que dans le cas où il les évoqueroit à son Conseil, les Cours ne pussent connoître de la contestation, jusqu'à ce que le conflict fut jugé : mais par cette clause même, & par la forme sommaire dans laquelle il veut que l'on juge ces questions, on voit évidemment,

(1) Cahier des Etats de Tours, en 1483, pag. 107.

& qu'il n'attribuoit au Conseil aucune jurisdiction contentieuse, & qu'il réservoit à ses Parlemens le fond des contestations pour en connoître après le réglement du Juge. Ces deux dispositions étoient sages (1). Ce fut delà que naquit insensiblement le droit d'annuller les arrêts rendu pendant le conflict, ou au préjudice du réglement.

A cet égard, le Conseil avoit une autorité reconnue par la loi : il pouvoit donc détruire ce qui y étoit contraire. Cette autorité même, loin d'être opposée aux principes, n'étoit que la conséquence de la distinction qu'ils établissent entre le droit de nommer des juges, & le devoir de rendre la justice. Comme administrateur, le Conseil pouvoit & devoit même décider dans ces conflicts, parce qu'il est du fait, & même du devoir de l'administration, de donner aux citoyens des juges certains : la loi lui avoit justement attribué ce pouvoir : il devenoit donc juge légitime dans cette matiere ; & en cette qualité, il ne devoit point laisser prononcer défi-

(1) Ordonnance de Juillet 1493, article 72. Néron, t. 1, p. 52 & 53.

nitivement sur une affaire, tandis qu'il examinoit par qui elle devoit être jugée. Mais il n'en résultoit, & n'en pouvoit résulter aucune preuve de supériorité de la part du Conseil sur le Parlement, pas plus que si le Parlement de Bordeaux cassant un arrêt rendu par celui de Toulouse entre deux parties justiciables du premier, on en vouloit conclure à la supériorité de l'un sur l'autre. Il est interessant de fixer clairement ses idées sur ce point : c'est le premier cas où le Conseil ait pû avoir, & où il ait eû en effet le droit de casser les arrêts des Cours souveraines.

Il s'en présenta un second sous François Ier. Son prédécesseur avoit sagement maintenu les anciennes loix, & les avoit même confirmées par son ordonnance du 22 Décembre 1499. Mais le Chancelier Duprat ayant ouvert la porte à toutes les évocations, on chercha avidement des prétextes pour les obtenir. Les récusations parurent les plus plausibles : on en proposa contre le tribunal entier. Celui-ci ne pouvoit prononcer dans une récusation proposée contre lui-même. François Ier en attribua la connoissance au Conseil : mais instruit par la loi de 1493, il eut soin de suivre la route que Charles VIII lui avoit tracée (1) : & en donnant au Conseil le droit de connoître de ces sortes de récusations, il lui prescrivit de n'accorder d'évocations que dans les cas prescrits par les ordonnances, & de renvoyer exactement le fond à un autre Parlement.

Ces loix dans lesquelles on voit les mêmes précautions que dans celles de Charles VIII, partoient du même principe, & produisirent le même effet. Revêtus d'un pouvoir légal pour prononcer sur sa demande en récusation, le Conseil put légalement annuller l'arrêt rendu au fond, pendant que cette demande s'intruisoit, ou au préjudice du réglement.

Enfin les lettres d'Etat fournirent encore une troisieme espece, dans laquelle le Conseil parut autorisé à annuller les arrêts. Ces lettres s'accordoient à ceux que le gouvernement employoit dans des pays éloignés. La nécessité de défendre aux poursuites qu'on pouvoit former contre eux dans les tribunaux, les auroient dis-

---

(1) Juin 1529, Mars 1545. Néron, tome premier, pag. 9 & 265.

traîts des affaires de l'Etat. Le Prince venoit à leur secours; mais ces lettres ne pouvant être accordées que par le Roi en son Conseil, celui-ci se trouva n'aturellement chargé de leur exécution & lorsque depuis leur signification il y eut des arrêts rendus contre ceux qui les avoient obtenues, il révoqua ces arrêts. Cependant quelque analogie qui soit entre cette espece & les deux premieres, le Conseil n'avoit pas dans celle-ci comme dans les autres, un pouvoir légitime pour révoquer les arrêts : bien plus, celui qu'il s'arrogeoit, étoit directement contraire à l'ordonnance de 1453, par laquelle les Cours souveraines étoient autorisées à ne point suspendre le jugement d'un procès sous prétexte de lettres d'Etat, quand il voyoit qu'elles n'avoient été demandées que pour reculer la fin de la contestation. Dans cette contestation, au moins le Conseil n'eut pu avoir qu'un droit conditionnel de révoquer les arrêts, droit subordonné à la question de savoir si les lettres d'Etat avoient été bien & légitimement obtenues; néanmoins le bien de l'Etat, & la sûreté même de l'administration, demandant qu'on assurât à ceux qu'elle employoit, une sécurité entiere, l'usage s'introduisit d'assimiler cette espece aux premieres, & d'ordonner dans ce cas la révocation des arrêts. Mais ces trois cas seuls étant fixés par les loix, il en résultoit que toutes les autres cassations étoient irrégulieres, & que le Conseil n'avoit & ne pouvoit avoir aucun droit d'attaquer les arrêts des Cours souveraines. La véritable regle paroissoit même tellement établie par ces exceptions, qu'il sembloit qu'on eut renoncé aux entreprises renouvellées & proscrites par les loix de 1320 & de 1344. Le ministere du Chancelier Poyet devoit être la malheureuse époque du changement qui se fit alors dans le Conseil, & dont les progrès furent si rapides (1).

A la place de *grace de dire contre les arrêts*, ou de proposition d'erreur, dont la connoissance étoit interdite au Conseil, notamment par une législation de 200 ans, on imagina de faire délivrer au sceau de nouvelles lettres appellées lettres de *nullité, ou de contrariété d'arrêts.*

Fidele aux mêmes tentatives, & au systême qu'il avoit déployé au commen-

(1) Pasquier, livre 6, chap. 6, p. 84.

cement du quatorzieme ſiecle, le Conſeil d'alors faiſoit inſérer dans ces lettres, qu'il s'en réſervoit la connoiſſance, ou les envoyoit à un tribunal qui venoit alors d'être érigé : par-là il s'arrogeoit, en vertu d'une commiſſion particuliere du Prince, le droit d'anéantir les arrêts des Cours ſouveraines ; mais cette nouveauté ne fût pas plus heureuſe que celle qui avoit été inventée lorſque le Parlement fut rendu ſédentaire : elle tomba avec ſon auteur, & François Ier l'abolit par un édit dont le titre même eſt auſſi intéreſſant que les motifs & les diſpoſitions. Arrêtons-nous un moment ſur cette époque, où furent condamnés par la loi les motifs dont on ſe ſert quelquefois pour appuyer ou prononcer les caſſations.

D'abord l'Edit eſt intitulé ainſi, (1) *Edit .... pour ôter l'invention qu'on avoit trouvée de ſe pourvoir contre les arrêts, en obtenant lettres pour être reçu à alléguer nullités, griefs & contrariétés.* Ce titre prouve deux choſes ; la premiere, que ces lettres étoient une

(1) Mars 1545. Néron, tome premier, page 265 & 266.

invention nouvelle; la seconde, que la loi a été faite pour s'opposer à cette nouvelle invention.

Ces deux points sont de plus attestés par le préambule. François Ier y reconnoît d'abord ce que Philippe-le-Long avoit dit en 1320, que les arrêts des Cours souveraines ne peuvent être impugnés que par les voies de droit : nouvelle preuve que cette loi sacrée, aujourd'hui presque méconnue, remonte aux premiers siecles de la monarchie. Il annonce ensuite que le moyen de nullité & de contrariété d'arrêts s'étoit introduit depuis *quelque temps*, que par là on fait revoir les affaires, comme si c'étoit une voie d'appel : il semble que François Ier ait voulu peindre en 1545, ce qui arrive aujourd'hui. L'abus ne faisoit que de naître; introduit depuis peu de temps, il n'avoit pu jeter de profondes racines : cette voie irréguliere n'avoit encore été employée que par aucuns qui avoient trouvé moyen de trouver ces lettres, & les exemples étant rares, on n'osoit encore s'en faire un titre contre la loi. Cependant quels maux cet abus si nouveau avoit-il déja produit ? Sous quels traits le législateur a-t-il dénoncé à la nation le délit qu'il alloit condamner ? Ce ſera François Ier lui-même qui va nous le dire. Cette loi fait partie des loix du Royaume : elle eſt au nombre de celles que chaque Magiſtrat, que chaque Roi même a promis d'exécuter. *C'eſt rendre*, dit-il, *tous les arrêts illuſoires & ſans effet*, *& conſommer en frais ceux qui les auroient obtenus à leur profit, vexation, & charges à nos ſujets inſupportables.*

Si quelqu'un, intéreſſé à craindre le ſuccès du zele qui m'anime, oſoit dénaturer mes intentions, qu'il ſe rappelle que dans ces quatres lignes ſont compris les abus & les principes qui viennent d'être combattus & établis.

François Ier ne balança point à prononcer une ſuppreſſion ſi déſirée : ſon Edit contient à ce ſujet deux diſpoſitions. Par la premier, il ordonne, *attendu que les moyens de nullité & de contrariété d'arrêts peuvent être compris ſous la propoſition d'erreur, qu'à l'avenir nul ne ſera reçu à contrevenir aux arrêts des Parlemens & autres Cours ſouveraines, par voie de nullité & contrariété d'arrêts, ains ſe pourvoiront par propoſition d'erreur, en gardant les formalités requise par les ordonnances, & dans les temps à ce préfix* : par la seconde, il ordonne *que tous les procès pendans au Conseil pour raison de nullité & contrariété d'arrets, seroient renvoyés dans les Cours où ils auroient été jugés, lesquels, dès à présent, nous y avons renvoyé, & renvoyons.*

Le désir de s'élever au-dessus des arrêts des Cours, & d'usurper les droits de les rétracter, s'irritoit de plus en plus par les obstacles qu'on y avoit apposés : & l'intrigue devenoit plus ingénieuse, à mesure que la prohibition de la loi devenoit plus positive. On n'osa point heurter de front l'ordonnance de 1545, mais on chercha à tromper l'intention du Législateur par un nouveau moyen qu'il ne pouvoit supçonner, conformément aux loix solemnelles, qu'il eut été au moins imprudent d'enfreindre. Le Conseil rédigeoit & envoyoit aux Cours les lettres contre ses arrêts : mais il les faisoit évoquer par le Prince : & par-là, l'exécution des arrêts demeuroit en suspens, jusqu'à ce que le Conseil eût jugé, en vertu de cette évocation, si les arrêts devoient ou ne devoient pas être retractés. Cette nouvelle tantative éludoit toutes les loix sur les cassations, & frondoit ouvertement toutes celles sur les évocations. Aussi, le Parlement attentif à maintenir l'esprit des unes & la lettre des autres, ne tarda pas à porter aux pieds du trône ses justes supplications contre une pareille entreprise. La religion du Monarque étoit alors, comme malheureusement elle le sera toujours, facile à surprendre : & la réclamation du Parlement fut présentée comme *une nouvelleté jusqu'alors non devenue* : mais en même-temps le Monarque désiroit être éclairé, & quand il eut entendu le Président Deriant lui dire, à la tête de son Parlement, *que le Conseil n'avoit puissance d'évoquer : que quand il l'auroit, il ne pourroit connoître de la correction d'un arrêt, & qu'il faudroit punir celui qui auroit obtenu de telles lettres contre les ordonnances* ; il lui déclara que son Parlement seul pouvoit en connoître, & le chargea de dresser lui-même les lettres-patentes qui devoient être données à ce sujet.

Ce retour à la regle, par lequel Henri II crut, avec raison, affermir son autorité, loin de la diminuer, assura aux arrêts des Cours souveraines la tranquillité légale qu'ils devoient avoir. L'autorité de la chose jugée paroissoit constamment établie sous Charles IX. Le Chancelier de l'Hôpital rendoit à cette vérité le témoignage le plus authentique. Il avouoit au Parlement, à la tête duquel il siégoit en ce moment, que *contre les arrêts du Parlement n'y a remede que par certaines voies légitimes, contre lesquelle nos Rois n'ont voulu user de leur puissance, & encore en sont juges ceux-mêmes qui ont donné l'arrêt*; & les Etats d'Orléans réclamant alors, comme autrefois ceux de Tours, contre les évocations & commissions, ne formerent non plus qu'eux, aucune plainte à cet égard. Les loix qui régloient cette matiere importante s'observoient avec soin; & pour en garantir de plus en plus l'observation, Charles IX les renouvella en 1560. Les prétendans nullités des contrariétés d'arrêts des Cours souveraines *seront jugés où les arrêts auront été donnés; & les requêtes des récusations qui seront proposées contre nos Parlemens & Cours souveraines, seront envoyées en nos Conseillers maîtres des requêtes, pour en faire rapport, &*

& les juger en notre Conseil privé.

Malheureusement des raisons semblables à celles qui avoient éludé ou suspendu, sous Charles VI, l'exécution des anciennes loix, s'éleverent encore contre celle-ci : & les troubles du Royaume donnerent lieu à de nouvelles entreprises. Car telle est une des singularités remarquables, & peut-être effrayantes de cet abus, qu'enchaîné sous presque tous les regnes par les loix les plus précises, il cherchoit sur-tout à s'y soustraire dans ces momens de dissension, où le plus fort est toujours celui qui a le plus à espérer. Henri IV cherchant, en 1595, à ôter de son Conseil cette jurisdiction contentieuse, ne va pas chercher ailleurs la cause de l'autorité illégale qu'on lui avoit attribuée ; *elle est provenue*, dit-il, *de diverses occasions, & premiérement à cause des troubles* (1).

Ce fut alors que le Conseil se trouva chargé d'une multitude d'affaires que la ligue y faisoit porter, & qu'il prit le nom de conseil des parties. Ce fut alors aussi que s'introduisit le nom & l'usage

(1) Réglement du Conseil du 21 Mai 1575. Girard, des offices, tom. 1, p. 631.

de la cassation, qui loin dêtre écrite dans aucune loi, les contredisoit toutes : c'étoit renouveler ouvertement une entreprise jusqu'alors toujours voilée. Henri III parut s'y prêter ; en 1578 il fit un réglement ; cependant on n'osa pas y insérer le nom de cassation, ni même rien qui y eût rapport ; mais les délibérations du Conseil devoient être lues au Roi par un Secrétaire d'Etat, en présence du Chancelier ; & on ne pouvoit les expédier qu'après que le résultat avoit été vu & approuvé par le Roi. Cette précaution, inutile dans la forme, étoit de plus impraticable dans le fait ; mais ceux qui cherchoient alors à assurer au Conseil le droit des cassations (dont le nom même n'est cependant pas employé une fois dans ce réglement) imaginerent que par-là le Conseil auroit l'air de recevoir du Roi autant de commissions particulieres, qu'il feroit d'actes de jurisdiction ; & que l'approbation que le Roi étoit censé donner à chacun de ces actes, suppléoit à la loi. Ces deux raisons étoient radicalement vicieuses : premiérement, parce qu'une commission, quand elle n'est pas revêtue d'uue forme légale, ne peut jamais faire aucun acte de jurisdiction : secondement, parce que la simple volonté du Roi (pût-on même la supposer certaine) ne peut jamais suppléer à la loi, & encore moins l'anéantir.

D'ailleurs, ce réglement demandé, obtenu & dicté par le Conseil, n'a jamais reçu l'indispensable formalité de l'enregistrement, & ne peut par conséquent être regardé comme une loi. Ce seroit au moins un étrange systême que celui qui feroit dépendre d'un simple réglement de discipline les biens, la vie & l'honneur des citoyens; que celui qui en acordant au Conseil le droit de prononcer définitivement sur ces trois points, le dispenseroit d'être autorisé par aucune loi publique, tandis que la derniere des justices, sujete à un ou même à plusieurs appels, ne peut être reconnue pour telle que d'après une loi positive, publiée & vérifiée suivant les formes ordinaires. J'aurai lieu de revenir sur cette réflexion, qui toute effrayante qu'elle est, n'est pas moins la suite nécessaire du systême qui s'établit & s'exécute tous les jours. Il me suffit, quant à présent, d'avoir prouvé que ce n'est point dans le réglement de 1578, ni dans d'autres semblables qu'il faut chercher les principes & les regles en matiére de caſſation, puiſque c'eſt dans une loi ſeule que l'on peut voir les intentions & la volonté du légiſlateur, & que ces réglemens ne ſont & ne peuvent être des loix. Il faut donc recourir à la célebre ordonnance accordée l'année ſuivante aux repréſentations de tous les Etats : la nation entiere s'expliquant alors par ſes députés, le Monarque communicant à ces propoſitions le pouvoir légiſlatif, voilà ce qui a fait de l'ordonnance de 1579, une des premieres loix du royaume, & d'après laquelle la prétendue loi de 1578, ſi on vouloit lui donner ce nom démenti par les principes & les faits, auroit été entiérement abrogée. Or, cette loi, que dit-elle ſur l'article des caſſations ? Voici ce qu'on lit aux articles 91 & 92. *Et au regard de notre Conſeil privé & d'Etat, ayant en cet endroit comme en tous autres bénignement reçu les remontrances qui nous ont été faites par nos Etats, afin de conſerver la juriſdiction qui appartient à nos Cours ſouveraines, déclarons que les arrêts ne pourront être caſſés ne retractés, ſinon par les voies de droit qui ſont requêtes civiles, & propoſition d'erreur : ni l'exécution d'iceux arrêts être suspendue ou retardée sur simple requête à nous présentée en notre Conseil privé.*

Cette loi a été donnée en grande connoissance de cause. Si d'un côté les députés du tiers-Etat, & sur-tout ceux de Paris, firent, suivant un auteur contemporain (1), *grande insistance pour l'obtemption de cet article, pour cette raison principalement, qu'au Conseil privé bien souvent étoient retractés les arrêts du Parlement*; de l'autre, le Conseil, qui avoit obtenu le réglement de 1578, dut faire ses efforts pour que cet article ne fût pas accordé: & Henri III qui avoit donné ce réglement l'année précédente, ne promulgua pas une loi qui l'anéantissoit, sans avoit pesé les inconvéniens qui pouvoient en résulter. Cette loi a fixé irrévocablement la législation sur cet objet; & jusqu'à ce qu'une loi contraire, aussi solemnelle, & aussi librement enregistrée, anéantisse expressément l'article 92 de l'ordonnance de Blois, tous les arrêts cassés contre la disposition textuelle de cet article, déposeront & réclameront sans cesse

(1) Néron, tom. 1, pag. 559.

contre un pareil abus au tribunal de la justice, de la conscience & de la raison.

Cependant, par un de ces malheurs que l'intrigue des Cours peut seule expliquer, cette loi, peu d'années après, reçut quelques atteintes. Terribles effets de la surprise à laquelle sont exposés les Rois, qui au lieu de suivre leur volonté même consignée dans des actes immuables, exécutent dans le fait celle d'un courtisan dont ils servent malgré eux les projets.

Plusieurs exemples apprenoient déja en 1587 (93), que le conseil vouloit continuer à s'attribuer le pouvoir de casser les arrêts; & le 4 Septembre, le Parlement arrêta des remontrances à cet effet: elles furent présentées en 1588 (94).

---

(93) Arrêté qu'il ne sera procédé à la vérification des lettres obtenues par le sieur Chambon, Conseiller au Conseil Privé, & qui seront ci-après obtenues par autres, jusqu'à ce que le Roi eût réglé le pouvoir du Conseil sur les évocations, que pour les causes dont la connoissance est attribuée à la Cour par les Ordonnances, & le pouvoir de casser les Arrêts de la Cour, dont remontrances lui seront faites.

4 Septembre 1587, Reg. tom. 19, fol. 468.

(94) Que ledit Conseil ne puisse casser, retracter, ni empêcher ou suspendre l'exécution

Le Parlement demandoit alors l'exécution des anciennes loix : que la plainte de nullité d'arrêts pût se déduire par requête civile, & la contrariété d'arrêts. Ces remontrances acquirent une nouvelle force en 1595, relativement à un arrêt du Parlement qui venoit d'être cassé par le Conseil. Henri IV établit à ce sujet une Conférence composée des Magistras du parlement & de ceux du Conseil; il faut voir dans cette con-

---

des Arrêts de Cours Souveraines, & défenses soient faites aux parties soi y pourvoir, sauf à se pourvoir pardevant les Cours par les voies de droit, & que la plainte de nullité d'Arrêts se puisse déduire par les requêtes civiles, & la contrariété d'Arrêts par proposition d'erreur; & où au préjudice de ce que dessus, aucune partie seroit assignée audit Conseil, qu'elle ne soit tenue d'y comparoir ou présenter, & où aucuns défauts, jugemens ou réglemens s'en ensuivroient, qu'ils soient nuls; défenses aux Juges d'y avoir aucun égard, & aux Huissiers & Sergens de les mettre à exécution, & aux parties de s'en aider, sur peine d'amende arbitraire, & de tous dépens, dommages & intérêts; & à cet effet supprimer le Greffe dudit Conseil.

27 Août 1588, Remontrances du Parlement à Henri III, Manuscrits Dupuis, n°. 723, V°. 267.

férence même, la façon dont le cèlebre Achille de Harlay parla au Chancelier de France, & à plusieurs Conseillers d'Etat qui étoient présens. Ce grand Magistrat ne craignit point de rappeler au Conseil les bornes de ses fonctions; il leur demanda de quel pouvoir ils s'opposoient aux ordonnances; il leur déclara que l'intention du Parlement étoit que ses arrêts fussent exécutés (96); & comme la vérité a tou-

---

(96) Le 15 Avril 1591, le Conseil ayant cassé un Arrêt du Parlement au sujet des rentes de l'Hôtel-de-Ville, le Parlement s'éleve contre les atteintes que les Loix éprouvoient depuis long-temps.

Le Roi, en 1595, pour parvenir à un Réglement, établit une conférence entre les gens du Parlement & du Conseil.

On voit dans les registres du 26 Avril 1595, » qu'Achille de Harlay, Premier Président, dit » dans cette Conférence, qu'encore que l'Arrêt » de cassation portât ces mots : *Le Roi étant en* » *son Conseil*, toutefois la fin en ces *faits au* » *Conseil*, fait assez connoître qu'il n'avoit été » donné en sa présence, & que le Parlement » faisoit une grande différence de l'une à » l'autre . . . . . . qu'il sembleroit que le Con- » seil voulût donner la loi à la Cour, & pré- » venir l'opinion qu'elle devoit tenir . . . . . . » il leur demanda de quelle puissance ils te-

jours un grand empire dans la bouche d'un grand homme ; comme Henri IV étoit digne de l'entendre parce qu'il l'aimoit, cette juste réclamation eut un heureux succès. Le 21 Mai suivant, il fit faire pour le Conseil un réglement dont l'article 14 porte que *les arrêts des Cours souveraines ne pourront être cassés ou sursis sinon par*

» noient, & surséance les poursuites qui se » faisant au Parlement, que cette jurisdiction » ordinaire, par les Ordonnances qu'il sembleroit que les procès pendans au Parlement, y » dussent être jugés, sans que le Procureur-» Général poursuivît main-levée de cette sur-» séance, & que le Parlement dût en demander » la permission, nous vous soutenons que n'avez » jurisdiction ordinaire, l'Ordonnance nous » l'attribue, à vous point, & néanmoins en ce » qui est de la jurisdiction ordinaire, vous qui » n'en avez point interdites & déclaré nul..... » que cela ne se pouvoit soutenir, & que quand » aux défenses faites aux Huissiers & Sergens » d'exécuter les jugemens, elles étoient inutiles » pour les Huissiers de ladite Cour, parce qu'ils » n'en étoient en puissance d'autres que du » Roi, de les empêcher d'exécuter les com-» mandemens de la Cour, que l'intention du » Parlement étoit que ces Arrêts sortent effet ».

26 Avril 1595, Registres du Parlement, tom. 20, fol. 285.

N 5

les voies de droit permises par les ordonnances (95).

Le préambule de ce réglement annonce que le Roi veut établir un bon ordre dans l'administration de la

---

(95) Réglement du Conseil.

« Le Roi desirant établir un bon ordre pour » la conduite des affaires & l'administration » de la justice, a voulu recommencer par la ré- » formation de son Conseil, & principalement » en déchargeant le Conseil d'Etat & des Fi- » nances, & le Conseil Privé, de toutes les » matieres qui gissent en jurisdiction conten- » tieuse, qui seront renvoyées au Parlement, » Grand-Conseil, Cour des Aides, & autres » Juges ordinaires, où les procès pourront être » jugés plus commodément pour le soulage- » ment des sujets du Roi; & pour effectuer ce » que dessus, il sera fait un bon réglement des » choses qui doivent être traitées au Conseil » des Finances & au Conseil Privé de Sa Ma- » jesté, & sera fait un rôle de tous les procès » qui seront pendans & indécis ès-dits Con- » seils, lesquels ont été examinés sommaire- » ment, seront renvoyés promptement, comme » il est dit ci-dessus ».

L'article 14 du même Réglement porte : « Les » Arrêts aussi donnés aux Cours Souveraines » ne pourront être cassés & sursis, si-non par » les voies de droit permises par les Or- » donnances ».

21 Mai 1595, Joly, tom. 1, pag. 631 & 632.

justice, & qu'il a reconnu qu'il ne pouvoit y parvenir que par la réformation du Conseil, & en le déchargeant des matieres de jurisdiction contentieuse. Sans s'arrêter à toutes les réflexions qui sortent naturellement de l'ordre même des faits, il est difficile, en voyant la loi de 1579, violée pendant les troubles de la ligue ; & renouvelée au retour de la paix, de ne pas se rappeler que la même chose arriva sous les malheurs de Charles VI, & fut réparée après les triomphes de Charles VII. Il est difficile de ne pas trembler à la vue d'un abus qui ne s'élevant qu'au milieu des désastres de la nation, retomboit sous l'anathême, aussitôt que la raison, la justice & la loi pouvoient se faire entendre.

Que seroit-ce, si l'on comparoit ce qui se fait aujourd'hui, avec ce qui fut ordonné en 1595, si l'on jugeoit les cassations d'après le réglement même du Conseil ? Chaque pas que fait le Magistrat dans la législation des siecles précédens, lui découvre un abîme qui se creuse aujourd'hui sous ses pieds ; & parvenu à ce degré de splendeur où les loix s'étoient élevées, il regarde autour de lui, les cherche, gémit, & ne les voit plus.

Henri IV sentoit la nécessité de ces loix, il sentoit que cet édifice attaqué pendant les guerres civiles, avoit besoin d'être consolidé; & non content du réglement qu'il avoit fait pour le Conseil, en 1595, ou plutôt, sentant que ce réglement même n'ajoutoit rien aux loix précédentes, parce qu'il n'avoit pas une forme légale, il donna son Edit du mois de Janvier 1597 pour confirmer ce qu'il avoit dit deux ans auparavant: & voulant maintenir le respect dû à ses Cours souveraines, il renouvela pour les cassations & les surséances, les prohibitions portées dans les ordonnances de ses prédécesseurs (96. *bis*)

Ce grand Prince possedoit à-la-fois

(96 *bis.*) Article 15 de l'Edit donné à Rouen en Janvier 1597.

« Voulons aussi que les Arrêts donnés par » nos Cours Souveraines, soient reçus & exé» cutés, gardés & entretenus avec le respect » qu'il convient; & confirmant nos anciennes » Ordonnances, déclarons que lesdits Arrêts » ne pourront être cassés ni retractés, si-non » par les voies de droit & formes prescrites » par nos ordonnances ».

Janvier 1597, Fontanon, tom. 1, pag. 5.

l'art de faire aimer son gouvernement, & de faire exécuter ses loix. Celle de 1597 fut exécutée pendant sa vie: mais le commencement du regne de Louis XIII vit renaître les mêmes tentatives, toujours aussi constantes à se perpétuer, que les législateurs étoient attentifs à les proscrire. Les Etats de 1614 présenterent à ce sujet leur réclamation à Louis XIII, & cette réclamation renouvelée en tant d'occasions, prouve quel grand intérêt la nation avoit à maintenir la jurisdiction des tribunaux ordinaires.

Sa voix (100) devoit être écoutée par

---

(100) Cahier des remontrances du Clergé, p. 72, art. 122, contre les évocations nouvelles.

« Les Ordonnances de Blois, art. 91, 92, » 97, à ce que tous les procès, tant civils » que criminels, se traitent en premiere ins- » tance par-devant les Juges ordinaires, & par » appel aux Parlemens, avec défenses à tous » Juges, tant souverains qu'autres, avoir » aucun égard aux évocations générales ou » particulieres obtenues du propre mouve- » ment, & comme extorquées de Sa Majesté » par importunité, & ne pourront les arrêts » donnés contradictoirement aux Cours Sou- » veraines être sursis sur simple Requête, ni » retractés par autre voie que par Requête » civile, ou proposition d'erreur, lesquels

un Prince juste, & le fut en effet. Louis XIII, par l'édit de Loudun, en conservant à ses Cours souveraines les libres & entieres fonctions de leurs charges, les maintint dans l'autorité de jurisdiction que les ordonnances leur atribuoient: & si l'on vouloit élever le moindre doute sur l'esprit de cette loi, on en trouveroit l'explication dans l'assemblée de 1617 (99), dont j'ai déja parlé. Il

---

» seront jugés par les mêmes Juges qui au-
» ront donné l'arrêt; autrement ne pourront
» les parties s'en aider ».

Procès-verbal de la Chamb. Ecclésiastique des Etats de 1614 & 1615.

« Que sur simple Requête présentée à votre
» Conseil l'exécution des Arrêts de vos Cours
» Souveraines, & jugemens donnés en vos
» autres Jurisdictions ne puisse être suspendue
» ni retardée, ni lesdits arrêts & jugemens
» cassés & retractés par la voie de droit, &
» en la forme portée par vos Ordonnances ».

1614, Cahier du Tiers-Etat.

(99) Louis XIII, dans l'Assemblée des Notables qu'il convoqua à Rouen en 1617, proposa que desirant établir un bon ordre pour l'administration de la « justice, il vouloit
» commencer par la réformation de son Con-
» seil, & premiérement en le déchargeant
» de toutes les matieres qui gissent en juris-
» diction contentieuse, qui seroient aux Par-

s'énonce dans cette assemblée comme Heuri IV avoit fait en 1595, & lorsqu'il propose que les arrêts des Cours souveraines ne puissent être rétractés ou sursis que par les voies de droit, l'assemblée répond que cet article étant conforme aux ordonnances, il n'y doit être rien changé. Ce fut conformément à ce qui avoit été réglé dans cette assemblée, que le premier Président disoit, en 1624, au Chancelier d'Aligre, que si les sujets des plaintes ne cessoient point, le Parlement reprendroit l'autorité dont il avoit usé depuis trois cents ans, pour décharger (98) les parties des assignations au Conseil, en cassation d'arrêts.

» lemens . . . . . & autres Juges ordinaires où » les procès pourront être jugés plus commo» dément pour le soulagement de nos sujets.

» Les arrêts aussi donnés aux Cours sou» veraines ne pourront être révoqués ni sursis, » sinon par les voies de droit qui sont per» mises par les Ordonnances ».

Nota. Cassation.

Réponse de l'Assemblée, d'autant que cet article est conforme aux Ordonnances, il n'y doit être rien changé.

1617, Joly, add., tom. 1, pag. 309.

(98) Le Premier Président dit à M. le Chancelier d'Aligre, qu'il étoit venu au Parlement

Le Chancelier d'Aligre fut exact à maintenir les principes contre les cassations ; & le Parlement ne le fut pas moins à se plaindre, dès qu'on y portoit une seule atteinte. Si, en 1645, il se plaint que *les cassations se demandent avec la même liberté avec laquelle on interjete appel d'un juge de village*, il ajoute que

---

après l'enregistrement de ses provisions, que les trop fréquentes évocations donnoient à la Cour un juste sujet de plaintes ; mais bien plus, les assignations qu'on donnoit au Conseil pour recevoir les choses jugées par la Cour, & en casser les Arrêts ; que la Cour avoit accoutumé depuis trois cens ans de décharger hardiment de ces assignations au Conseil ceux qui y avoient été assignés, si-non depuis quelques années ; qu'en ayant parlé au Roi, Sa Majesté lui avoit commandé de ne le faire pas pour de bonnes & justes considérations ; que le Parlement espéroit, que pendant qu'i seroit en charge, il (M. d'Aligre) feroit entiérement cesser ce sujet de plainte ; mais que s'il ne le faisoit pas, il avoit charge de la Cour de lui dire de ne pas trouver mauvais qu'ils reprissent l'autorité de laquelle ils avoient usé depuis trois cens ans, pour décharger les parties de ces assignations au Conseil en cassation d'Arrêts, & soutenir l'honneur & les Arrês de la Compagnie.

29 Novembre 1624, Manuscrits Dupuy, n°. 672.

ces poursuites ne réussissent pas d'ordinaire, parce que les arrêts du Parlement subsistent par leur pouvoir; & le Chancelier lui répond qu'il ne voyoit pas qu'il s'en trouvât d'exemple dans les affaires de jurisdictions contentieuses entre deux parties plaidantes. Les remontrances portées en cette occasion par Omer Talon (97), contiennent une phrase intéres-

---

(97.) Dans des Remontrances du Parlement, au sujet des cassations de ses Arrêts dans l'affaire de Quentin, où on vouloit créer un Président sans enregistrement en la Cour de l'Edit de création; le Parlement dit: « qu'encore, qu'en » certaines occasions le Conseil casse les Arrêts » de cette Cour; par exemple, lorsqu'ils sont » rendus au préjudice des lettres d'Etat, » lorsqu'il y a conflict de jurisdiction entre » deux Parlemens, ou Commission obtenue sur » parenté & alliances........ ce n'est pas » une marque de supériorité; que le Grand-» Conseil use du même droit en certaines ren-» contre. La Chambre de l'Edit du Parlement » casse avec autorité les Arrêts des autres Par-» lemens, rendus au préjudice de sa jurisdic-» tion; voir même les requêtes du Palais & de » l'Hôtel, parce qu'ils sont Juges de leurs pri-» viléges, en usent de la sorte; mais que pour » cela Messieurs du Conseil n'ont jamais eu le » droit de casser, encore moins de biffer les » Arrêts du Parlement, lequel d'ailleurs a

ſante, parce qu'en nous apprenant les ſeuls cas où le Conſeil caſſoit alors les arrêts du Parlement, elle fait voir qu'on n'admettoit point encore d'autres moyens de caſſation. *En certaines occaſions, il caſſe les arrêts de cette Cour.* Par exemple, lorſqu'ils ſont rendus au préjudice des lettres d'Etat, lorſqu'il y a conflict de juriſdiction entre deux Parlemens, ou commiſſion obtenue ſur parentés & alliances. C'étoit-là, en 1645, les ſeuls moyens d'obtenir une caſſation, & on ſe rappelle ſans doute quelle en avoit été l'origine.

§ II.

Vint enfin la fameuſe loi de 1667. Cette époque, célebre dans notre hiſtoi-

---

» beaucoup d'autres avantages, puiſqu'il eſt » Juge des perſonnes qui ſont aſſiſes dans les » Conſeils; leſquelles ne peuvent jamais l'être » des Magiſtrats du Parlement. Qu'il y avoit » grande différence entre l'autorité du ſouve- » rain ſéant en ſon Conſeil, agiſſant par lui- » même, & l'autorité du Conſeil lorſqu'il » travaille dans les affaires des parties ou la » direction des Finances; parce qu'alors le » Conſeil travaille au nom du Roi ».

1645, Mémoires Talon, tom. 3, pag. 345.

re, est celle à laquelle Louis XIV crut qu'il étoit de sa grandeur de faire une réforme entiere dans la justice : ce projet étoit digne de lui ; & ce qu'il y avoit de plus habile alors en jurisconsultes fut choisi pour l'exécuter. Pour travailler à cet ouvrage important, on fouilla dans toutes les loix : toutes les ordonnances furent combinées & rapprochées ensemble. Depuis le premier acte de la procédure, jusqu'au jugement qui prononce en définitif, jusqu'a l'exécution même de ce jugement, tout fut examiné avec soin. Bien plus, le dernier titre est consacré tout entier aux moyens de revenir contre les arrêts. Si donc on peut se pourvoir contre par voie de cassation, si cet usage ne craint point de paroître au grand jour, & de subir avec toutes les autres parties de la procédure, l'examen le plus rigoureux, sans doute il va paroître dans cette ordonnance, sans doute au moins on en verra des traces. Cependant ce mot de cassation, aujourd'hui si familier, ne se trouve qu'une seule fois dans l'ordonnance de 1667, & encore, l'espece à laquelle elle s'applique, rentre-t-elle absolument dans celles dont j'ai déja parlé ; c'est lorsqu'une intervention

[...] 2, art. 28.

aura été présentée & jugée dans un tribunal différent de celui où s'instruit le procès principal. Cet article est le seul où le mot de cassation se trouve employé avec celui de nullité : par-tout ailleurs, pour chaque formalité que prescrit l'ordonnance, elle ajoute *à peine de nullité :* C'est donc ajouter à la loi, que de se servir des défauts de formalités, pour demander ou prononcer une cassation : l'inob-
Titre 35, art. 34. servation des formes de la procédure est mise au nombre des ouvertures des requêtes civiles, c'est donc aller directement contre l'esprit de l'ordonnance, que d'ériger ces procédures en moyen de cassation. Enfin l'ordonnance disant en propres termes, que *les arrêts & jugemens en dernier ressort ne pourront être retractés que par lettres en forme de*
Tit. 35, art. 1. *requête civile, & que ces lettres seront portées & plaidées aux mêmes compa-*
Ibid. art. 20. *gnies où les arrêts & jugemens auront été rendus*, c'est violer ouvertement la loi que de demander la cassation de ces jugemens, & de la demander devant une autre assemblée (101). Ce principe, que le

(101) Le mal jugé ne doit pas plus influer sur la Requête en cassation, que sur la Requête *civile.*

tribunal qui avoit rendu un arrêt, pouvoit ſeul connoître de ſa rétractation, étoit encore ſi reſpecté lors de l'ordonnance de 1667, que le légiſlateur prévoyant un cas particulier où la requête civile devoit être portée devant une autre Cour, ſe croit obligé de lui en attribuer, par la loi même, toute juriſdiction & connoiſſance, & l'on pourroit ici abandonner les argumens ſans nombre & ſans réplique qui reſultent de toutes les loix antérieures, pour s'en tenir à celle-ci. Cette loi, qui ne contient qu'une ſeule fois & dans un cas privilégié, ce mot de caſſation, cette loi, d'après laquelle on juge avec tant de ſévérité les arrêts, qu'elle défend, & qu'on ſe permet de caſſer, porte à chaque page la condamnation d'un abus ſi

Ibid. art. 25.

Art. 19. Ne ſeront les arrêts retractés ſous prétexte de mal jugé au fonds, s'il n'y a ouverture de Requête civile, ou de réviſitation.

Art. 27. La Requête civile ou de réviſitation, qui aura été appointée au Conſeil, ſera jugée comme elle eût pu être à l'audience, ſans entrer dans les moyens du fonds.

Janvier 1684. Edit.

Cet Edit fait pour le Parlement de Pau, étant à ce Parlement, les diſpoſitions du titre 35 de l'Ordonnance de 1667.

dangereux : elle porte la condamnation des deux moyens sur lesquels on se fonde le plus souvent pour demander la cassation des arrêts : ces deux moyens sont le mal jugé au fond, & la contravention à un point de coutume. Sur le premier, la loi est expresse, & ne laisse aucun doute. *Les arrêts & jugemens ne seront rétractés sous prétexte de mal juger au fond* : ici tout commentaire est inutile, & toute cassation qui y contrevient est illégale. Sur le second, la loi est muette, mais son silence s'explique par le procès-verbal, & ne s'explique pas en faveur des cassations. La contravention à un point de coutume avoit été insérée d'abord dans la loi comme moyen de requête civile : il fut présenté comme tel aux commissaires, & supprimé d'après leurs réflexions. On reconnut ce qu'un Magistrat célebre disoit à cette conférence (1), *que c'étoit ouvrir la porte aux requêtes civiles contre les arrêts qui auroient été rendus sur des questions de coutume ; que les questions de coutume s'entendent différemment par les parties, & que celui qui aura perdu son procès, soutiendra toujours que l'on aura jugé contre la coutu-*

Titre 35, article 32.

(1) Procès-verbal de l'ordonnance, art 35.

me. Mais l'insertion de cette contravention, & sa suppression dans la loi, n'en mérite pas moins notre attention, puisque de l'une il résulte nécessairement que le législateur en laissoit la connoissance à ses Cours, & ne croyoit donc pas que ce fût un moyen de cassation qui dût être porté au conseil; & que l'autre présuppose nécessairement que si le Parlement demanda qu'on ne la mît point au nombre des ouvertures de requête civile, ce n'étoit pas pour l'ériger en moyen de cassation.

Il est donc certain, selon le texte même de la loi, que le mal jugé au fond ne peut jamais faire rétracter un arrêt, même par requête civile : il ne l'est donc pas moins d'après son silence, & le procès-verbal de sa rédaction, que la contravention à la coutume ne fut jamais, n'étoit point alors, & par conséquent, ne peut être aujourd'hui un moyen de cassation : & s'il étoit besoin, deux loix postérieures établiroient encore cette vérité. L'article 92 du titre premier de l'ordonnance de 1737, autorise la cassation lorsque le tribunal où le procès est évoqué, aura jugé contre la coutume qui régit la partie : preuve évidente que dans la regle générale cette contravention n'étoit pas une ouverture de cassation, puisqu'alors cette exception eût été absolument inutile: & Louis XIV donnant, en 1684, au Parlement de Pau une loi, par laquelle il étend à cette province les dispositions du titre 35 de l'ordonnance de 1667, ne veut point que le mal jugé soit regardé comme moyen de requête civile, ou de révision, & ordonne que ces requêtes soient discutées sans entrer dans les moyens du fond. Si, dans les loix qui ont été données depuis, & notamment dans celles de 1669, de 1702, & de 1737, la cassation est autorisée, c'est toujours relativement aux arrêts rendus pendant un réglement de juge, malgré une évocation légale, ou au préjudice des lettres d'Etat (102, 103).

(102) L'art. 92 du titre premier de l'Ordonnance de 1737 porte: Les causes & procès évoqués seront jugés « par les Cours auxquelles » le renvoi en aura été fait suivant les loix, » coutumes & usages des lieux d'où ils auront été évoqués, à peine de nullité des jugemens & arrêts qui seront rendus au contraire, pour raison de quoi les parties pourront se pourvoir par-devers nous en notre Conseil.

Nota. Cette disposition n'autorise-t-elle pas

Tel

Tel est cependant le dernier état de la législation ; excepté dans des especes particulieres, prévues ou tolérées par les ordonnances, par-tout ailleurs la cassation, non-seulement n'est pas permise, mais est même défendue en termes formels.

Quelle idée se fera-t-on donc de la justice qui, dans un grand royaume,

---

en général toutes les cassations d'arrêts qui n'auront pas été rendus suivant les loix, coutumes & usages des lieux, ou doit-elle avoir son application seulement aux cas où les affaires ont été renvoyées à un autre tribunal que celui qui en devoit connoître, 1737.

(103) L'Ordonnance de 1669, tom. 5, art. 4, & la Déclaration de 1702, art. 20, permettent la cassation des arrêts qui seront donnés par les Cours après la signification des lettres d'Etat, 1669, 1702. Néron, tom. 2, pag. 330.

Les arrêts des Cours, rendus au préjudice de la cédule évocatoire duement signifiée, seront cassés, si le tribunal contre lequel elle est donnée juge l'affaire sans avoir égard à l'évocation, 1669, 1737.

L'Ordonnance de 1669, tit. 2, art. 7, & celle de 1737, tit. 2, art. 14, permettent les cassations des arrêts qui seront rendus par les Cours depuis l'assignation donnée au Conseil en réglement des Juges.

1669, 1737.

s'administre au nom d'un grand Monarque, si on veut s'assurer que la majeure partie des cassations se demande dans des cas prohibés ? Or, sur cent requêtes, il n'y en a pas cinq, il n'y en a peut-être pas deux qui ne portent sur un des motifs ci-dessus exposés. En vain diroit-on que rarement ces requêtes réussissent : il suffit qu'elles réussissent quelquefois, il suffit qu'il en réussisse une seule, pour troubler un citoyen, & inquiéter toute la société.

Et ici se présente une réflexion malheureusement trop susceptible d'ajouter au malheur du premier, & aux alarmes de la seconde. Depuis la naissance de la Monarchie, tous les Rois se sont occupés des moyens d'acquitter la justice qu'ils doivent à leurs sujets : les différens degrés de jurisdiction ont été réglés avec soin ; chaque action a reçu la modification & le caractere de la loi ; la plus petite procédure est assujétie à des formes certaines : en un mot, la loi a tout prévu, elle a tout réglé pour conduire les parties jusqu'à un jugement définitif, & à ce moment, elles entrent dans un nouvel ordre de choses ; jusques-là, la loi avoit toujours été leur guide ; ici elle disparoît à leurs yeux ; elle les laisse seuls errer au milieu d'un tribunal qu'elle n'avoue pas comme tel : & ce tribunal, qui n'a pour ce aucun caractere légal, qui, malgré la réclamation de tous les ordres de l'Etat, se trouve à cet égard en possession d'un pouvoir que la loi lui refusoit, & que le Souverain ne lui a point donné ; ce tribunal qui s'éleve contre les jugemens rendus sans jurisdiction, va s'en attribuer une ; il va se constituer juge ; & si on lui demande en vertu de quelles ordonnances, il ne pourra montrer que celles qu'il enfreint : il va prononcer sur le sort des citoyens ; & si on lui demande d'après quelle loi, il sera obligé de dire qu'il n'en a point, qu'il juge contre les loix du royaume, qu'il juge quelquefois contre la sienne même.

C'est ici que les ordonnances, les usages, les réclamations sont inutiles à citer ; la raison seule doit être entendue ; elle s'étonne d'un pareil systême, elle s'effraye à la vue de ses conséquences. Toutes les Cour souveraines, toutes les Sénéchaussées, tous les Bailliages, toutes les justices enfin, ne peuvent prononcer que d'après des loix reconnues publiquement, & revêtues de toutes les formalités nécessaires ;

& le tribunal qu'on veut élever au-dessus de tous les autres, qui dans le fait jugeroit en dernier ressort, n'a que des réglemens qui n'ont aucun caractere légal ; & ces réglemens, non-seulement il ne les exécute pas, mais souvent même les cassations y contrevienent formellement. De quoi servent donc ces ordonnances si sages ? De quoi servent ces précautions prises par tant de Rois pour établir dans la distribution de la justice les regles les plus sûres, & l'exactitude la plus scrupuleuse ? De quoi sert enfin que Louis XIV ait réuni toutes ces loix dans une, pour que toutes ces loix ne soient exécutées que dans les tribunaux dont il y a appel, ou contre lesquels on veut l'introduire, & qu'elles soient méconnues ou violées dans celui qui prononceroit définitivement ?

Mais, dira-t-on, le recours au Prince est une chose de droit public ; & il faut aller jusqu'à le nier pour attaquer les cassations.

A cela je réponds que je ne propose ni ne demande leur suppression ; je rends hommage au droit en général ; je reconnois qu'il dérive essentiellement du droit de la souveraineté. Mais il faut distinguer entre la regle & l'abus.

La demande en cassation est une espece de plainte portée devant le Souverain contre le jugement que l'on prétend avoir violé, ou éludé les ordonnances. La question qui divisoit les parties, n'est donc plus celle qui s'éleve au Conseil : le procès a changé d'objet; il ne s'agit plus du fond : ce n'est plus la même contestation entre les mêmes parties : c'en est une autre entre la partie qui se plaint, & le jugement qu'elle inculpe. Si le juge a voulu faire lui-même une loi qui n'existeroit que dans son jugement ; la cassation est légitime : le bien de l'Etat la rend même nécessaire. Le législateur doit faire voir aux Magistrats, qu'il les a établis, non pour changer les loix, mais pour les faire exécuter : voilà la regle.

Si, au contraire, l'examen du fait qui étoit l'objet du procès, est nécessaire pour constater l'injustice ou la négligence du tribunal contre lequel on se pourvoit; s'il faut chercher quelle a été, & quelle a dû être l'application de la loi; si, en un mot, il faut examiner les moyens du fond, l'arrêt, quoiqu'il puisse être injuste, ne peut être cassé sans injustice, autrement ce seroit un abus. En vain dira-t-on que le mal jugé évident exige qu'on répare une injustice :

A cela, plusieurs réponses. 1°. Ce principe conduiroit nécessairement à ne jamais regarder la chose jugée comme certaine, parce qu'aucune décision ne pourra être regardée comme infaillible, tant que ce seront des hommes qui jugeront d'autres hommes (104).

2°. Le Conseil du Prince, plus occupé d'administration que de jurisprudence, moins susceptible de cet examen timide & scrupuleux, auquel il faut apporter une ame libre de soins & d'ambitions, sera-t-il moins sujet à l'erreur que les Cours souveraines ?

3°. Enfin, il n'y a point d'établissement humain qui n'ait ses inconvéniens ; mais le plus grand sans doute seroit de n'avoir aucune regle fixe, ou, ce qui est pire encore, de les voir à chaque instant

---

(104) Justinien, pour empêcher que les procès ne soient prolongés & renouvelés, ne veut pas même que les Juges puissent recourir au Prince, mais veut qu'ils jugent suivant leur conscience, & que leurs jugemens ne puissent être réformés que par la voie réguliere de l'appel.

Justinien, Novel, 125.

éludées ou franchies par le pouvoir arbitraire. Ce seroit d'avilir les Cours supérieures, de diminuer la confiance que les peuples leur doivent, de regarder les arrêts comme sujets à l'appel, ou comme destinés à être réformés dès qu'on croit y trouver quelqu'injustice; ce seroit que le Conseil devînt la Cour de justice contre le vœu, l'esprit & la lettre de toutes les loix (105) : ce seroit de changer l'ordre

(105) Sur les cassations qui se demandent au Conseil des arrêts intervenus dans les formes & avec connoissance de cause, bien que ces instances ne réussissent pas d'ordinaire, & que les arrêts du Parlement subsistent par leur propre poids, ou par l'équité de leurs décisions; si est-ce qu'il est infiniment onéreux aux parties de soutenir un procès de cette nature, & que la multitude des assignations qui ne se doivent jamais accorder qu'aux termes des Ordonnances, c'est-à-dire, lorsque l'on a méprisé les défenses portées par des lettres d'évocation sur parenté, ou de réglement de Juges, dégénere dans une vexation en laquelle le repos & la sûreté des Sujets du Roi & l'honneur des Juges auxquels il a communiqué une partie de son autorité souveraine dans la circonférence de leur emploi, sont également intéressées.

6 août 16 8, Rég. du Parlement, tom. 33, fol. 167. Denis Talon rend compte de ce qu'il a dit au Chancelier.

ancien qui a placé dans les Parlemens le siége de la jurisdiction souveraine, & qui ne les a multipliés que pour rendre la justice plus facile à tous les sujets du royaume. Le plus grand mal seroit que des commissions irrégulieres par elles-mêmes sortissent des bornes que leur prescrit leur titre de création, pour casser les arrêts des Cours : que ces commissions, composées d'un très-petit nombre de membres du Conseil, fissent parler le Roi contre la loi même, & que ces simples consultations, trop souvent abandonnées à des subalternes, pussent anéantir les décisions d'un corps délibérant ; tandis qu'autrefois les révisions s'examinoient avec le plus grand appareil, *le Parlement ayant mérité de ne rendre compte de ses actions qu'à la seule personne du Roi* (106).

---

(106) Lebret dit avoir vu que lorsqu'il s'agissoit de casser un Arrêt du Parlement de Paris, & qu'il falloit ouir les Présidens & Conseillers qui avoient assisté au jugement pour rendre raison de leur Arrêt, cela se doit faire en la présence du Roi, cette célébre Compagnie ayant mérité cette prérogative de ne rendre compte de ses actions en général qu'à la seule personne du Roi ; parce que c'est principalement en cette Cour

Le plus grand mal enfin seroit d'affoiblir le respect que l'on doit aux Cours souveraines, en les réduisant à n'être plus que des tribunaux sujets à l'appel ; & sur-tout en permettant qu'on se pourvût contre leurs arrêts dans des termes peu mesurés, & même injurieux.

Or, tel est malheureusement aujourd'hui le tableau trop fidele qu'offre la plus grande partie des cassations demandées ou obtenues. On a vu un citoyen qui, après quarante ans de poursuite, après trois arrêts contradictoirement rendus en sa faveur, a été obligé de paroître à une simple commission absolument étrangere à la cause, d'y défendre des arrêts du Parlement & des jugemens du Conseil

---

où il a établi avec plus d'éclat le Lit-de-Justice.

Traité de la Souveraineté, liv. 4, chap. 2, pag. 133.

[2] Lettres-Patentes par lesquelles le Roi ayant accordé à Déodat Séverat la révision d'un Arrêt du Parlement contre lequel il s'étoit pourvu pour prétendre erreur, il veut que la révision soit examinée par tout le Parlement, ceux de la Chambre des Comptes & ceux de son Conseil.

22 Mai 1326. Supplément.

qui lui assuroient le reste de sa fortune : on a vu cette commission, ou plutôt celui qui la dirige, heurter formellement l'ordonnance de 1667, & le réglement même de 1738, en empêchant provisoirement l'exécution des arrêts, en rendant le 29 Février 1780, un jugement *de toutes choses demeurantes en état* (& cela uniquement pour empêcher la partie condamnée de payer des intérêts) on la vu casser, le 3 Avril 1781, deux de ces arrêts, & non content de cette premiere irrégularité, en ajouter encore une seconde, en évoquant & jugeant le fond qui devoit être renvoyé.

Une affaire célebre a présenté derniérement un exemple de ce genre : on a vu une requête examinée en finance, sans avoir passé au bureau des cassations : on l'a vue suivie d'un jugement *de toutes choses demeurantes en état* : & , ce qu'on aura peine à croire, ce jugement se trouve rendu le jour même où fut signifié l'arrêt contre lequel on se pourvoyoit : ce jugement, dressé avec une précipitation au moins peu décente, alloit même au-delà des conclusions de celui qui l'avoit obtenu.

Est-il donc étonnant, d'après cela, que

ceux qui ne rougissent point de violer toutes les loix, se fassent même une gloire d'insulter leurs ministres dans ces libelles indécens qu'on ose qualifier de requêtes en cassations. Pour faire voir avec quel respect on a toujours cru qu'il falloit regarder les jugemens des tribunaux, je pourrois citer ici le témoignage de l'antiquité, & celui des historiens modernes (107) : mais sans entrer dans ces détails,

---

(107) Rem integram hominis non aliaci quamvis suspiciosano defendere humanitatis esse putamus : rem autem judicatam labefactare conari, impudentiæ.

Cicéron, oratio pro Cluentio.

Egit Claudius Capites irreverenter magis quàm constanter : ut qui Senatus Consultum apud Senatum accusaret.

Tacite.

La personne des Magistrats est sacrée & inviolable, parce qu'en leurs actes ils représentent la personne du Prince, lequel est garant de l'injure & outrage faits en l'acte de son service.

La Roche-Flavin, Parlemens de France, liv. 10, chap. 1.

Les requêtes civiles, propositions d'erreur, contrariété d'arrêts, cassations, dérivent du droit de souveraineté. *Mais comme* il n'y a rien à qui l'on doive porter plus de révérence qu'aux arrêts qui sont prononcés sous

je me contenterai d'exposer d'un côté, quel est à ce sujet le langage des loix, & même des réglemens du Conseil : & de l'autre, quel est celui des requêtes en cassation. Philippe-le-long dit en 1318, que *cils qui tiendront le Parlement, ne souffrent pas eulx vitupérer par outrageuses paroles des Avocats ne des parties, car l'honneur du Roi, de qui ils représentent la personne tenant le Parlement, ne le doit ni souffrir.* François Ier s'exprimoit de même en 1535. *Voulons & ordonnons que ceux qui tiendront notre Parlement, ne souffrent pas eulx vitupérer par outragement paroles d'Avocats, Procureurs, ne de parties comme représentans notre personne en tenant notredit Parlement, & que ne devons nous souffrir tel est outragé & vitupéré.*

Ces mêmes défenses sont portées dans l'article 6 d'un jugement du Conseil du 19 Août 1769, conformé à un autre rendu le siecle précédent, & dont le

---

ce nom sacré, l'on doit prendre garde de se comporter avec un grand respect lorsque l'on veut se pourvoir à l'encontre.

Lebret, idem, liv. 4, chap. 2, p. 133.

préambule & les dispositions sont également intéressans.

« Le Roi en son Conseil ayant eu » avis que les parties qui se pourvoient » au Conseil en cassation des arrêts rendus contre eux dans les Compagnies » supérieures, inserent bien souvent dans » leurs requêtes des termes injurieux, » même contre les officiers desdites » Cours, au rapport desquels lesdits » arrêts on été rendus . . . . . & Sa » Majesté ne voulant pas souffrir de » telles entreprises si contraires au respect » qui est dû à ceux que Sa Majesté a pré- » posés pour rendre la justice à ses sujets, » . . . . . Sa Majesté a ordonné & ordonne » que la signification qui a été faite de la » requête audit sieur le Coeq, sera sup- » primée tant sur l'original que sur la » copie, & a Sa Majesté défendu & » défend expressément à toutes personnes » de quelque qualité & condition qu'elles » soient, qui se pourvoiront au Conseil en » cassation des arrêts rendu dans les Com- » pagnies supérieures, d'insérer dans » leurs requêtes aucuns termes injurieux, » en quelque maniere que ce soit, contre » les officiers desdites Cours, au rapport » desquels lesdits arrêts ont été rendus,

» à peine de 3000 liv. d'amende, & de
» plus grande, s'il y échet. Défend pareil-
» lement Sa Majesté aux Avocats au con-
» seil de dresser ni signer des requêtes
» ainsi remplies de termes injurieux con-
» tre lesdits rapporteurs ; aux Huissiers,
» de les signifier, à peine de privation
» de leurs charges ; & sera le présent arrêt
» lu & registré en la communauté desdits
» Avocats, & en celle desdits Huissiers,
» à ce que aucun n'en prétende cause
» d'ignorance ».

Voilà le langage de Louis-le-Grand : voici celui d'un Avocat au conseil.

» Le Parlement a jugé contre tous les
» principes du droit public : il a méprisé
» toutes les regles tracées par les ordon-
» nances. Le pouvoir que Sa Majesté a
» confié à ses Cours, n'est pas celui de ju-
» ger arbitrairement & comme par divi-
» nation. Le Parlement, sans connoître
» les objets, sans savoir rien de rien, a
» cru qu'il lui étoit libre de décider au
» hazard : il a évidemment abusé de son
» autorité, & il a excédé le pouvoir qui
» lui étoit confié, il a substitué l'arbitraire
» au langage de la loi : il a, en un mot,
» exercé une espece d'acte de despotis-
» me, ... il a violé essentiellement

» l'esprit de toute législation Fran-
» çoise .... La justice a-t-elle donc
» deux poids & deux mesures, &c. &c.
» &c. »

Peut-être le Parlement auroit-il dû tirer de ces viles inculpations la vengeance qu'exigeoit la dignité de son ministere & l'honneur qu'il a de représenter la personne du Roi, il a mieux aimé abandonner l'écrit & son auteur au mépris qui les attendoit l'un & l'autre.

Cette licence funeste, contraire au droit naturel, prohibée par le droit positif, condamnée dans tout État policé, est un des derniers, mais des plus cruels effets de l'abus des cassation. Il lui est commun avec les évocations & commissions illégales.

TROISIEME PARTIE.

On se rappelle sans doute ce que j'ai dit sur ces trois objets si importans pour la société. En comparant les principes aux faits, on a vu la vérité des uns & le danger des autres, la nécessité des premiers, & les progrès des seconds. On a vû la société désunie entre l'arbitraire qui peut tout, & la loi qui ne peut plus rien. On a vu sur-tout que cet état violent devoit changer la nature du gouvernement monarchique, puisqu'il détruisoit les corps dépositaires, sans lesquels il n'y a plus de monarchie ; c'est à ce but fatal que l'on veut arriver, c'est-là ce que l'on espere en définitif, en renversant tout l'ordre judiciaire. Pronostic funeste, mais malheureusement trop vraisemblable, puisqu'il s'accomplit tous les jours, non-seulement par l'affoiblissement des loix, mais encore par la perte de la considération publique.

Dans cette derniere partie, qui se rapporte également aux trois objets que j'ai traités, je dois dévoiler la source des abus contre lesquels j'ose élever la voix.

Cette source se trouve dans le projet formé d'anéantir la magistrature françoise. Le systême qui s'éleve contre elle, après s'être long-temps trompé sur sa véritable force, l'a enfin appréciée sa juste valeur : il a connu la bâse qui soutient les loix & leurs ministres; & n'osant la sapper ouvertement, il détache chaque jour quelque portion de cet édifice construit ou consolidé par douze siecles d'estime & de confiance. Quelle est donc cette bâse de la magistrature ? Quel est cet appui sur lequel elle se reposera pour n'être point écrasée par une autorité que l'on effraye, dès qu'elle cherche à l'éclairer ? C'est la considération publique : Voilà la véritable force de la magistrature, voilà le *palladium* qui assure à son sanctuaire une durée éternelle, tant qu'il en couvrira la majesté. Ce n'est pas à moi à déguiser cette grande maxime ; des ennemis pourront m'en faire un crime, mais avant eux la vérité m'en aura fait un devoir.

Obligés de lutter sans cesse contre les préventions ou les erreurs que les passions entretiennent auprès du trône, les Magistrats se trouvent souvent dans la cruelle impossibilité de suivre le premier vœu de leur cœur, qui seroit celui d'une obéissance entiere. La loi leur commande alors une réclamation respectueuse (108) : mais

(108) La derniere preuve de fidélité est de savoir résister aux volontés du Souverain pour ses propres intérêts & pour le bien public.

Pro æquitate servandâ & nobis patimur contradici.

Rarum confidentiæ genus est interdùm contra vota principis.

De Marcâ, de concordiâ, liv. 4, chap. 9, n°. 2.

cette réclamation qui, quoique légale, est toujours pénible pour des François, produit tôt ou tard son effet, quand elle a la justice pour motif, & la considération publique pour soutien. La voix des Magistrats est alors celle de la nation entiere; & certes, jamais ils ne sont plus dignes de porter au pied du trône ses supplications ou ses alarmes, que lorsqu'ils y paroissent entourés de la vénération des peuples. Ce cortége de la vérité doit seul & peut seul soutenir la magistrature contre les efforts de l'ambition, de l'intrigue ou de la cupidité. Ce respect universel donne seul à ses arrêts cette force & cet empire que la justice finit toujours par exercer sur l'opinion publique: & les deux célebres arrêts de 1327 & de 1593, n'ont dû qu'au respect de la nation l'heureux succès que ces temps de trouble ne pouvoient guere permettre d'en attendre.

S'il étoit possible de douter encore de cette vérité, s'il falloit prouver que la considération publique est la seule force des Magistrats, il suffiroit de faire voir avec quelle ingénieuse constance on cherche à la diminuer.

Et en effet, l'homme ambitieux, qui

sait qu'il gouvernera en despote, s'il peut persuader au Souverain de ne plus s'assujétir aux loix; l'homme intrigant qui sacrifie sans honte, & non pas sans remords, tout ce qui s'oppose à sa grandeur future; l'homme avide, qui ne cherchant qu'à acquérir, prend toujours les voies les plus sûres, mais rarement les plus honnêtes; en un mot, tous ces individus qui, placés dans une agitation continuelle, heurtent sans cesse leurs semblables pour s'élever au-dessus d'eux; voilà ceux qui craignent les loix; voilà ceux qui, pour détruire leurs ministres, les attaquent jusques dans la confiance publique, & ne craignent pas de violer cet asyle sacré que la reconnoissance n'ouvre qu'avec le temps à la vertu bienfaisante.

Jamais les partisans de ce dangereux systême n'ont été plus nombreux: jamais l'honneur dû aux Magistrats n'a été menacé d'une ruine plus prochaine: on emploie tous les moyens pour parvenir à cette fin.

Ainsi, dans presque toutes les affaires d'éclat, soit publiques, soit particulieres, l'injustice qui triomphe de la réclamation des Cours, donne à sa victoire une publicité aussi indécente qu'affectée: des protections puissantes lui assurent la complaisance d'un gazetier souvent peu exact dans le récit des faits ; & des papiers publics repandus avec profusion, annoncent la foiblesse des Magistrats, quelquefois les inculpent, & toujours les avilissent.

Ainsi dans les affaires publiques, l'intrigue arrête les Magistrats quand ils veulent prendre des instructions nécessaires : aussi criminelle dans ses intentions, que contradictoire dans ses démarches, elle dément les faits qu'ils avancent, ne veut pas qu'ils s'en assurent, les accable par des réponses trop capables de les décourager ; si l'infléxible amour du bien public se décourageoit jamais.

Ainsi, dans les affaires particulieres, on introduit le mot d'appel au Conseil, pour affoiblir dans l'esprit des peuples l'idée de la souveraineté des Cours : on demande & on accorde des évocations sans nombre, pour apprendre à la nation, qu'une vieille erreur lui donnoit des juges certains, & qu'aujourd'hui ces juges n'ont plus même la force de défendre leur propre jurisdiction : on tolere que les demandes en évocation contiennent des motifs honteux & souvent faux; que les requêtes en cassation soient converties en libelles diffamatoires contre le tribunal dont on veut faire révoquer l'arrêt, pour répandre toujours des doutes, & quelquefois des calomnies sur les lumieres ou l'intégrité des juges.

Je n'entreprendrai point de suivre ce systême dans toutes ses branches; je ne veux point scruter toutes ces voies ténébreuses où une ame honnête ne pourroit pénétrer sans frémir. J'ai dénoncé le mal & ses progrès, je dois à présent en montrer le danger.

Il est d'abord un principe, reconnu de tous les temps & de tous les peuples, principe qui tient essentiellement à la formation premiere de la société; c'est que l'intérêt du Prince ne peut jamais être séparé de l'intérêt de l'Etat. Un grand Prélat (109) du dernier siecle regardoit

---

(109) Le vrai caractere du Prince est de pourvoir aux besoins du peuple dont il est le pere par sa charge. Il n'est pas possible de penser ni qu'on puisse attaquer le Roi sans attaquer le peuple, ni qu'on puisse attaquer le peuple sans attaquer le Roi. Il n'y a que

comme ennemis publics, ceux qui soutiennent l'opinion contraire. En présentant au Prince un autre intérêt que l'intérêt général, ils ne sont occupés que du leur, & ne paroissent attentifs à défendre son autorité, que pour mieux cacher les soins qu'ils prennent de leur propre élévation. S'ils n'avoient point de motifs secrets, ils suivroient la route que la loi a tracée pour tous; mais ils veulent une exception, & cette exception étant contraire à la loi, ils persuadent au Prince, que son intérêt particulier exige qu'elle plie devant lui.

Un principe non moins certain se tire de la nature même de la loi. Etablie pour régler les actions, la vie & l'honneur des hommes, elle a droit à leur respect, & ne subsiste que par lui (110): si elle est avilie, mieux vaudroit-il qu'elle n'existât point; car le mépris

---

les ennemis publics qui séparent l'intérêt du Prince de l'intérêt de l'Etat.

Bossuet, Politique tirée de l'Ecriture-Sainte, pages 348, 363, 437.

(110) Les Ordonnances ne sont rien si elles ne sont exécutées, n'y ayant différence entre les loix nulles & les incertaines.

2 Octobre 1614. Plaidoyers de Messire Servin, pag. 398.

même qu'elle est obligé d'endurer, est le renversement de tout ordre. Or, la loi n'agit point elle-même (111). Pour écouter la raison & pour la faire entendre, elle n'a de voix & d'oreilles, que celles du Magistrat; chargé de son pouvoir souverain, il en devient le conservateur : elle ne doit donc être que la regle, & non pas l'écueil de ses fonctions : autrement, chaque injure qu'il recevroit, retomberoit nécessairement sur elle; & le dépositaire avili, le dépôt ne peut plus être gardé.

Il est enfin un troisieme principe : c'est que l'autorité du Roi ne peut pas être contraire à l'autorité de la loi : c'est que l'autorité du Roi n'est fondée que sur la justice. De ce principe, dérive immédiatement une conséquence que l'on

---

(111) La loi n'agit point d'elle-même, elle n'a de voix & d'oreilles que celles du Magistrat pour écouter la raison & pour la faire entendre; quand il est une fois chargé du pouvoir souverain de la loi, il en devient le conservateur; aussi la loi doit être la regle, & non pas l'écueil de ses fonctions. (M. de Lamoignon).

1667, procès-verbal de l'Ordonnance de 1667 sur le titre premier.

ne peut nier. Tous les coups qui frappent sur la justice (112), sont autant d'attentats contre la puissance royale dont ils attaquent la base. C'étoit ce que disoit à Henri IV un Magistrat (Achille de Harlay) qui lui avoit donné les plus grandes preuves de zele & de fidélité. « Conservez l'autorité (1) que les Rois » vos prédecesseurs ont donnée à votre » cour de Parlement, qui en effet n'est » point la sienne, mais la vôtre; parce » qu'elle ne dépend que de vous; & » quand elle l'aura perdue, pardonnez-» nous, Sire, disant que la perte ne tom-» bera sur elle, mais sur vous ».

C'est cette autorité que le Parlement a maintenue pendant tant de siecles. C'est elle qu'il a défendue avec *peine, haine & envie.* Ces paroles (113),

---

(112) Les coups dont on frappe le Parlement sont autant d'attentats contre la puissance même du Monarque. Ils ébranlent son autorité fondée de tout temps sur la justice.

30 Juillet, 1765. Arrêté des remontrances du Parlement de Grenoble du 30 Juillet.

Recueil de remontrances, tom. 10.

(1) 1603. Registres du Parlement.

(113) Devoir du Parlement est de défendre votre autorité avec peine, haine & envie.

adressées

adreſſées en 1614 à un de nos Rois, prouvent combien d'ennemis ſecrets a eu de tout temps le miniſtere des Magiſtrats ; & les trois principes ci-deſſus enoncés prouvent combien eſt dangereux dans ſes conſéquences le projet d'affoiblir la conſidération que les peuples doivent à *la dignité du caractere dont les Rois les honorent* (1). En cherchant à y parvenir, on détruit la loi qui ne peut ſubſiſter ſans miniſtres, c'eſt donc un crime envers la ſociété. On ſépare l'intérêt du peuple d'avec celui du Prince, c'eſt donc un crime de leze-Majeſté nationale. Enfin, on diminue d'autant l'autorité du Monarque, puiſqu'on attaque la juſtice ſur laquelle elle eſt fondée, c'eſt donc un crime de leze-Majeſté royale. C'eſt-à-dire que ceux qui ſuivent ou qui fomentent ce funeſte ſyſtême, ne veulent plus d'autres liens que la force, d'autres loix que leur intérêt, d'autre autorité que celle qu'ils feront agir à leur gré.

Que doit-on penſer de ces conſéquences, ſur-tout ſi l'on ſonge à ce qu'elles

---

Remontrances du Parlement d'Aix, 1614. Preuves des libertés, chap. 7, n°. 65.

(1) Edit d'Avril 1684.

P

doivent produire dans des temps qu'il ne faut jamais prévoir, mais contre lesquels une législation sage doit toujours avoir des ressources.

Ce Parlement, qu'on a vu si souvent défendre les droits de la loi, les droits du peuple, & ceux du Roi lui-même; ce Parlement, dont chaque représentation est qualifiée au moins de nouvelle entreprise, & chaque résistance légale de désobéissance formelle, est celui qui, par une foule d'Arrêts contenus dans ses registres & dans notre histoire, a fait triompher l'autorité royale de l'indépendance des grands vassaux. C'est lui qui par les deux Arrêts déja cités, a fait le bonheur de nos ancêtres, assuré le nôtre, & préparé celui de nos descendans. Si l'autorité qu'il exerce au nom du Roi, eût été alors attaquée comme elle l'est aujourd'hui, on n'eut pas regardé comme insurmontable la barriere qu'il opposoit en 1327 au projet de l'Angleterre; & en 1593, (114) au traité des factieux soutenus par

---

(114) Arrêt du Parlement contre l'approbation que vouloient donner les Etats aux projets de l'Espagne, qui déclare nuls tous traités faits & à faire au préjudice de la Loi

un voisin jaloux. Henri IV sentoit le service que le Parlement lui avoit rendu, lorsqu'il disoit l'année suivante : (1) » ayant jugé lesdits Conseillers dignes » de cette noble grace & faveur, pour » la vertu & constance qu'ils ont mon» trée en plusieurs choses, & mêmement » en la résolution qu'ils prindrent faire » l'arrêt qu'ils publierent & soutindrent » vertueusement au mois de juin dernier, » contre ceux qui s'efforçoient de trou» bler & rompre les ordres de la succes» sion légitime de ce royaume ». Mais ces Arrêts si célebres, dont les effets ont été si heureux, n'en eussent produit aucuns, sans le respect que les peuples portoient au tribunal dont ils étoient émanés ; s'ils n'avoient été accoutumés à le voir participer, sous les deux premieres races, aux plus importantes fonctions de

---

Salique & autres loix fondamentales du royaume de France, prononcé par Jean Lemaitre, 28 Juin 1593. Histoire de la Ligue, liv. 4, pages 476, 77 & 78.

Arrêt contradictoire qui assure la succession à la Couronne à Philippe de Valois, à l'exclusion d'Édouard III, Roi d'Angleterre. 1327.

(1) Lettres-Patentes du 28 Mars 1594.

l'administration, & conservé sous la troisieme ce droit éminent ; en vertu de cette loi aussi ancienne que la Monarchie, qui ne regarde comme loi du royaume, que ce qui est librement vérifié & enregistré au Parlement (115).

---

(115) Dans ses instructions données à ses Ambassadeurs auprès de Charles V, au sujet de l'aliénation du Comté de Nice, le Roi convient qu'il en avoit été expédié des Lettres-Patentes, mais il dit que faute d'avoir été vérifiées, ce qui est requis & nécessaire, tant de disposition de droit que par les ordonnances & usances du Royaume, lesdites lettres demeurent encore sans effet aucun, tant qu'elles soient vérifiées ; *nihil in Galliâ publicè quod ad sacras vel privatas res pertineat pro lege statuitur, quod non sit Parlamenti Arresto publicandum.*

Vide second Mémoire du Recueil de divers Mémoires, Harangues, Remontrances & Lettres servans à l'Histoire de notre temps, pages 113, 114, imprimées à Paris en 1622, chez Pierre Garrolier.

Henri II, Harangue du sieur du Terrier, Preuve des libertés.

Celle-là est une des plus saintes loix, & laquelle vos prédécesseurs ont plus religieusement gardée, de ne publier ni loi, ni ordonnance, qui ne fût vérifiée au Parlement ; ils ont estimé que violer cette loi étoit aussi violer celle par laquelle ils sont faits Rois,

Voilà ce qu'ont pensé tous les Rois dont la sagesse a dicté ces ordonnances

---

& donner occasion à leurs Peuples de mécroire de leurs bontés.

15 Juin 1586. Discours de M. de Harlay, premier Président, au Roi dans le Lit-de-Justice.

Œuvres de M. de Vair, pag. 642.

Dans la Conférence tenue à Surenne entre les Députés du Duc de Mayenne, & ceux d'Henri IV, les premiers s'étant plaints d'un Edit que le Roi venoit de donner en faveur des Protestans, M. de Chavignes, Secrétaire d'Etat, les interrompit en disant que cet Edit n'avoit pas été vérifié par le Parlement, bien qu'il eût été présenté.

Discours & rapport véritable de la Conférence tenue à Surenne, pag. 114 de l'édition de 1593.

Chronolo. novénaire, tom. 2, pag. 163 & 164.

Le Duc de Savoie prétendoit conserver la propriété des Comtés de Piémont & de Nice, sur le fondement de Lettres-Patentes de 1523, par lesquels François I les lui avoit cédées & transportées; à quoi lui fut répondu par les Ambassadeurs d'Henri II : *Que jaçoit que lesdites lettres soient adressées au Parlement de Provence, & Chambre des Comptes dudit pays & ailleurs; ce néanmoins n'y a aucune vérification, non pas même n'y ont été présentées, ce qui toutefois est requis* & nécessaire, tant de disposition de droit que par les orqui ſont aujourd'hui la bâſe de notre droit public. C'eſt pour cela que Louis XI (116) dit qu'en ſes officiers conſiſte ſous ſon autorité, la diſtinction » des faits, par leſquels eſt policée & » entretenue la choſe publique du royau» me, & que d'icelui ils ſont miniſtres » eſſentiels, comme membres du corps » dont le Souverain même eſt le chef, » que Charles VIII (117) dit qu'à cauſe » de ſa dignité royale, il eſt le chef du

---

donnances & uſances du Royaume & du pays de Provence, & pourtant leſdites lettres demeurèrent encore ſans effet aucun, tant qu'elles ſoient vérifiées.

Second Mémoire du Recueil de divers Mémoires, harangues, remontrances, & lettres ſervant à l'hiſtoire du temps, pages 113 & 114, imprimé en 1622, chez Pierre Garolier.

(116) Louis XI dit qu'en ſes Officiers conſiſte, ſous ſon autorité, la diſtinction des faits par leſquels eſt policée & entretenue la choſe publique du Royaume, & que d'icelui ils ſont miniſtres eſſentiels, comme membres du corps dont le Souverain même eſt le chef.

21 Octobre 1467. Ordonnance.

(117) Charles VIII dit qu'à cauſe de ſa dignité royale, il eſt le Chef du Parlement.

Avril 1485, volume des Ordonnances de Charles VIII, cotte 5.

» Parlement; que le Parlement a été fixé » dans la capitale du royaume, pour plus » magnifier & exalter l'autorité royale »: que François Ier, séant en son Parlement, disoit qu'il connoissoit « l'antiquité de la Cour, qui est la premiere » & la principale de toutes les Cours souveraines de son royaume, en laquelle » sa personne est toujours représentée, » la bonne & grande justice que ladite Cour fait chacun jour, l'utilité » qui en vient, & la tranquillité de son » royaume »; que Louis XII dit que le Parlement a rendu aux Rois de grands & « signalés services; qu'il a fait régner » leurs loix, reconnoître leur autorité, » & respecter leur puissance légitime; » que ces fonctions sont un dépôt inviolable & sacré, garanties par des loix » solemnelles & par le Souverain même, » contre tout acte du pouvoir arbitraire » (118, 119, 120, 121) »: 30 Juin 1557.

(118) Le Parlement a été fixé dans la capitale du Royaume, pour plus magnifier & exalter l'autorité royale.

Avril 1485, Ordonnance.

(119) Magistrats qui vous font révérer; puisque votre personne seule en France est exempte de leur jurisdiction.

C'est pour cela que nos Souverains ont toujours maintenu avec soin l'honneur

---

Disoit un Prince du Sang.

4 Janvier 1615, Procès-verbal d'Etat, commencé en 1614.

Le Roi séant au Palais, le Premier Président lui fait remontrances sur ce qu'on vouloit établir un Parlement à Poitiers : à quoi le Roi répondit, que . . . . connoissant l'antiquité de la Cour, qui est la premiere & la principale de toutes les Cours Souveraines de son Royaumes, en laquelle sa personne est toujours représentée, la bonne & grande justice que ladite Cour fait chacun jour, & l'utilité qui en vient, & la tranquillité de son Royaume; aussi les grandes peines & travaux que sesdits Officiers ont eus, n'avoit voulu accorder ledit Parlement de Poitiers, & ne l'accorderoit pas; lui donna-t-on quatre cent mille écus, & autres choses avec, & qu'il garderoit & conserveroit ladite Cour en son entier, & ancienne institution & ressort, & qu'il avoit toujours supporté & favorisé ladite Cour, & avoit bon vouloir de l'augmenter plus qu'elle n'est.

30 Juin 1523, Recueil concernant le Parlement, tom. 1, pag. 7.

(120) A lui la garde & conservation des loix appartient naturellement.

4 Juillet 1591, Lettres Patentes. Preuves des libertés.

(121) Leurs fonctions sont un dépôt inviolable & sacré, garanti par les loix solemnelles, garanti par le Souverain même contre les

& la dignité de leurs Cours. Charles-le-Chauve, lorsqu'il leur assuroit, en 865 (122), l'honneur & la sécurité qui leur sont dus : Louis-le-Débonnaire, lorsqu'en reconnoissant que la source de son autorité résidoit en sa personne, il reconnoît aussi que son Parlement participoit à son auguste ministere : François Ier (123, 124), lorsqu'il « vouloit » que ses Cours souveraines fussent » maintenues & conservées dans la libre » & entiere fonction de leurs charges, & » en l'autorité qui leur a été donnée » ;

---

lettres de cachet, contre tout acte du pouvoir arbitraire.

1698. Déclaration du Roi.

(122) Charles-le-Chauve assure honneur & sécurité à ses Conseillers-Capitulaires, tome premier, pag. 202.

865. Lettres historiques, pag. 198.

(123) Que nos Cours souveraines soient maintenues & conservées dans la libre & entiere fonction de leurs charges, & en l'autorité qui leur a été donnée.

Mai 1516. Edit, art. 9.

(124) François premier dit aux députés du Parlement, qu'il entendoit que Justiciers de sadite Cour fussent obéis ; car sans cela il ne pourroit être obéi.

1527.

lorsqu'il disoit en 1527 aux députés du parlement « qu'il entendoit que justi-
» ciers de sadite Cour fussent obéis, car
» sans cela il ne pourroit être obéi.
» Lorsque ayant égard, en 1523, aux
» remontrances du premier Président,
» il dit au Parlement, au milieu duquel
» il siégeoit alors, qu'il le garderoit &
» conserveroit en son entière & an-
» cienne institution & ressort, qu'il avoit
» toujours supporté & favorisé ladite
» Cour, & avoit beau vouloir de l'aug-
» menter plus qu'elle n'est ».

Persuadé, ainsi que tous ses Princes, qu'il ne pouvoit travailler efficacement au bien de leur service, qu'autant que son autorité seroit respectée, le Parlement leur a toujours demandé de le maintenir en son honneur & dignité; & on retrouve avec plaisir, dans ce que le premier Président Demesme demandoit, en 1723, ce que Charles-le-Chauve promettoit 900 ans auparavant (125, 126).

---

(125) Discours de M. le premier Président Le Mesme à Louis XV, lors de sa majorité, confirmatif de ce que disoit, 900 ans auparavant, Charles-le-Chauve...

1723. Lettres historiques, pag. 260.

Malheur à celui qui, à la vue de ces principes reconnus ou confirmés de siecle en siecle, ne sentira pas combien la confiance & l'estime publique sont précieuses pour le Magistrat, dont elles sont la seule récompense digne de lui; & utilles au Souverain dont elles font aimer la justice, & dont elles maintiennent l'autorité.

L'amour du vrai, le désir du bien, m'ont seuls suggéré ces réflexions; je les crois d'une vérité frappante; & elles

---

(126) Mais, Madame, quelque devoir que nous puissions apporter à nos charges, nous reconnoissons que nous serions foibles si nous ne sommes favorisés & autorisés de la bienveillance du Roi & de la vôtre; c'est, Madame, ce en quoi nous supplions très-humblement votre Majesté de vouloir obliger le Parlement; tous les sujets de votre royaume auront la meilleure part en cette obligation. Nous vous supplions aussi, Madame, ne permettre que cette Compagnie, qui a servi tant utilement, reçoive, durant le bas âge du Roi, diminution de la dignité que les Rois, pour le bien de leur service, lui ont donnée & soigneusement conservée.

27 Septembre 1710. Harangue du Parlement à la Reine, allant au sacre de son fils.

Recueil des Harangues, MSS., fol. 7, V°.

étoient parties nécessaires de mon sujet: j'ai pensé que le moment où je réclamois contre les plus grands abus de la justice distributive, étoit celui où je devois en indiquer & la véritable source, & les affreuses conséquences. J'ai dénoncé à un siecle philosophe, à un Monarque strictement juste, à une nation douce & fidelle, le système le plus dangereux qui ait jamais menacé la loi, les peuples, le Souverain. C'est pour elle, c'est pour eux, c'est pour lui, que honteux de gémir dans un silence inutile, j'ai osé faire entendre le cri de la vérité: je ne souhaite que son triomphe, & j'oublierai le mien.

CONCLUSION.

Je remplis enfin la tâche laborieuse que je m'étois imposée. Principes, faits, abus, je n'ai rien déguisé: j'ai pris l'homme au moment où il forme une société. J'ai considéré l'intérêt qui seul pouvoit en faire un citoyen: j'ai montré combien cet intérêt étoit précieux à conserver: j'ai fait voir qu'il ne se conservoit que par une égalité parfaite dans la distribution de la justice : j'ai fait voir que cette égalité devoit nécessairement disparoître après des abus aujourd'hui portés à leur comble. Appliqués au gouvernement monarchique, ces principes ont trouvé un appui de plus dans notre constitution. On les a vus aussi nécessaires au maintien des corps dépositaires, que ceux-ci le sont au maintien du gouvernement. On a sans doute apperçu le dernier anneau de cette chaîne, dont le premier est dans la main du Monarque. Un Roi, des corps dépositaires, une justice égale, des citoyens, une société, des hommes, voilà la circonférence, dont il est impossible d'ôter un point, sans détruire le cercle entier.

A la lueur de ces principes incontestables, j'ai examiné les Evocations, Commissions & Cassations illégales : jai prouvé (& l'expérience ainsi que la raison avoient prouvé avant moi) que la justice ne pouvoit se soutenir au milieu d'elles : à l'instant, on a vu les corps dépositaires avilis ou prêts à l'être, la société sans liens, le citoyen égoïste, & le Monarque isolé au milieu d'une multitude immense, rappelant vainement au bien de l'Etat, des hommes qui n'entendent plus que la voix de l'intérêt.

Je ne puis, en finissant, me refuser à une idée douce, & qui est venue souvent calmer l'effroi que m'inspiroient les abus contre lesquels j'écris. Peut-être étoit-il réservé à la justice du Monarque qui nous gouverne, de réaliser ce mot sublime, qui seul eût suffi pour consacrer à l'immortalité la mémoire d'un Roi sage : *il appartient à notre pur & noble office de rappeler & corriger tant notre fait comme l'autrui* (1).

Plus d'une fois la France a vu ses Souverains donner ces grands exemples ; Louis XI dans une occasion célebre ; Henri II en 1551, 1553, 1556, 1557, 1558 ; Charles IX, en 1574 ; Henri III, en 1576, 1579, 1587 ; Henri IV, en 1598 & 1599 ; enfin, Louis XIV & son auguste successeur en plusieurs occasions, & notamment en 1667, 1691, & 1737, (127).

---

(1) Charles V, Edit du 28 Mai 1359. Joly, addit. tome premier, *pag.* 16.

(127) Considérant que c'étoit pour son bien qu'ils lui conseilloient, non pas pour leur particulier, qu'un bon Roi doit plutôt acquiescer à la justice & à la raison, qu'à sa propr volonté, au lieu de les rudoyer, leur parl

Ce sont eux qui s'adressent aujourd'hui à un de leurs descendans, qui lui deman-

---

fort gracieusement, & leur dit qu'il avoit été surpris par l'importunité de quelques-uns à qui il n'en savoit point de gré; mais qu'il les tenoit pour ses bons & affectionnés serviteurs; qu'ils continuassent à faire leurs charges en gens de bien; que pour lui il leur seroit bon Roi, & jura que de sa vie il ne les contraindroit à faire choses contre leurs consciences; & dès-lors en avant leur tint inviolablement la promesse.

Louis XI. Bouchel, Bibliotheque des Arrêts, au mot Loix, pag. 591.

Donné pour la Cour des Aides de Paris & Provence. Révoque les commissions particulieres qui avoient grandement diminuée cette Jurisdiction.

1551. Edit.

Rapport des Gens du Roi. Le Roi les ayant entendus, a révoqué lesdites deux lettres d'évocation.

3 Mai 1553, tom. 12, fol. 579, R°.

Les députés parlent au Roi des évocations; il trouve bon que si les lettres sont contraires à l'ordonnance, que les parties soient déboutées avec dépens. Lettres du Garde des Sceaux; il enverra une provision pour les évocations.

26 Mars 1556, tom. 13, fol. 517, V°.

Rapport des Gens du Roi sur ce qu'ils ont dit au Roi, qu'il avoit fait expédier des lettres

dent de faire ce qu'ils ont fait eux-mêmes, & qui lui promettent la même gloire, pour prix des mêmes efforts.

---

d'évocation contraires à la Déclaration qu'il a fait dresser sur les remontrances des députés de la Cour. Ledit Seigneur Roi leur a dit, qu'il entend que ladite Cour tienne la main à l'observation de ladite Déclaration.

Vide l'instruction donnée auxdits députés de ladite Cour, le 19 Septembre 1556, pour faire révoquer une évocation au Conseil-privé, obtenue par un particulier qui vouloit faire réformer une prétendue omission faite à un jugement de la Chambre des Enquêtes du présent semestre.

15 Mai 1557, Comp. tom. 7, fol. 273, R°. Recueil des Remontrances, Pag. 588.

Le Roi dit aux députés pour les remontrances sur l'évocation du procès d'entre les valets de l'écurie dudit Seigneur, & les religieux de Beaupré, qu'il accordoit que ledit procès fût renvoyé pardevant le Prévôt de Paris, ou le Bailli de Senlis.

28 Avril 1588, Comp. tom. 7 fol. 463, V°.

Déclaration du Roi sur la révocation générale faite par Sa Majesté de toutes *commissions* extraordinaires, par laquelle est exceptée celle pour le recouvrement des droits de quints, requints, lods, ventes, & tous autres droits féodaux, domaniels & seigneuriaux à lui dus, & qui n'ont été payés & acquittés depuis l'an 1540. (Domaine).

Jamais plus grand objet ne mérita plus l'attention d'un législateur. La consolation

---

11 Janvier 1574, Supplément.

Rapport du premier Président : le Roi lui a demandé s'il voit beaucoup d'évocations; il n'en a accordé que quatre depuis quatre mois; il veut qu'il n'en soit accordé qu'en sa grande connoissance.

24 Mars 1576, add. tom. 9, fol 332, R°.

Lettres-patentes registrées, par lesquelles le Roi révoque la commission donnée à Jean Desgarniès, conseiller au Bailliage & Présidial d'Epernay, *à cause des abus & malversations commis à la foule & oppression du peuple*, à l'exécution de ladite commission, voulant qu'elle soit donnée au Procureur-Général, à la requête duquel sera informé desdits abus.

23 Juillet 1587, comp. tom. 4, fol. 323, V°.

Arrêté que très-humbles remontrances seront faites au Roi pour la révocation de la chambre de saint Jean-d'Angely, en laquelle les habitans de Chavigny sont poursuivis.

17 Janvier 1590, comp. tom. 16, fol. 21, R°.

Lettres-patentes registrées, contenant suppression des chambres de saint Jean-d'Angely, Bergerat & Montauban, aux clauses & conditions mentionnées.

14 Décembre 1590, comp. toin 16, fol. 62, R°.

J'ai reçu les supplications & remontrances de mon Parlement. Je les ai fait voir à mon Conseil, & ai fait refaire mon Edit en plus

de la génération présente, le bonheur de la génération future, tout est entre ses

---

sieurs articles, tant sur ce que vous m'avez remontré, comme sur l'avis de mon Conseil.

Mardi 16 Fevrier 1599, Edit changé d'après des remontrances.

Recueil concernant le Parlement, pag. 166.

En 1656, le Parlement, ayant sujet de se plaindre de la fréquence des évocations & cassations, rendit un arrêt pour en arrêter l'abus. L'arrêt fut cassé par le Roi, le Conseil lui ayant fait entendre que le Parlement introduisoit une nouveauté préjudiciable en un temps où ses armées étoient en action en divers lieux. Le Parlement fit des représentations, qui effacerent ces impressions données contre lui mal-à-propos au Roi, à qui il remit un mémoire des affaires principales non-seulement évoquées, mais aussi retenues au Conseil contre les termes de l'ordonnance.

Le Roi répondit, « que pour ce qui concernoit le Mémoire, il avoit commencé à » le faire examiner, & qu'il y feroit travailler incessamment; que non-seulement dans » l'occasion présente, le Parlement pouvoit » espérer toute sorte de justice, mais même » qu'il en ressentiroit les effets en telle sorte, » qu'ils auroient lieu d'être pleinement satis» faits; qu'il considéroit le Parlement comme » la premiere compagnie de son Royaume, » laquelle il vouloit conserver dans toute l'é» tendue de sa fonction, & que chacun veut,

mains. La justice éplorée l'appelle à son secours ; c'est son dernier effort : mais

---

» selon les regles prescrites par les ordonnan» ces ; & afin qu'il ne restât aucun ombrage » dans les esprits, il voulut que l'on portât » au Parlement cette assurance, qu'il étoit » satisfait de son zéle & de sa fidélité ».

« Le 11 Juin 1657, le Roi envoya des » lettres-patentes portant que les remontrances » qui lui avoient été faites au sujet des en» treprises du Conseil, de la part d'une Com» pagnie qu'il avoit en une particuliere con» sidération, ne lui avoit pas été moins agréa» bles, que le zéle qu'elle avoit pour son » service lui donnoit de satisfaction ; il ren» voie au Parlement les procès spécifiés dans » les lettres-patentes ».

17 Janvier 1657, Registres du Parlement, & Neron, t. 2, pag. 50.

Plaintes du Parlement de deux arrêts du Conseil, l'un portant évocation, l'autre cassation d'un arrêt du Parlement. Le Roi répondit à ses représentations, « qu'à l'égard du » premier arrêt du Conseil, c'étoit une sur» prise, laquelle avoit été réparée par un » arrêt du Conseil, auparavant la plainte de » la Cour, par lequel le Roi renvoyoit la » connoissance de l'affaire en premiere ins» tance pardevant le Lieutenant Criminel de » Robbe-Courte, & par appel en la Cour, » laquelle pourroit faire telle justice que bon » lui sembleroit ; qu'à l'égard de l'autre arqu'il sera puissant si elle se fait entendre ; elle y parviendra : j'ai cette confiance, & c'est l'équité personnelle de Louis XVI qui me la donne. Il enchaînera jusques dans les siecles à venir l'ambition, l'intrigue & la cupidité : il renversera à jamais le système désastreux, à la faveur duquel elles échappent à la justice. Ses deux prédécesseurs ont commencé ce grand ouvrage ; il fera exécuter sur les évocations les loix de 1669 & de 1737, ou il laissera ses Parlemens acquiter leur serment, en les faisant exécuter eux-mêmes : il renfermera les commissions dans les bornes étroites qui leur sont marquées ; & pour être sûr qu'elles n'en sortiront point, il fera enregistrer librement dans ses Cours toutes

---

» rêt, c'étoit pareillement une surprise, mais » que l'on avoit réparée aussi par un autre » arrêt du Conseil qui ordonne que l'arrêt » rendu en la seconde Chambre des Enquê» tes sera exécuté, avec défenses de faire, » pour raison de ce, poursuite au Conseil, » à peine de 3000 livres d'amende. Cet ar» rêt fut remis aux Gens du Roi pour le » délivrer à la partie, pour en poursuivre l'exé» cution ».

18 Juin 1691, Registre du Parlement, tom. 142, fol. 479.

celles qu'il jugera à propos d'accorder. Enfin il apprendra à toute la France, qu'en vain voudroit-on réduire ses Parlemens à n'être que de simples bailliages sujets à l'appel : une loi sage & précise, méditée dans sa sagesse, & soutenue par son autorité, marquera les seuls cas où on puisse se pourvoir au Conseil ; le Conseil lui-même ne verra plus ses propres réglemens contredits par un long usage ; il ne se trouvera plus dans une incertitude perpétuelle, obligé de marcher sans guide à travers la foule des demande en cassations, & de prononcer sans loix sur le bien & l'honneur des citoyens.

J'ai dû rappeler ces grands objets dans toute leur étendue : j'ai satisfaits à ce devoir avec la modération, mais en même-temps avec la fermeté, apanage de la vérité, qui combat l'erreur, & la combat sans passion : puisse son triomphe être aujourd'hui ma récompense ! Puisse la majesté de cet Empire s'accroître autant de la justice des loix, que de la bonté du cœur de son Souverain ? Puisse-t-on lire un jour dans les annales de notre histoire : « il fut un » abus secret pendant plusieurs siecles ; » proscrit dès qu'il vouloit paroître, mais » bravant toujours la lettre & l'esprit de

» la loi : le temps en alloit faire un usage ; » quand l'intrigue en voulut faire un » système ; mais, à ce moment, parut un » Monarque juste : attentif à maintenir » l'autorité des loix, il ne voulut point » appliquer lui-même leur décision : son » génie éclairé calcula d'un coup-d'œil ses » devoirs & ses droits : sans s'effrayer des » uns, sans s'aveugler sur les autres, il sut » les concilier tous : & une ordonnance » célebre établit un ordre immuable dans » l'administration de la justice ».

Cette gloire est belle, & digne d'un grand Prince. Le législateur éclairé devient l'homme de tous les temps & de tous les peuples : par-tout où brille la lumiere de la raison, il exerce l'empire le plus flatteur, celui de la persuasion & de la vérité. Perpétué d'âge en âge par le bienfait que sa sagesse a préparé, son nom, après des milliers de siecles révolus, recueille encore un tribut de reconnoissance ; on ne le prononce pas sans admiration, on n'y songe pas sans attendrissement, & il fait à jamais la terreur du méchant, l'espérance de l'opprimé, & le bonheur de l'homme de bien.

FIN.